Umwelthinweis:
Dieses Buch wurde auf chlor- und säurefreiem Papier gedruckt.

Steffi von Wolff

Diese Woche ist nicht mein Tag

Was uns täglich irre macht

Roman

mtb

MIRA® TASCHENBUCH
Band 95063
1. Auflage: August 2015

MIRA® TASCHENBÜCHER
erscheinen in der HarperCollins Germany GmbH,
Valentinskamp 24, 20354 Hamburg
Geschäftsführer: Thomas Beckmann

Originalausgabe

Konzeption/Reihengestaltung: fredebold&partner GmbH, Köln
Umschlaggestaltung: pecher und soiron, Köln
Redaktion: Maya Gause
Titelabbildung: Thinkstock/Getty Images, München
Autorenfoto: © Zimmermann + Preiss
Satz: GGP Media GmbH, Pößneck
Druck und Bindearbeiten: CPI books GmbH, Leck – Germany
Printed in Germany
Dieses Buch wurde auf FSC®-zertifiziertem Papier gedruckt.
ISBN 978-3-95649-201-3

www.mira-taschenbuch.de

Für meinen Mann Fro … äh, Fridtjof.

Und für Claudia,
weil sie Claudia ist und immer sein wird.

Prominente Stimmen zum Buch:

„Eine Woche hat doch sieben Tage."
Else Nüsslein, Hausfrau aus B., per Mail

„Stephen King kann sich warm anziehen!"
Rutger Hase, Elektroanlagenmonteur aus C., per Anruf

„Die Autorin weiß,
wie man mit Worten umgehen muss!"
Sybille Hofmann, anonym, per Mail

„Entschuldigung, ich wollte mailen: Die Autorin weiß NICHT, wie man mit Worten umgehen muss!"
Sybille Hofmann, anonym, per Mail

„Ein leichtes Buch, so leicht, dass man es wunderbar aus dem Fenster werfen kann."
Anni Hösche, Handballerin aus L., per Wurf durchs offene Fenster

MONTAG

3 Uhr 30

Ich setze mich im Bett auf, weil ich von einem Schrei wach geworden bin. Es ist halb vier am Montagmorgen, und mein Mann ist mal wieder auf dem Weg zum Klo mit dem Fuß gegen ein Paket geknallt. Das tut weh, vor allen Dingen, wenn die Zehen schon überstrapaziert und eigentlich ständig halb verstaucht sind.

„Warum kann sich dieser Schwachkopf die Pakete nicht zu einer Packstation schicken lassen?“, fragt mein Mann böse und baut sich vor mir auf. Es waren mal wieder die Weinkartons von Schlossers. Die Schlossers bestellen den Wein wie wir im Internet, so spart man sich die Schlepperei. Leider holt der muffige Herr Schlosser die Kisten nur ab, wenn es ihm gerade passt. Und ihm passt es recht oft „gerade nicht so gut“. Wenn ich ihn drauf anspreche, sagt er: „Passt gerade nicht so gut. Ich komme vielleicht am Wochenende runter. Unter der Woche will ich mir die Wohnung nicht so vollstellen, weil ich keine Zeit zum Auspacken habe.“ Ja, das sagt er.

„Schlossers sind nicht bei einer Packstation angemeldet“, erkläre ich meinem Mann zum hundertsten Mal. „Das ist zu umständlich. Es sind ja doch schwere und sperrige Pakete. Das findet Herr Huber auch. Also der Paketbote, du hast ihn schon mal gesehen, er hat immer so eine Schirmmütze auf. Für ihn ist es bequemer, sie bei uns abzugeben, weil Schlossers ja ganz oben wohnen. Herr Huber hat's im Rücken. Wir halten oft ein Schwätzchen, wenn er was fürs Haus hat. Er erzählt mir viel von sich. Er ist …“

„Das ist mir doch egal." Mein Mann legt sich wieder ins Bett. „Es sind ja nicht nur die Weinkartons von Schlossers. Es werden auch Pakete für Anwohner der Querstraßen sowie aus anderen Stadtteilen bei uns abgegeben. Und aus Halstenbek-Krupunder war auch schon mal eins dabei. Das geht doch nicht."

Ja, es ist ein Problem.

Ich kann unter anderem eben nicht Nein sagen. Wer kann das schon, wenn ein Paketbote vor einem steht, der 49 ist, schon vier Bandscheibenvorfälle hatte und seine chronische Parodontose nicht in den Griff bekommt, obwohl er schon zweimal den Zahnarzt gewechselt hat? Der nichts mehr hat außer einer Einzimmerwohnung mit Laminatboden. Er hat das Laminat aus Kostengründen selbst verlegt, aber nicht fachgerecht, und nun ist es aufgequollen und Herr Huber kann sich kein neues leisten. Womit wir beim größten Problem wären, nämlich bei Herrn Hubers gescheiterter Ehe. Davon will er eigentlich gar nicht erst sprechen, tut es aber trotzdem. Laut Herrn Huber hat seine Frau ihn ausgesaugt wie ein Blutegel. Der Mann ist vom Schicksal gebeutelt. Er verträgt kein Bier, hat eine Dattelallergie und fährt seit dreißig Jahren Pakete aus, obwohl er mal Lehrer werden wollte. Hinnerk Huber hätte sooo gern wieder eine Beziehung, aber er kriegt es nicht hin, die Richtige zu finden. Er ist ein gebranntes Kind. Und im Internet wird er nicht suchen, sagte er mal, das sei ja was für Versager und Männer, die sich nicht aus dem Haus trauen. Das findet Hinnerk unmöglich, weil die da ja auch alle lügen in diesen Partnersuchportalen. Absolut indiskutabel sei das. Er regte sich über diese Portale so auf, als würden sich dort Menschen darüber austauschen, wie man am besten Welpen ertränkt. Er würde sich natürlich niemals mit so einer potenziellen Verbrecherin aus dem Internet treffen. Das käme ja so was von gar nicht infrage, eher würde er im ewigen Zölibat leben. Und überhaupt: Wäre er doch nur Lehrer geworden!

„Warum sind Sie denn dann nicht Lehrer geworden?“, habe ich ihn mal gefragt, als er sich im Winter bei einem Schneesturm kurz bei mir ausruhte. Die Kälte steckte ihm in den Knochen. Und dann die ganzen Treppen immer und nie Trinkgeld. Ich gab ihm pflichtbewusst manchmal was, natürlich. Der arme Mann.

„Wenn ich das wüsste“, hatte Herr Huber leidend gesagt, und ich hatte mich nicht getraut, weiterzubohren.

„Bitte hör damit auf, die Pakete von ganz Hamburg anzunehmen“, sagt mein Mann müde und dreht sich um.

„Du drohst mir?“, frage ich wütend.

„Nein, ich *bitte* dich. Es geht ja auch nicht nur um die Pakete. Es geht um alles. Hier ist immer Chaos.“

Ich werde giftig. Das werde ich oft, wenn ich mich ungerechtfertigterweise kritisiert fühle. Dann stelle ich auf der Stelle alles infrage. So wie jetzt: „Du willst dich also scheiden lassen?“

„Meine Güte“, sagt mein Mann. „Du verdrehst auch alles.“

„Was denn?“, frage ich böse.

„Um es auf den Punkt zu bringen: Du bist inkonsequent und chaotisch. Du fängst was an, dann hörst du damit auf, dann fängst du was Neues an, dann ist das wieder doof und so weiter. Du sagst nicht Nein, aber beschwerst dich über Schlossers. Du sagst, du kümmerst dich um irgendwas …“

„Um was denn?“

„Herrje, um irgendwas, und dann ist was anderes wichtiger.“

„Du kannst also noch nicht mal ein Beispiel nennen!“

„Ich führe nicht Buch darüber.“

„Wenn du mir kein Beispiel nennen kannst, kann ich dich nicht ernst nehmen.“

„Es sind viele Dinge.“

„Gut. Nenn mir eine Sache. Nur eine. Was stört dich? Dass ICH deine dreckige Wäsche wegräume? Dass ICH die Betten abziehe? Dass ICH aus jeder deiner Hosentaschen Papiertaschentücher ziehe, obwohl ich dir schon tausendmal gesagt habe, dass es ein Drama ist, wenn die Scheiß-Taschentücher mitgewaschen werden. Das gibt Fussel auf jedem Kleidungsstück. Hast du die schon mal abgeknibbelt? Nein, aber ich! Ich knibbele die Fusseln ab! ICH!“

„Es geht nicht um Taschentücher.“ Mein Mann setzt sich wieder auf. „Es geht darum, dass überall Baustellen sind. Alles ist halb fertig oder wird vergessen und dann muss wieder irgendwas auf den letzten Drücker geschehen. Dann wird gemeckert über den und das, Carlotta geht dir auf die Nerven, weil sie keinen Typen abkriegt, und du hörst dir das immer wieder an, sagst dann zu mir, du machst das nicht mehr, aber nichts wird geändert. Herrje, ich will doch auch nur in Ruhe und Frieden leben. Das geht mir alles auf den Sack! Kannst du das nicht verstehen?“

Ich habe keine Lust auf Streit und ich weiß ja eigentlich, dass er recht hat. Wirklich. Meine beste Freundin Carlotta ist tatsächlich ein Problemfall. Sie ist alleinerziehend und sucht verzweifelt einen Mann. Ein Drama!

Ich sage: „Gib mir eine Woche Zeit. In einer Woche ist alles anders.“ Keine Ahnung, warum ich das sage, vielleicht weil ich es mir selbst beweisen will. Auch das ist eine dumme Angewohnheit. Ich neige zu Übersprungshandlungen und nehme mir Dinge vor, die ich sowieso nicht ein- oder durchhalte. In drei Tagen zwölf Kilo abnehmen zum Beispiel.

„In einer Woche kann man das alles doch gar nicht schaffen“, sagt er und gähnt.

„Doch.“

„Ach Unsinn. Fang doch erst mal mit dem Lampenschirm an.“

Ich rufe: „Doch, das wirst du schon sehen, verlass dich drauf. Das wird toll, weil alles anders wird. Ich erledige all die Sachen, die erledigt werden müssen, und ich verbiete Herrn Huber, wegen fremder Pakete bei mir zu klingeln. Ich gehe zu Schlossers und drohe ihnen Schläge an, und ich rede mit Carlotta und so. In spätestens einer Woche leben wir wie ein normales Ehepaar. Wirklich. Glaub mir bitte. Sonst nenn ich dich wieder Frodo.“

Er sagt: „Auf gar keinen Fall nennst du mich Frodo.“ Ich gebe ihm manchmal blöde Namen, um ihn zu ärgern. Er hieß auch schon mal Hulk wie Hulk Hogan. Ich finde das witzig. Er nicht: „Die Leute denken doch, wir sind bekloppt in der Birne.“ Und damit könnte er durchaus recht haben. Aber Frodo ist doch handfest. Vielleicht sollte ich ihn mal wieder öfter Frodo nennen, damit er sich ärgert und wir deswegen aneinandergeraten. Das bringt frischen

Wind in eine Beziehung. Apropos: Eine gute Streitkultur ist natürlich wichtig. Die muss ich womöglich ebenfalls überdenken.

Zum tausendsten Mal nehme ich mir vor, mal alles zu hinterfragen und so richtig ordentlich Ordnung in mein Leben zu bringen. Ich tue das immer mit einer Grundaggressivität und letztendlich mache ich dann doch nichts. Wenn's hochkommt, bringe ich alle paar Monate die PET-Pfandflaschen weg, und das auch nur, weil ich mich immer erschrecke, wenn sie knacken, was sie eigentlich ständig tun.

Aber heute ist es anders. Es muss sich was ändern! Muss es? Oder doch nicht?

Unser Leben ist doch normal. Oder nicht?

„Ich beginne wirklich mit dem Lampenschirm", sage ich. „Wenn dieser Schritt getan ist, wird alles besser und geht von selbst. Du wirst schon sehen."

„Jaja, mmhmm ...", brummt mein Mann schläfrig.

Ich schlafe noch mal ein, denke im Dahindämmern noch kurz darüber nach, was alles geändert und aufgeräumt werden muss, ob und warum und wieso oder nicht, und erwache gegen sechs wieder. Mein Mann ist schon aufgestanden, ich setze mich auf und beschließe, dass ich heute, an diesem Montagmorgen, beginne, mein Leben zu straffen und neu zu organisieren. Ich werde mir wirklich auf den Tag eine Woche Zeit geben, mal klar Schiff zu machen, und werde eine Liste erstellen. Gleich nachher.

Punkt 1: Lampenschirm.

Und dann nicke ich wieder ein. Bis der Wecker klingelt, dauert's ja noch ein halbes Stündchen.

6 Uhr 30

Morgens befinde ich mich grundsätzlich in einer Habachtstellung. Ich besitze nämlich einen Radiowecker, der aus den 70er Jahren stammt und orange ist. Nicht etwa augenfreundlich pastell. Fies orange. So orange wie die Küchen, die es damals gab. Mein Wecker hat Klappzahlen, und bevor er anfängt loszududeln, hüpft er zweimal auf dem Nachttisch hoch; wenn es gut läuft, fällt er dabei runter. Dann, so hat es die Vergangenheit gezeigt, wird es ein guter Tag!

Es sind schon viele orange Plastikteile beim Kontakt mit dem Dielenboden abgeplatzt, aber der Wecker funktioniert immer noch einwandfrei und hat eine Wurfantenne, was es ja so heute auch nicht mehr überall gibt. Egal ob er runterfällt oder nicht, die Musik dudelt los, und das mit dem Geräusch einer Kreissäge, die zu hoch eingestellt wurde. Natürlich hätte ich mir schon längst einen neuen Wecker kaufen können, aber er funktioniert ja noch. Ich bin da sparsam. Ich bedrucke auch Papier immer zweiseitig.

Die Klappzahlen nerven, weil sie klacken, meistens jedenfalls.

Heute fällt der Wecker nicht runter und ich versuche, den nahenden Depressionsschub zu unterdrücken (Kein Therapeut der Welt würde mich freiwillig behandeln wollen: „Was fehlt Ihnen denn?“ „Ich bekomme Depressionen, wenn mein oranger Wecker morgens beim Hüpfen nicht auf den Boden fällt.“ „Ach tatsächlich. Was machen Sie denn da? Nein, nein, ziehen Sie Ihren Mantel nicht aus, da ist die Tür.“)

Ich schweife ab. Der normale Tag also. Heute.

Ich glotze an die Decke. Eine nackte Glühbirne glotzt zurück. Sofort bekomme ich ein schlechtes Gewissen, weil ich gestern in einer Wohnzeitschrift gelesen habe, dass ein schön eingerichtetes Schlafzimmer gut für die Psyche ist und man auch mehr und besseren Sex hat, wenn das Ambiente stimmt. Gute Beleuchtung gehört natürlich dazu.

Bestimmt haben die Redakteure der Zeitschrift recht. Und alle Mitarbeiter haben toll eingerichtete Schlafzimmer. Mit dimmbaren Kronleuchtern, Nachttischlampen im Jugendstil (natürlich mit schönen farbigen Glaselementen) und Überdecken aus Cashmere oder Fell. Wie zufällig dahindrapierte Kissen, leicht, aber definitiv nicht zu sehr tropfende Kerzen in silbernen Haltern, ein leicht knarzender Parkettboden, und an zwei Wänden sind Brotkattapeten in Grün, Rot und Gold angebracht. Selbstredend nicht an allen vier Wänden, das würde den Raum erdrücken.

Und ich liege hier und glotze auf die Glühbirne.

Ich wohne nun schon viele Jahre in Hamburg. Warum hängt da immer noch das nackte Ding? Wenn ich stark Richtung Decke puste, bewegt sie sich sachte hin und her. Manchmal rieselt feiner Staub hinab. Manchmal, wenn ich nicht einschlafen kann und der Mond durchs Fenster scheint, puste ich auch nach oben, dann sieht man den Staub noch besser. Mein Mann hat behauptet, nachts schon mal von herunterfallenden Fliegen geweckt worden zu sein. Er sagte, die würden tagsüber auf der Birne einschlafen und dann, wenn man das Licht einschaltet, von der heißen Birne abrupt getötet. Sie blieben dann kleben und durch mein Pusten würden sie hinabpurzeln.

„Das ist doch Blödsinn. Wo sind denn die Kadaver?", habe ich meinen Mann gefragt.

„Ich hatte den Mund offen. Die habe ich heruntergeschluckt. Reflexartig", lautete die Antwort. Natürlich wollte ich das nicht. Fliegen, das weiß nun jeder, können Krankheiten übertragen. Beispielsweise verunreinigen Fliegen, die mit Fäkalien in Berührung gekommen sind, Lebensmittel und Getränke, auf denen sie sich anschließend niederlassen. Auf diese Weise ziehen sich Menschen schwächende und teilweise tödlich verlaufende Krankheiten wie Typhus, Ruhr und sogar Cholera zu. Fliegen verbreiten außerdem das Trachom, weltweit die häufigste Erblindungsursache. Tsetsefliegen übertragen den Einzeller, der die Schlafkrankheit verursacht. Noch Fragen?

Ich überlegte daraufhin, unser Bett in ein Himmelbett umzuwandeln. Diese Himmel waren ja früher unter anderem dazu da, um herunterfallendes Viehzeug vom Menschen fernzuhalten. König Ludwig XIV. wollte bestimmt nicht, dass ihm vielleicht eine Kakerlake in den zum Schnarchen geöffneten Mund plumpste.

Mein Mann aber wollte kein Himmelbett. „Das fehlt noch. Ich bin doch nicht schwul. Als Nächstes soll ich wohl Cola light trinken. Es gibt Grenzen."

„Es gibt ja jetzt Cola Zero", hatte ich gesagt. „Viele Hetero-Männer wollen keine Cola light. Weil viele Schwule Cola light trinken."

„Ich trinke auch keine Cola Zero", hatte Frodo geantwortet. „Das ist ungesund."

Ich entgegnete: „Weißwein ist auch ungesund."

Er sagte leicht genervt: „Aber du bestellst doch immer

diesen Bio-Wein wie die Schlossers. Eigentlich könnten wir erst mal deren Wein trinken. Als Schmerzensgeld für meine angebrochenen Zehen."

„Dieser Bio-Kram ist doch die letzte Volksverarsche." Gerade am Tag zuvor hatte ich einen Artikel darüber gelesen. Abzocke ohne Ende. Und der Wein war schweineteuer!

„Und warum kaufst du dann Biowein?"

„Weil ich damit ein besseres Gefühl habe."

Er hatte mich angesehen, als hätte ich nicht mehr alle Latten am Zaun. War mir egal. Ich habe nun manchmal meine eigene Logik.

So. Jetzt aber zurück zur nackten Glühbirne.

Es ist nicht so, dass unser Schlafzimmer unschön wäre. Nein, ganz und gar nicht. Aber ich finde oft, dass es anderswo schöner ist. Ich habe in der Hinsicht Komplexe. Wir haben eine tolle Wohnung, die aber mal renoviert werden könnte. Andere haben viel kleinere Wohnungen, aber die sind wenigstens renoviert. Es geht also immer noch besser. In meinem Arbeitszimmer befinden sich Billy-Regale, die Nachbarn haben maßangefertigte aus Mahagoni oder Teak.

Andere haben keine nackten Glühbirnen da hängen.

Also wirklich, dass man sich an so was gewöhnen kann. Das Blöde ist, dass ich sehr oft hier liege und darüber nachdenke, wieso wir noch keine Lampe angebracht haben, anstatt dass ich einfach mal aufstehe, Frodo aus dem Bett schubse und anklagend auf die Birne deute. Dann würde sich ja auch mal was ändern. Aber ich tue es nicht. Mir fällt gerade auf, dass ich schon wieder „Frodo" gedacht habe und dass ich es mag, meinen Mann Frodo zu nennen. Es klingt lustig. Warum hab ich das so lang nicht getan?

Da fällt mir ein, dass Carlotta überhaupt keine Beleuchtung im Schlafzimmer hat, weil sie und ihr Sohn zu klein sind, um in deren Altbauwohnung mit ausgestreckten Armen Lampen anzubringen. Auf eine Leiter können beide nicht klettern, weil Carlotta Höhenangst hat und sie ihren Sohn nicht zur Kinderarbeit zwingen will. Zusätzlich fürchtet Carlotta sich panisch vor Strom. Einen Elektriker lässt sie nicht ins Haus, weil man bei einem Elektriker nie weiß, „wo der herkommt". Was, wenn der Vielleicht-Elektriker sich was dazuverdient, indem er Wohnungen ausspioniert? Und mir nichts, dir nichts ist die Bude ausgeräumt, wenn Carlotta auf der Arbeit ist oder sich mit einem dubiosen Typen aus einem Single-Internetportal trifft, was in letzter Zeit häufiger der Fall war. Apropos, ich muss sie nachher anrufen und fragen, ob der eine Typ sich gemeldet hat. Er nennt sich „Der Bestimmer", und ich frage mich, was es damit auf sich hat. Ist er ein Sado-Maso-Typ, der Carlotta beim ersten Treffen an einen Baum bindet, weil er das so bestimmt? Aber vielleicht ist er auch ganz harmlos.

Also. Zurück zur Glühbirne. Sie bietet uns gleißendes Licht, sodass wir uns auch um drei Uhr morgens, wenn wir aufstehen und uns ein Glas Wasser holen oder aufs Klo müssen, stets fühlen wie bei einem Stasi-Verhör. Es fehlt nur noch jemand, der schreit: „Vermissen Sie Bananen, ein schönes Stadtbild und die Möglichkeit, einfach so in die Karibik zu reisen?"

Ich muss eine Lampe anbringen. Damit sich etwas ändert. Dann ist der Anfang gemacht. Der Anfang zu einem normalen Leben. Einem Leben, in dem man nicht der Depp von vielen ist, Nein und Ja an den wirklich richtigen Stellen sagt und System in seinen Tagesablauf bringt. Das kann schön sein. Und ich finde, eine Lampe anbringen ist ein guter Start.

Nur welche Lampe? Wir haben ja gar keine.

Also Lampe kaufen.

Das wird mir schon wieder alles zu viel.

Ich verschränke die Arme hinter dem Kopf.

Was will Frodo eigentlich? Okay, mit Carlotta ist das so eine Sache, und der neunjährige Sohn ist wirklich grenzwertig. Er heißt Aurelius und ist mein Patenkind. Der Junge hat kaum Freunde.

Carlotta behauptet, Aurelius sei hochbegabt, weil er Schwierigkeiten mit dem kleinen Einmaleins hat. Das hat nicht jeder in dem Alter! Und es sei doch klar, dass er deswegen nicht so wirklich mitmacht im Unterricht. Dass sie mit dieser Meinung alleine dasteht, interessiert sie nicht. Carlotta ist vernarrt in ihren Sohn. Sie sagt immer: „Spätgebärende haben eine besondere Bindung zu ihren Kindern. Und ich bin ja Spätgebärende. Ich war schon über vierzig, als ich endlich mit Aurelius schwanger war. Ach, war das schön."

Der Kindsvater fand das nicht so schön, der hatte nämlich schon drei Kinder aus drei Beziehungen und eigentlich gar keine Lust auf ein viertes, hat das aber noch einige Zeit mitgemacht und Carlotta dann letztendlich doch verlassen ... wegen einer Frau, die fünf Kinder hatte. Unterhalt zahlt er nicht, weil er wegen der Kinder nicht arbeiten kann. Einer muss ja aufpassen und er ist gern Hausmann, während seine neue Frau arbeiten geht. Ein geschickter Schachzug, wenn man mich fragt.

Und seitdem sucht Carlotta einen neuen Mann für sich und Aurelius.

6 Uhr 45

Ich stehe auf und gähne. Es ist noch dunkel draußen. Aber ich muss endlich anfangen, etwas zu ändern. Zuerst gehe ich in die Küche, um Kaffee zu machen. Frodo muss heute früher los und hat schon im Stehen gefrühstückt.

„Ab heute wird alles anders“, sage ich euphorisch und er grinst.

„Dann wünsch ich dir viel Erfolg.“ Er gibt mir einen Kuss und geht, und ich bediene erst mal die Kapselmaschine und setze mich dann mit einem Heißgetränk an den Küchentisch.

Wenn der Musikredakteur des einzigen Senders, der sich in meinem Küchenradio – auch ein altes Stück, das ich von Oma geerbt habe – rauschfrei einstellen lässt, mal wieder ein cleveres Kerlchen sein will, singen um halb acht die Boomtown Rats *I don't like Mondays*. (Oft sind die Musikredakteure aber auch so verwegen, das Lied *unter der Woche* zu spielen, das wird dann auch mal vom Moderator entsprechend kommentiert, weil das so lustig ist, ein Lied, in dem es um einen Montag geht, am Freitag zu spielen, höhöhö, uiuiui!) Und dann, ich kann die Uhr danach stellen, geht es los: „Guten Morgen zusammen, es ist genau fünf nach halb acht am Montag. Das Wochenende ist vorbei, die neue Arbeitswoche beginnt, und wir sind bei Ihnen. Wenn Sie heute rausgehen, nehmen Sie den Schirm mit, es regnet, ist doch so, oder, Susi/Babsi/Michi?“ Dann sagt Susi/Babsi/Michi nicht etwa: „Du spinnst wohl, Thorsten/Moritz/Bernd, es scheint doch die Sonne, was redest du denn da für einen Scheiß?“, sondern sie ist ein Stück weit betroffen, weil man einen Schirm mitnehmen muss. „Ja, es regnet wirklich. Und

Besserung ist auch nicht in Sicht. Ziehen Sie sich warm an. Es ist nämlich kühl draußen." Dann lacht Thorsten/Moritz/Bernd und sagt: „Am besten, wir ziehen alle Gummistiefel an, hahahaha", und ich frage mich, was daran so witzig sein soll, dass man bei Regen Gummistiefel trägt.

Während Moderator und Wetterfee noch eben Kindheitserlebnisse austauschen („Früher bin ich bei Regen immer in Pfützen gesprungen", „Ich hatte einen Regenmantel, auf dem waren lauter lachende Sonnen und Bienchen") und während die beiden im Radio „ganz spontan" beschließen, dass die Hörer bei ihnen im Studio anrufen und ihre witzigsten oder lustigsten Regenerlebnisse erzählen sollen (Mobilfunkpreise können abweichen), schalte ich die Kaffeemaschine wieder ein und stecke eine Kapsel ins Fach, natürlich eine nachgemachte (ich weigere mich, George Clooneys Hochzeit mit dieser schönen und auch noch erfolgreichen und dünnen Frau rückwirkend mitzufinanzieren. Und ich gehe auch in keinen Nespresso-Store, da denkt man ja, man wäre bei Cartier, die sind doch bekloppt in der Birne. Es fehlt nur noch, dass da Security im Eingang steht und kontrolliert, ob man vom Äußeren her auch ins Geschäft passt. Ich kaufe die Kapseln bei Lidl – manchmal gibt es Aktionen, da kosten zehn Stück nur 1,69 Euro!), und denke darüber nach, warum Radiomoderatoren so sind, wie sie sind.

Das geht nicht nur mir so, viele in meinem Bekanntenkreis sind von den meisten Moderatoren genervt. Freitags ab neun Uhr morgens reden die nur noch vom Wochenende, das ja bald beginnt („Halten Sie durch, noch sieben Stunden, dann läuten wir offiziell das Wochenende ein!") und tun dabei so, als ob man dann endlich aus Guantánamo entlassen wird –

wenn auch nur für zwei Tage. Und dauernd sagen sie einem, was man tun soll. Also einen Schirm mitnehmen oder keinen, vorsichtig soll man sein, wenn man die Straße überquert, und das Wichtigste: Nur mit der Musik vom Sender XY kommt man gut durch den Tag. Wir sind bei Ihnen. Blabla. Der Typ ist nicht bei mir, der hockt im Sendestudio. Aber ich soll denken: „Danke, dass du bei mir bist. Dass ich nicht alleine einkaufen gehen oder im Vorraum der Notaufnahme warten muss, weil Aurelius oder wer auch immer die Treppe runtergefallen ist und sich das Steißbein angebrochen hat. Danke, dass ich nicht alleine mit meiner Steuererklärung dasitze. Du bist bei mir. Danke, danke."

Da ist nichts mehr live, nichts Unvorhergesehenes passiert. Als ich noch beim Radio war – oh, das waren schöne Zeiten. Es gab zwar auch böse Beschwerdebriefe, aber das war noch richtiges Radio!

Jetzt ist Timo aus Norderstedt zugeschaltet und erzählt gleich sein persönliches, in diesem Fall schlimmes Regenerlebnis. Ein verregneter Montag kann nicht besser anfangen als mit so etwas, wirklich nicht. Was für ein Schwachsinns-Dialog (und natürlich auch vorher aufgezeichnet):

„In der Leitung ist jetzt Timo aus Norderstedt. Guten Morgen!"

„Morgen."

„Timo, warum sind Sie denn schon so früh wach, es ist ja gerade mal halb acht."

„Och, ich muss ja arbeiten."

„Mensch, das ist ja nicht so toll bei dem Wetter, es regnet ja seit Stunden ... *(jetzt der nahtlose Übergang zum eigentlichen Thema)* ... und da passt ja Ihre Geschichte bestimmt zum Wachwerden. Was ist Ihnen denn schon mal Schlimmes bei Regen passiert?"

„Ich hab den Schirm vergessen daheim."

„Ja, und was war denn da schlimm?"

„Na ja, ich bin nass geworden."

Das war also die Geschichte.

Ich denke gern mal über Dinge nach, die mich intellektuell nicht wirklich weiterbringen, zum Beispiel warum es Menschen gibt, die Hummelfiguren und gekachelte Couchtische gut finden. Im Zuge dessen denke ich auch mal darüber nach, wie es wäre, wenn das ein Live-Interview wäre und der Moderator das sagen würde, was er von Timo aus Norderstedt wirklich denkt. Oder wenn der Moderator einfach nur ein Arschloch wäre, ungebildet, selbstverliebt und ungezogen:

„In der Leitung ist jetzt Timo aus Norderstedt. Guten Morgen!"

„Morgen. Ich will …"

„Wie, *Morgen*? Das heißt ja wohl ‚Guten Morgen'. Schon mal was von Benehmen gehört?"

„Äh …"

„Nix äh. Schon aufgestanden?"

„Nee, noch nicht richtig, ich …"

„Faule Sau. Raus aus dem Bett. Oder bist du arbeitslos und glotzt den ganzen Tag Gerichtsshows und schaust Dicken dabei zu, wie sie abnehmen, hm?"

„Nein, ich will eigentlich …"

„Dann erzähl uns mal was, du kleine Schwuchtel. Was hat der kleine Timo denn Schlimmes bei Regen erlebt?"

„Was ich schon mal Schlimmes bei Regen erlebt habe?"

„Red isch türkisch? Bin isch Mustafa? Also los.“

„Ja, also ich bin mal aus dem Haus gegangen und da hatte ich meinen Schirm vergessen. Und weil ich meinen Schlüssel auch im Haus vergessen hatte, konnte ich ja nicht mehr rein und ihn holen. Da bin ich nass geworden, das war nicht so toll, weil ich auch erkältet war. Aber eigentlich …“

„Och, da hat das Bübchen sich einen Schnupfen geholt. Du Weichei. Wärst du beim Bund gewesen, hättest du bei Regen mit dreißig Kilo Marschgepäck losgemusst. Bei Schnee auch. Meinst du, das hättest du hingekriegt, oder bist du so ein Fetter, der den ganzen Tag nur bei Burger King hockt?“

„Warum sind Sie denn so gemein zu mir?“

„Warum bist du denn so blöd wie ein Toast? Wer ist überhaupt so blöd, hier anzurufen, weil wir sagen, dass wir Regenerlebnisse hören wollen.“

„Ich wollte auch gar nicht bei euch anrufen.“

„Ja, wo denn dann?“

„Das war wohl die falsche Durchwahl. Ich wollte meinen Vater sprechen.“

„Dein Vater soll hier arbeiten? Hilfe, in welcher Abteilung denn? Bei so einer Nullnummer wie dir gibt es da kaum Möglichkeiten.“

„Er ist der Intendant.“

9 Uhr

Man kann es kaum glauben, aber ich habe mit der Liste angefangen.

Lampe steht jetzt auf dem Zettel und da klingelt das Telefon.

„Der Bestimmer hat angerufen!“, brüllt Carlotta.

„Nein!“, rufe ich zurück.

„Doch!“, schreit sie.

„Und?“ Jetzt schreie ich auch.

„Eine unglaublich sympathische Stimme.“ Carlotta ist ganz außer Atem. „So tief und melodisch. Wie der Sprecher in dieser romantischen Werbung für Gebäck. Weißt du, die, in der das kleine Kind Kekse will.“

„Und?“

„Wie *und*?“

Meine Güte! „Wie ging es weiter?“

„Das Kind bekommt natürlich die Kekse.“

Carlotta ist, seitdem ihr Freund sich aus dem Staub und auf zur Mutter mit fünf Kindern gemacht hat, bei sämtlichen Internetportalen angemeldet, bei denen die Möglichkeit besteht, online einen Partner zu finden. Und damit meine ich nicht nur einen Partner fürs Leben, sondern auch für Sex. Carlotta sagt: „Dann ergibt sich vielleicht trotzdem was auf Dauer. Wenn der Anfang im Bett gemacht ist. Man weiß ja nie.“ Tatsache aber ist, dass ziemlich viele Irre im Netz unterwegs sind. Wenn man es genau nimmt, *nur* Irre.

Oder die normalen Männer lesen Carlottas Anzeigen nicht.

Oder Carlotta ist eine Irre.

„Ich suche doch einfach nur einen Mann“, jammert sie immer in meiner Küche und Frodo verlässt dann die selbige, weil er es nicht mehr hören kann und vielleicht auch Angst davor hat, dass sie sich auf ihn stürzen könnte. „Aber das sind doch keine Männer, die mir schreiben, das sind … ach ich weiß auch nicht.“

Ich erinnere mich noch an einen Oliver, das war einer der Ersten, mit denen sie sich getroffen hatte. Er hatte natürlich ein falsches Foto von sich ins Netz gestellt und war gar nicht einen Meter fünfundachtzig groß, sondern zwei Meter zwölf. Oliver hatte Schuhgröße 54. Beim ersten Date hat er Carlotta mit zitternder Stimme erzählt, dass er in Therapie sei, weil er versehentlich mit seinen großen Latschen schon zwei mittelgroße Hunde totgetreten hatte. Aber am schlimmsten fand Carlotta: „Er mag Filme mit Veronica Ferres. Kann man das glauben?"

Dann erinnere ich mich noch an André. Carlotta sagte: „Also so was Negatives! Er verträgt überhaupt keine Kritik, und dabei habe ich ihn eigentlich gar nicht kritisiert. Es war so, dass ich auf der Straßenseite ging, und er drängte mich immer weiter Richtung Fahrbahn. Ich sagte irgendwann: ‚André, geh doch bitte etwas weiter rechts, sonst befinde ich mich gleich auf der Straße und werde beim Feierabendverkehr überfahren.' Und er hebt beide Hände hoch, so wie Jesus, und ruft: ‚Natürlich! Ich bin schuld, wenn du überfahren wirst, ich bin SCHULD, wenn der Autofahrer sich auch dabei verletzt, ich bin SCHULD daran, dass die Straße dann gesperrt wird und Verkehrschaos herrscht, natürlich! Ich bin SCHULD, wenn das Auto dann einen Totalschaden hat! Natürlich ICH! *WER SONST?*' Und so ging das ständig!" Zwei Tage später sagte Carlotta: „André wollte, dass ich beim Sex jodle", und dann wollte ich gar nichts mehr über André und die anderen Männer wissen. Das mit André war dann auch schnell vorbei, Carlotta bekam das mit dem Jodeln nicht richtig hin, und das hat ihn abgetörnt.

Eine Zeit lang hatte Carlotta auch pausiert, weil sie neue Kraft schöpfen musste. Außerdem zerrte Aurelius' Hochbegabung an ihren Nerven. Er hatte Probleme mit der Rechtschreibung, was sie als weiteres Indiz für seine Genialität sah. Aurelius prügelte auch gern mal auf Klassenkameraden ein. Carlotta fand das ganz normal: „Raufereien sind wichtig für die Entwicklung. Und Aurelius lässt sich eben nicht die Butter vom Brot nehmen. Er sagt, was er denkt, und er handelt goldrichtig. Ist das zu fassen, die Klassenlehrerin sagte zu mir, ich und alle anderen müssten Aurelius Grenzen setzen. Wo sind wir denn hier?"

Jetzt sagt sie: „Ich treffe mich heute Abend mit dem Bestimmer, und du musst mitkommen."

„Warum?" Ich stelle mir vor, wie ich im Restaurant mit einem Glas stillem Wasser zwischen den beiden sitzen würde, wie so eine Gouvernante aus dem 19. Jahrhundert. So eine, die noch nie Sex, geschweige denn sich untenrum rasiert hat, verstaubt wirkt und es auch ist.

„Der Bestimmer mag es *außergewöhnlich*", sagt Carlotta. „Er will sich in einem Schlachthof mit mir treffen."

Ich denke, ich höre nicht richtig. „Das ist ja eine nette Idee", lautet meine sarkastische Antwort.

Carlotta ist aufgeregt. „Was soll ich nur anziehen?" Offensichtlich hat sie wohl den Schuss nicht gehört!

„Halt! Ich lasse nicht zu, dass du dich mit diesem Mann in einem Schlachthof triffst", sage ich böse. „Und um acht ist es auch schon dunkel. Das kommt nicht infrage."

„Das kann auch romantisch sein." Carlotta ist manchmal ein bisschen naiv. „Wenn der Mond durch die Fenster scheint und ..."

„… sein silbernes Licht auf dich wirft, wenn du kopfüber an einem Fleischerhaken zum Ausbluten hängst“, vervollständige ich den Satz giftig. Letztendlich stellte sich glücklicherweise heraus, dass der Bestimmer das Restaurant *Schlachtross* meinte.

Weil ich keine Lust hatte, mit Carlotta zu diskutieren, sagte ich schließlich zu und versprach, auch um acht im *Schlachtross* zu sein und an einem Nebentisch zu sitzen. Mit Frodo, dem ich natürlich nichts davon sagen würde, dass Carlotta mich gebeten hatte, dahinzukommen. Nein, ich würde so tun, als seien wir rein zufällig auch heute da. Carlotta reserviert zwei Tische für je zwei Personen.

Eine halbe Stunde später sitze ich am Rechner, öffne ein Word-Dokument und bin bereit für meine Liste. Einen Erledigungspunkt habe ich ja schon handschriftlich fixiert und tippe dieses Wort nun ein:

Lampe.

Ich überlege und überlege. Eigentlich fällt mir nichts ein. Doch:

Pfandflaschen zurückbringen.

Ich überlege und überlege. Nein. Es gibt eigentlich gar nichts Gravierendes, das ich ändern könnte. Okay, das mit den Schlossers.

Also. Drittens:

Schlossers auf den Topf setzen.

Und natürlich Herrn Huber mal sagen: So geht es nicht.

Auch das tippe ich ein. Dann lehne ich mich zurück und lächle vor mich hin. Das war’s nun wirklich. War ja gar nicht so schwer. Die paar Aufgaben werden mir leicht von der

Hand gehen. Die Liste ist überschaubar. Das heißt, mein Leben ist bald geregelt. Mein Mann spinnt. Und ich mache mir viel zu viele Gedanken.

Carlotta ruft an und sagt: „Es hat geklappt mit der Reservierung. Ich habe etwas auseinanderstehende Tische reserviert. Setz dich bitte so hin, dass du uns beobachten kannst."

Ich antworte: „Ist gut. Ich muss dich mal was fragen."

„Was denn?"

„Wie findest du mich?"

„Hä?"

„Okay, anders gefragt: Findest du, dass ich eine bodenständige Person bin, die alles im Griff und immer eine Antwort parat hat, die mit wachen Augen durchs Leben geht und gut und böse perfekt voneinander unterscheiden kann, die nichts vor sich herschiebt, normale Menschen kennt und der alles gelingt? Findest du das?"

Carlotta schweigt kurz. Dann sagt sie: „Ich komm mal kurz vorbei. Ich bin froh, dass du das endlich mal angesprochen hast."

13 Uhr

Carlotta hat meine Liste ergänzt. Ich glotze auf den Monitor. Und noch mal und noch mal. Es hat sich nichts verändert.

„Das ist gut so", sagt Carlotta milde. „Ab einem bestimmten Alter sollte man mal Ordnung in sein Leben bringen. Schau mich an."

Ich schaue sie an und denke: Aha.

„Du verdrängst gern die unangenehmen Dinge", meint Carlotta. „Arbeite alles einfach nach und nach ab."

„Ja.“ Ich glotze wieder. Neben der Liste kann ich nach Erledigung ein Häkchen setzen. Noch ist da natürlich nirgendwo ein Häkchen. Habe Angst, dass nie eins zu sehen sein wird:

Lampe fürs Schlafzimmer kaufen	
Pfandflaschen zurückbringen	
Ilse und Bert Schlosser auf den Topf setzen	
Hinnerk Huber klarmachen, dass ich nicht die Packstation für Hamburg bin	
Zu Ikea fahren und die Bettwäsche, das Regal, den Topf und das Rollo zurückgeben bzw. umtauschen	
Termin beim Arzt für ein großes Blutbild machen	
Endlich ein Smartphone zulegen	
Zugluftstopper, Tesamoll für die Fenster und dieses brandneue Wischsystem im Baumarkt besorgen (ohne Bücken, ohne schmutzige Hände, sondern mit Akku!)	
Beschwerdebriefe an diverse Firmen schreiben, über die ich mich ärgere, aus unterschiedlichen Gründen	
Tupperparty bei mir organisieren	
Endlich eine andere Frisur und dem Friseur klarmachen, dass ich beim Friseur meine Ruhe will und nur meine Ruhe. Ich zahle nicht dafür, dass ich mir seine Leidensgeschichten anhöre.	
Zu Mitarbeitern von Marktforschungsinstituten freundlich sein, aber auch mit fester Stimme sagen, dass man an der Umfrage nicht teilnimmt	
Klempner bestellen wg. der tropfenden Wasserhähne überall und wegen der Waschmaschine, da ist was mit dem Zulauf nicht in Ordnung.	

Mit Aurelius in einen Freizeitpark fahren	
Die Mitgliedschaft im Sport-Studio kündigen	
Carlotta auf den Elternabend am Mittwoch begleiten	
Wohnung putzen und einkaufen für Besuch der Schwiegermutter am Wochenende	
Ernsthaft mit meinem Mann über seine Kritik an meinem Fahrstil sprechen und einen Fahrlehrer aufsuchen	
Endlich schwimmen gehen	

„Das hat aber nun nicht alles damit zu tun, mein Leben aufzuräumen“, sage ich.

„Aber du sollst dir ja auch was Gutes tun“, sagt Carlotta. „Und hilfsbereit sein – das ist auch wichtig. Deswegen kommst du ja mit auf den Elternabend. Und denk mal an das Blutbild oder die Beschwerdebriefe oder was auch immer – das hast du dir schon so lange vorgenommen. Wenn es erledigt ist, dann musst du es nicht mehr mental mit dir rumschleppen.“

„Da hast du eigentlich recht.“ Ich drucke die Liste aus und schaue sie mir noch mal an. Himmel, ist das viel. Das werde ich nie in einer Woche schaffen.

Carlotta meint, bei einigen Sachen sei es ja so, dass nur erst mal ein Anfang gemacht werden müsste, und das würde ich hinkriegen. Carlotta meint auch, das sei alles gar nicht so viel und so schlimm, und wenn man erst mal angefangen habe, sei es ein Kinderspiel. „Das mit dem Fahrlehrer finde ich besonders gut“, sagt sie. „Hier, das ist die Nummer von Ingo Schacher, der wohnt bei mir im Haus. Ihm gehört eine Fahrschule.

Ich sage ihm, dass du dich meldest, und er nimmt sich bestimmt auch mal kurzfristig Zeit. So, und jetzt muss ich los."

Ich öffne meinen Internetbrowser, um erst mal zu schauen, was so in der Welt los ist, und da geht auf einmal nichts, nichts, nichts. Ich komme nicht ins Netz, auch nicht, nachdem ich den Rechner fünfmal neu gestartet und den Router an- und ausgeschaltet habe. Der Fernseher, der auch über den Router läuft, geht ebenfalls nicht. Ich will die Telekom anrufen, aber das Telefon geht auch nicht, weil es ebenfalls über den Router läuft. Nichts geht mehr, nichts.

Das, und ich übertreibe es jetzt wirklich nicht, ist für mich eine *Katastrophe*. Ich brauche Internet und Telefon. Fernsehen ist nicht so wichtig, notfalls kann ich auf meine DVDs zurückgreifen.

Aber: Das andere soll bitte einfach funktionieren. Was nützt mir eine blöde Liste, wenn ich kein Geld mehr verdiene? Wenn ich mir das Benzin zu Ikea und zum Baumarkt gar nicht mehr leisten und meine Krankenkassenbeiträge nicht mehr bezahlen kann? Verzweifelt nehme ich das Handy und gehe auf den Balkon. Es ist kalt, weil wir erst März haben, aber ich muss vom Balkon aus telefonieren, weil ich in der Wohnung keinen Handyempfang habe.

Anrufe bei der Telekom sind eine Belastungsprobe für meine Nerven und meine Gesundheit überhaupt. Es ist bei mir so, dass ich nach Auseinandersetzungen mit Hotline-Mitarbeitern lange Ruhepausen brauche und auch schon mal auf ein wirklich gutes Angebot mit günstigeren Tarifen verzichtet habe, weil ich einfach nicht mehr konnte.

Während ich also am Handy hänge und meine voraussichtliche Wartezeit über dreißig Minuten betragen wird, wie mir der Depp in der Warteschleife erklärt, denn natürlich sind alle Mitarbeiter im Gespräch, mache ich mir beruhigende Kopfbilder, um auf dem Balkon nicht durchzudrehen. Ich stelle mir vor, wie ich vor meinem Monitor sitze, während ein gut gelaunter Mitarbeiter am Telefon mit mir flirtet. Wie ich das Konfigurationsprogramm öffne und von ihm, der eine wirklich sehr sympathische Stimme hat, Schritt für Schritt wie von einem fürsorglichen Vater durch die einzelnen Arbeitsabschnitte geführt werde.

Ach, wäre das schön.

Dieses ausgedachte Szenario macht mich sehr glücklich, und ich träume noch ein bisschen. Wie könnte ein befriedigendes Gespräch ablaufen?

„Hallo, auf einmal geht gar nichts mehr. Nichts. Weder Telefon noch Internet, nichts, nichts. Hilfe, Hilfe, Hilfe!"

„Ach, das haben wir heute schon den ganzen Tag." (Lacht beruhigend) „Da waren unsere Techniker schon am Werk. Warten Sie, ich klinke mich eben in Ihre Leitung ein ... (drei Sekunden später) ... so, nun öffnen Sie mal Ihren Browser, schalten den Fernseher ein und schauen, ob das Festnetz funktioniert."

„Es funktioniert! Alles! Alles geht! Oh danke! Wollen Sie mich heiraten?"

(Verschmitzt und/oder geschmeichelt) „Hahahaha, höhöhö, das wollen heute alle!"

In Wirklichkeit würde das Gespräch so ablaufen:

„Hallo, auf einmal geht gar nichts mehr. Nichts. Weder Telefon noch Internet, nichts, nichts. Hilfe, Hilfe, Hilfe!"

„Tja, da müssen wir erst mal die Leitung durchmessen. Moment ... da ist aber alles in Ordnung. Haben Sie den Router schon resettet?"

„Wie geht das?“

„Da müssen Sie mit einer Büroklammer hinten in das kleine Loch stechen.“

„Ich habe keine Büroklammer hier.“

„Das ist dumm.“

„Und jetzt?“

„Da müssen Sie mit einer Büroklammer hinten in das kleine Loch stechen.“

„Ich habe keine Büroklammer hier.“

„Das ist dumm.“

„Und jetzt? ... Hallo? HALLO?“

Wahlwiederholung.

„... Ihre voraussichtliche Wartezeit beträgt ...“

Manchmal würden auch einfache Sätze genügen. Kurze Sätze können auch glücklich machen. Beruhigen. Wenn sie ganz am Anfang eines Gesprächs gesagt werden. Man könnte die Telekom-Mitarbeiter doch so schulen, dass sie – egal wie es letztendlich weitergeht – erst mal Folgendes sagen. Vieles wäre so einfach:

Wie schön, dass Sie anrufen.
Heute pünktlich um siebzehn Uhr kommt der Techniker.
Morgen lachen Sie drüber.
Das kriegen wir ganz schnell wieder hin, keine Sorge.
Wir erstellen Ihnen sofort wegen des ganzen Ärgers eine großzügige Gutschrift.
Beruhigen Sie sich. Ich bin bei Ihnen.
Gemeinsam sind wir stark.
Da hab ich schon schlimmere Fälle gehabt.

Leider aber hörte ich bislang immer nur diese Sätze:

Mit der Leitung ist alles in Ordnung.
Bitte rufen Sie später noch einmal an.
Der Techniker vor Ort kostet aber extra.
Termine hab ich erst in zwei Monaten.
Geben Sie mal bei Google 192.168.2.1 ein, dann startet das Konfigurationsprogramm, dann müssen Sie halt an den richtigen Stellen die Häkchen setzen.
Da komme ich nicht weiter.
Jetzt wird's ein bisschen kompliziert.
Wir kommen zwischen 7 und 19 Uhr. (Vielleicht)

So ist das leider. Manchmal wünsche ich mir die Zeiten herbei, in denen das grüne Telefon mit Wählscheibe und Brokatbezug bei meinen Großeltern auf dem kleinen Tisch im zugigen Flur stand. Man musste „sich kurz fassen" und alles Wichtige in acht Minuten besprechen, denn die „Einheit" kostete 23 Pfennig. Wenn es ein Ortsgespräch war. Es gab keine Computer und kein Internet. Dafür gab es drei Fernsehprogramme. Im Ersten gab es samstags irgendeine Show mit Kulenkampff oder Wim Thoelke mit dem komischen Hund und der Aktion Sorgenkind, im Zweiten lief nachmittags *Daktari* und im Dritten kamen irgendwelche regionalen Dokus, oder die *Sesamstraße* wurde wiederholt. Wenn man sich mal überlegt, dass unter der Woche das Fernsehen überhaupt erst nachmittags anfing und um Mitternacht das Testbild kam und man sich den Rest der Zeit unterhalten musste, da ist es doch kein Wunder, dass sich heutzutage niemand mehr unterhält. Wenn sie nicht vor der Glotze hängen, surfen sie im Netz oder glotzen auf ihre bekloppten Smartphones. Apropos Smartphone. Darum muss ich mich dann auch noch kümmern. Aber nicht jetzt.

Zum Glück ist das hier eine 0800er-Nummer und kostenfrei, sonst würde ich ausrasten. Wer mit dem Handy schon mal Sonderrufnummern angerufen hat, weiß, wovon ich spreche.

Das sind richtiggehende Fallen, man muss sich vorher wirklich darüber informieren, wie viel man …

„Willkommen bei der Deutschen Telekom, mein Name ist Hans Schneider, wie kann ich Ihnen helfen?"

„Hallo." Mir fällt gerade was ein. „Heißen Sie wirklich Hans Schneider?"

„Äh … ja."

„Ich frage nur, weil Hans Schneider ja ein recht geläufiger Name ist."

„Ja und?"

„Angenommen, Sie würden eigentlich, sagen wir, Angelino Stottermann heißen, wäre es leicht, Sie ausfindig zu machen."

„Ich verstehe immer noch nicht …" Herr Schneider ist irritiert.

„Was gibt es denn daran nicht zu verstehen? Angenommen, ich drehe gleich während unseres Gesprächs komplett durch, weil Sie mir nicht helfen können, ich aber darauf angewiesen bin, dass alles reibungslos funktioniert, weil ich auch jeden Monat eine Menge Kohle dafür hinblättere. Oder nehmen wir an, ich verstehe nicht, was Sie mir da erklären, weil ich keine Fernmeldetechnikerin bin, und Sie werden irgendwann pampig, und wir kommen definitiv zu keiner

Lösung, und dann, angenommen, nur angenommen, ist unser Gespräch plötzlich unterbrochen und Sie sind nicht mehr in der Leitung, einfach so, zufällig, natürlich will ich Ihnen nicht unterstellen, dass Sie aufgelegt und mich mit meinem existentiellen Problem alleine gelassen haben. Was könnte dann passieren? Was?“ Ich bin präventiv schon so auf 180, dass ich immer lauter geworden bin.

Herr Schneider räuspert sich. „Äh, dann rufen Sie *noch mal* an?“

Nun bin ich kurz vorm Explodieren. „Oh nein! Ganz sicher rufe ich nicht *noch mal* an, um mir von einem weiteren grenzdebilen Hotliner erzählen zu lassen, dass das alles *meine* Schuld und mit der bekloppten Leitung alles in Ordnung ist, nachdem ich ihm die ganze Geschichte von vorn erzählen musste, weil nie, nie dieselben Personen dran sind, wenn man noch mal anruft. Ganz sicher werde ich das nicht tun. Wissen Sie, was ich dann mache?“

„Nein.“ Herrn Schneiders Stimme zittert.

„Ich würde Ihren Namen googeln! Angelino Stottermann. Was glauben Sie, wie viele Angelino Stottermanns es in Deutschland gibt?“

„Wahrscheinlich nicht so viele.“

„Richtig. Ich würde Ihre Adresse rausbekommen und mich dann auf den Weg zu Ihnen machen. Und Sie finden, Angelino Stottermann. Und dann gnade Ihnen Gott. In meinem kleinen Köfferchen werden sich nämlich nette kleine Mitbringsel befinden, die scharf sind oder in die man Patronen stecken kann.“ Nun hyperventiliere ich fast.

„Aber ich heiße doch gar nicht Stottermann“, klagt Herr Schneider.

Da hat er recht.

„Ich finde Sie trotzdem!“, entgegne ich. „Aber wissen Sie was: Ich vergesse alles, was ich gesagt habe, wenn Sie mir unverzüglich und ohne dumme Sprüche helfen.“

Zwei Minuten später, nachdem klar ist, was mein Problem ist, sagt Herr Schneider: „Ein extra für Notfälle ausgebildeter Spezialtechniker ist in einer Stunde bei Ihnen. In *spätestens* einer Stunde kommt unser Herr Schmidt, einer unserer besten Männer.“ Dann verabschiedet er sich höflich von mir. Wenn noch was sei, es könne ja immer was sein, soll ich mich noch mal melden und nach ihm fragen. Normalerweise würde das nicht so gehandhabt, aber in meinem Fall …

Ich bin zufrieden und schaue auf die Uhr. Dann verlasse ich den Balkon und gehe in die warme Küche, um mir ein Süpplein zu kochen. Die Uhr behalte ich im Blick.

Genau zwanzig Minuten später klingelt es und Herr Schmidt ist da. Wahrscheinlich heißt er auch gar nicht Schmidt, aber egal, er ist da.

Ich habe mir einen „Spezial“-Techniker der Telekom irgendwie anders vorgestellt. Groß. Ernst. Wissend. Ich hatte einen Mann vor Augen, der nicht viel spricht, sondern einfach handelt. Einen, der den Kaffee ablehnt, weil er nachdenken muss. Einfach, weil er ein Profi ist.

Der Hutzelzwerg, der im Flur vor mir steht, sieht aus wie ein in die Jahre gekommener Vorstandsvorsitzender eines Kleingartenvereins, der aggressiv gegen überhängende Äste vorgeht.

„Er ist der Herr Schmidt“, sagt der Hutzelzwerg, der eine Art Werkzeugkoffer trägt.

Er?

Herr Schmidt sieht mich mit festem Blick von unten an und sagt: „Der Herr Schmidt möchte den Router kennenlernen."

Ich sage „Ach" und bin ein Stück weit überfordert. Herr Schmidt ist irgendwie komisch, aber vielleicht ist das normal, wenn man lange bei der Telekom arbeitet. Wegschicken werde ich ihn auf keinen Fall, dann mache ich mich auch Herrn Stottermann gegenüber unglaubwürdig. Denn mit Sicherheit wird Herr Schmidt Herrn Stottermann anrufen und ihn fragen, was denn der ganze Aufriss sollte, wenn die Beschwerdestellerin ihn nach Hause schickt, ohne dass er den Router kennengelernt hat.

Ich sage also: „Gern. Kommen Sie bitte mit", und gehe vor. Herr Schmidt folgt mir, steht dann vor dem Router, öffnet seinen Koffer und holte Messgeräte oder so was heraus.

„In diesem Koffer befindet sich alles, was er braucht", bekomme ich erklärt. „Andere brauchen mehrere Koffer, er nur einen einzigen."

„Brauchen Sie mich?"

„Der Herr Schmidt ruft, wenn", sagt Herr Schmidt, und ich schleiche in die Küche zurück und rege mich darüber auf, dass ich nicht arbeiten kann. Hoffentlich ist er von der schnellen Truppe. Ich entfette die Fliesen über dem Herd, und dann ruft Herr Schmidt: „Der Herr Schmidt braucht Sie mal."

Ich rase zu ihm. „Ja."

„Sie müssen an Ihren Rechner und das Konfigurationsprogramm starten", sagt der Herr Schmidt. „Der Herr Schmidt ist sicher, dass da was mit den Einstellungen nicht stimmt."

Mir fällt ein, dass so ein ähnliches Problem schon mal da war, gleich nach der Installation des neuesten Routers.

„Nein“, sage ich. „Moment. An der Konfiguration bitte nichts machen, das hat mir vor ein paar Monaten ein Kollege von Ihnen gesagt. Das Problem muss woanders liegen.“

„Der Herr Schmidt sagt, es liegt an der Konfiguration. Geben Sie 192.168.2.1 ein.“

„Nein.“

„Dann muss der Herr Schmidt das machen.“

Ich bin verzweifelt.

„Hier liegt einiges im Argen, das ist Herrn Schmidts Meinung. Da sind auch Kabel falsch miteinander verbunden.“ Er deutet auf den Kabelsalat zu seinen Füßen. Das sehe ich ja jetzt erst. Offenbar hat er eine Leiste angehoben und alles rausgeholt.

„Vorhin war noch alles in Ordnung. Es sind doch nicht plötzlich Kabel anders miteinander verbunden.“ So leicht lasse ich mich nicht einschüchtern.

„Der Herr Schmidt weiß, was er tut. Vertrauen Sie ihm.“ Der Router blinkt. Das ist doch eigentlich gut. Ich hoffe es.

Ich hole den Ordner mit meinen Notizen vom letzten Mal, als auch was nicht funktionierte, was aber nicht an der Konfiguration lag. Herr Schmidt schaut drauf und sagt: „Das ist was ganz anderes. Hier ist ein spezielles Problem. Es geht ja nichts mehr. Der Herr Schmidt muss jetzt mal an den Rechner.“

„Aber nichts verstellen.“

„Nein, er überprüft nur.“

Ich stelle mich hinter ihn, und er tut genau das, was er nicht tun soll. Das weiß ich noch so genau, weil der Mann an der Hotline mir damals exakt gesagt hatte, was ich auf *gar keinen Fall* tun sollte – denn dann hätten wir ein richtiges Problem.

„Jetzt müsste alles am Router wieder konstant leuchten", sagt Herr Schmidt fröhlich und voller Optimismus, und ich sause zum Router. Nun blinkt nur noch „Service", ansonsten leuchtet auf dem Gerät nichts mehr.

Herr Schmidt, der mir nachgekommen ist, sagt: „Hm, hm, hm."

„Sehen Sie", ich bin wütend. „Jetzt haben wir den Salat. Ich hatte Ihnen doch gesagt, dass das falsch ist. Ich habe es gesagt. Rufen Sie jetzt jemanden an, der das mit Ihnen gemeinsam hinkriegt."

Tatsächlich nimmt er sein Handy, ruft jemanden an, der, nachdem Herr Schmidt das Problem und sein Handeln erklärt hat, laut schreit, was ich gut hören kann; der Herr Schmidt nickt und sagt: „Aha", und legt auf. Er schaut mich an. „Der Herr Schmidt muss einen anderen Koffer aus dem Auto holen. Er ist gleich wieder da."

„Gut", sage ich. „Hat der Kollege Ihnen gesagt, was getan werden muss?"

„Ja, ja", murmelt er, nimmt seinen Koffer und seine Jacke und eilt Richtung Tür. Irgendwas ist komisch. Irgendwas passt nicht. Dann ist er verschwunden. Ich schaue mir das Chaos an. Überall verwickelte Kabel, das rote Licht auf dem Router, und … eben! Kein Koffer mehr. Wieso hat Herr Schmidt seinen Koffer mit runtergenommen, obwohl er einen Koffer holen wollte? Und er hat gesagt, er brauche nur *einen einzigen* Koffer. Das hat er gesagt. Ich rieche den Braten und sause zum Fenster. Der Herr Schmidt steigt hektisch in sein Auto ein.

Mit 100 km/h und in Schlappen stürze ich die Treppen hinab. Ich reiße die Fahrertür auf. „So nicht, Herr Schmidt!"

„Der Herr Schmidt muss zum nächsten Termin!", ruft er und will die Tür wieder schließen, aber ich halte sie fest. „Sie steigen sofort wieder aus und kommen mit hoch." Ich beuge mich quer über ihn und will den Schlüssel aus dem Zündschloss ziehen.

„Nein! Nein!", schreit Herr Schmidt. „Er muss fort!"

„Er bleibt!" Ich schreie und will ihn aus dem Wagen ziehen. Herr Schmidt wehrt sich. Ein Handgemenge beginnt. Leute bleiben stehen. „Was ist denn hier los?", fragt ein Mann.

„Das ist der Herr Schmidt von der Telekom", sage ich außer Atem. „Er hat bei mir alles kaputt repariert und jetzt will er einfach abhauen und mich mit dem Schlamassel im Stich lassen." Der Mann und zwei weitere Männer kommen näher. Einer krempelt die Ärmel hoch. „Telekom? Wir helfen Ihnen!"

16 Uhr

Herr Schmidt ist schon länger weg. Die drei Männer haben mir ihre Visitenkarten gegeben; falls noch mal was mit der Telekom sei, meinte der eine, soll ich anrufen, dann käme er mit seinem Baseballschläger vorbei. Die drei haben den strampelnden und um sich schlagenden Herrn Schmidt in meine Wohnung getragen und gewartet, bis er alles repariert hatte. Einer der Männer drohte mit Folter.

Letztendlich war es eine simple Störung. Der Herr Schmidt hatte das auch von dem Kollegen am Telefon erzählt bekommen. Er hätte nur drei oder vier Handgriffe erledigen müssen, dann wäre alles wieder gegangen. Aber weil er im Vorfeld alles verstellt hatte, wusste er nicht mehr weiter und wollte abhauen, der Drecksack.

So wird das nichts mit dem Verändern. Warum kommen die Bekloppten eigentlich immer zu mir? Was habe ich an mir, dass das so ist? Ich glaube, die Antwort ist recht einfach: Weil ich ein Trottel bin. So was wie ein Vollhorst auf Beinen. Ich muss hart werden. Sehr hart. So nicht.

Ich rufe böse bei der Hotline an und verlange nach Hans Schneider. Eine Frau sagt mir, es gäbe da keinen Hans Schneider. Ich drohe der Frau und sie fragt, warum.

„Weil ein geistig behinderter Techniker bei mir war", sage ich. „Er wollte abhauen, nachdem gar nichts mehr ging."

„War er klein und hat nicht ‚ich' gesagt, sondern nur ‚er', wenn er von sich gesprochen hat?"

„Ja!"

„Ach, das war bestimmt unser Herr Schmidt", sagt die Frau. „Herr Schmidt befindet sich nach langer Krankheit in der Wiedereingliederung."

„Was hatte er denn?"

„Das darf ich Ihnen natürlich nicht sagen."

„Ach ja, sicher. Ich …"

„Er wurde von Kunden gedemütigt und geschlagen, manche zerrten ihn auch aus dem Dienstwagen", sagt die Frau. „Herr Schmidt war drei Monate in einer Klinik im Sauerland."

„Ich denke, Sie dürfen mir nichts sagen."

„Darf ich ja auch nicht. Ach, der Herr Schmidt, ja, der Arme. Er ist immer noch in Behandlung. Man kann nur hoffen, dass die Kunden ihn freundlich behandeln."

Nein. Wegen mir muss Herr Schmidt jetzt bestimmt die Wiedereingliederung abbrechen und zurück in die Klinik im Sauerland ziehen.

„Aber was ist denn nun mit Ihrer Beschwerde?", fragt sie. „Im System sehe ich, dass da ganz schön was im Argen lag. Und Herr Schmidt wird sein blaues Wunder erleben. Ich bin sicher, das ist nicht die erste Abmahnung, die er bekommen hat. Bald ist Schluss mit lustig. Dann kann er sich nach einer anderen Arbeit umschauen. Aber nicht mehr bei uns. Wobei – ob er in seinem Alter noch etwas anderes findet, steht natürlich in den Sternen. Er ist fast sechzig. Wahrscheinlich wird er alkoholkrank werden und auf der Straße landen." Sie seufzt auf. „Der Arme."

Meine Kehle ist ganz trocken.

„Aber nun sagen Sie: Wurde der Fehler denn behoben?"

„Aber ja, aber ja", rufe ich. Nicht dass Herr Schmidt noch fristlos entlassen wird …

„Wissen Sie was? Ich mache Ihnen zur Entschädigung eine Gutschrift! Drei Monate Grundgebühr fallen weg! Damit Sie bei uns bleiben und immer zufrieden sind! Und übrigens, es ist schön, dass Sie anrufen!" Sie lacht auf, und ich runzle die Stirn. Diese Sätze kommen mir irgendwie bekannt vor. „Falls noch etwas ist, morgen um siebzehn Uhr kann ein anderer Techniker bei Ihnen sein! Und ich wette, morgen lachen Sie auch über alles. Wenn nicht, rufen Sie einfach an, gemeinsam sind wir stark! Ach, da hab ich schon schlimmere Fälle gehabt. Und nicht mehr aufregen – beruhigen Sie sich, ich bin bei Ihnen." Sie wartet. Ich sage nichts.

„Was ist denn nun – möchten Sie eine Gutschrift?"

„Nein“, sage ich. „Auf keinen Fall. Ich will gar nichts. Mich auch nicht beschweren. Ich danke Ihnen für alles. Und alles Gute für Herrn Schmidt. Alles, alles Gute! Sagen Sie ihm, er ist ein grandioser Techniker! Jemand, auf den man sich verlassen kann. Ich bin mir sicher, die Telekom könnte ohne ihn gar nicht existieren.“

„Ach, das haben Sie aber schön gesagt“, sagt die Frau. „Dann schließe ich den Vorgang. Übrigens, ich sehe gerade, ab nächstem Monat wird der Basisanschluss teurer, aber das kriegen Sie auch noch mal schriftlich von uns. Und die Rechnung für den Techniker kommt separat.“

„Klar“, sage ich. „Klar.“

Ich lege auf und fühle mich wie durch den Wolf gedreht.

Dann stopfe ich die Kabel wieder unter die Leiste.

Die sind nicht blöd da.

Die wissen, wie man's macht.

Aber vielleicht ist das ja normal, und man redet nur nicht drüber. Vielleicht geht es allen so.

Allen. Nicht nur mir.

17 Uhr

Ich habe vier Ikea-Tüten mit Pfandflaschen vollgestopft und schiebe sie von der Küche in den Flur. Nun geht es auf zum Edeka! Das bringt Geld. Und es ist ja eigentlich sehr einfach. Man muss die Flaschen und Dosen einfach nur in die Automaten stecken (Flaschenboden zuerst) und schon wird man reich. Ich zumindest. Die ganze Abstellkammer und Teile der Küche sind voll mit Pfandflaschen oder auch

„Pfandschlupf". So nennt man nämlich das nicht zurückgebrachte Pfandgut. In der chaotischen Pfand-Anfangsphase des Jahres 2003 war die durch Zettelwirtschaft zermürbte Kundschaft sogar bereit, auf Pfandgeld in Höhe von 450 Millionen Euro zu verzichten, davon 70 Millionen fürs Finanzamt. Ich möchte gar nicht wissen, wie viele Millionen der Edeka-Besitzer an dem nicht zurückgebrachten Pfandschlupf verdient hat. Angeblich finanzieren die Supermärkte dadurch die Rückgabeautomaten und ersparen den Kunden damit eine Preiserhöhung, aber das glaube ich nicht. Hier in Hamburg-Eppendorf werden ständig die Preise erhöht, Pfand hin oder her. So nicht. Nicht mit mir! Jetzt werde ich den Pfandschlupf wegbringen. Von dem Geld werde ich mir was bei Douglas kaufen. Nagellack oder eine Feuchtigkeitscreme. Oder beides. Muss man Pfandeinnahmen eigentlich versteuern?

17 Uhr 15

Es war ein Fehler, in der Feierabendzeit zum Edeka zu latschen. Erstens glotzen mich auf der Straße alle blöd an, weil ich die sperrigen Tüten trage, und zweitens, weil mir einfällt, dass ich überhaupt kein bisschen geschminkt bin. Das ist ein bisschen tragisch, wenn hier sonst nur durchgestylte Ehenutten rumlaufen, die den ganzen Tag bei der Pediküre, Kosmetik und in Boutiquen herumhängen und darüber klagen, wie schlimm und schwierig doch das Leben in der Achtzimmerwohnung am Alsterlauf ist.

Natürlich funktionieren beide Automaten nicht, und ich stehe da mit meinem Pfandschlupf und muss erst mal einen

Mitarbeiter herbeiholen. Weil viel los ist, sind alle Kunden und Angestellten genervt und haben wenig Zeit. Ich habe auch wenig Zeit, ich habe einen ganzen Tag verloren und kann morgen sehen, wie ich mein Arbeitspensum aufhole. Falls das Internet weiterhin funktioniert.

„Die Automaten sind defekt“, sage ich höflich, als endlich, nach dem dritten Klingeln, ein Praktikant oder Schüler herbeigeschlurft kommt.

„Der is nicht kaputt, der is *voll*“, bekomme ich erklärt. „Da steht: Gerät *voll*, Mitarbeiter rufen, und nicht: Gerät *defekt*.“

„Aber wenn das Gerät defekt wäre, hätte ich Sie doch auch rufen müssen, oder nicht?“

Er stiert den Pfandautomaten an, dann mich: „Hä?“

Der junge Mann scheint jetzt schon die Bürokratie gepachtet zu haben: Nur wenn da was von Holen steht, muss man jemanden holen. Sonst nicht. Aber ich bin nicht für die Erziehung des jungen Mannes zuständig. „Reparieren Sie jetzt das Gerät … Entschuldigung, *leeren* Sie jetzt den Automaten?“

„Das Gerät.“

„Ja, das Gerät.“ Mittlerweile stehen schon drei andere Leute hinter mir, die natürlich alle nicht so viel Pfandschlupf haben wie ich. Der Schülerpraktikant steht da und schaut auf den anderen Automaten. „Oha“, sagt er. „Der hier ist defekt.“ Er kratzt sich am Hinterkopf und ich sehe das, was an Hirn da ist, hinter seinem Kopf arbeiten. Es ist schlecht zu sehen. Ich bräuchte eine Lupe.

Ein Automat voll, der andere defekt. Das ist zu viel.

„Ich hole mal meinen Vorgesetzten.“ Er schlurft davon.

Das gibt es doch nicht. Man ruft doch seinen Vorgesetzten nicht wegen Problemen mit Pfandautomaten. Vorgesetzte ruft man, wenn man mit einem Kollegendisput nicht zurechtkommt oder an der Kasse eine blinde Frau behauptet, sie hätte einen 50-Euro-Schein gegeben, aber nur auf einen 20-Euro-Schein Wechselgeld herausbekommen.

Aber dann zeugen harte, schnelle Schritte davon, dass der Vorgesetzte anrauscht. Ich weiß, ohne mich umzudrehen, dass es der Kleine ist, der Herrn Schmidt ähnelt. Er kommt offensichtlich mit seiner geringen Körpergröße nicht klar, trägt einen Schnauzer und hat das Resthaar quer über den Schädel gekämmt, sodass man die Platte nicht so gut sehen kann. Natürlich sieht man die Platte aber doch.

Genau so ist es dann auch.

Der Vorgesetzte versucht seine Kleinwüchsigkeit mit Hektik und schnellen Bewegungen wettzumachen. Das ist mir früher schon aufgefallen, aber da wusste ich noch nicht, dass er ein Vorgesetzter ist, ich dachte, er sei hier eine Aushilfe.

„Herr Schröder, geh mal hinten an den Automaten ran und zieh die Flasche raus, die da feststeckt, ich seh's doch von hier." Umdrehen zu mir: „Der Automat ist nicht defekt, da steckt nur eine Flasche fest. Das blöde PET", sagt er. „Wird ja alles zusammengequetscht, aber manchmal bleibt eine stecken. Wegen PET."

Wegen PET hört sich an wie wegen BSE. „Wofür steht eigentlich die Abkürzung PET?", fragt ein Mann hinter mir. Der Praktikant kommt gerade zurück. „Die Flasche ist draußen, jetzt leuchtet der Service-Hinweis auch nicht mehr. Zu Ihrer Frage: PET ist Polyethylenterephthalat. Das ist ein durch Polykondensation hergestellter thermoplastischer Kunststoff aus der Familie der Polyester. PET hat vielfältige Einsatzbereiche und wird nicht nur zur Herstellung von Kunststoffflaschen, Folien und Textilfasern verwendet. Weltweit werden pro Jahr 40 Tonnen produziert."

Ich bin bass erstaunt. „Was Sie alles wissen."

Hut ab! Ich habe mich offenbar getäuscht. Nun bin ich fast stolz auf ihn. „Warum arbeiten Sie dann hier?", frage ich.

Er glotzt mich wieder an. „Wie meinen Sie das?"

„Warum Sie hier sind. Sie sind doch zu Höherem berufen!"

„Wieso?" Jetzt hat er den Mund noch halb geöffnet und sieht einfach nur schwachsinnig aus. Wie kann denn so jemand was über PET wissen?

„Herr Schröder, nun geh mal wieder nach hinten und mach den anderen Automaten auch heile. Da muss wahrscheinlich nur mal der Ausgabeschacht gerüttelt werden." Der Vorgesetzte will das Thema hier zu Ende bringen. Herr Schröder geht nach hinten und rüttelt.

„Wie man sich doch teilweise vom Äußeren verleiten lässt", sage ich zu den Leuten hinter mir, und einer deutet genervt auf ein Schild über den Automaten. Auf dem wird irgendwas von Umweltbewusstsein erklärt, und da steht, was PET bedeutet.

„Oh", sage ich.

„Aber Sie haben schon recht", sagte eine hagere Ehenutte in teuren Stiefeln und Pelzjäckchen, die drei Wasserflaschen zurückbringen will, und sieht mich, die ich ungeschminkt mit meinen vier ploppenden Taschen dastehe, an. „Wie man sich doch teilweise vom Äußeren verleiten lässt. Ich hätte nicht gedacht, dass Sie lesen können."

Gefühlte Stunden später stehe ich an der Kasse. Bin alle Flaschen und Dosen losgeworden, aber das hat gedauert. Ich fühle mich wegen der Aussage der dünnen Frau gedemütigt.

Endlich kann ich meinen Pfandzettel einlösen.

Die Kassiererin holt 75 Cent aus der Kasse und drückt sie mir in die Hand.

Ich sage: „Wie jetzt? Ich bekomme um die 25 Euro."

Sie schaut auf den Zettel und hält ihn dann hoch. 75 Cent. Es stimmt.

So was. Ich habe den falschen Zettel aus dem Automaten genommen. Offenbar hat vor mir jemand seinen vergessen.

„Bin gleich wieder da", rufe ich. „Ich hole den richtigen Zettel."

„Ich mach die Kasse gleich zu!", ruft sie mir hinterher.

Natürlich ist der Zettel nicht mehr da.

Ich rase zurück. An der Kasse steht die Frau, die zu mir sagte, dass sie nicht gedacht habe, dass ich lesen könnte.

Sie löst gerade meinen Pfandzettel ein.

Und sie grinst mich an.

Ich sage nichts mehr. Ich gehe.

Was für ein Scheißtag. Und er ist noch nicht zu Ende.

19 Uhr

„Aha", sagt Frodo. „Einfach *nur so* willst du essen gehen? Du? Du gehst nicht gern essen. Du sitzt bei Kälte abends am liebsten auf dem Sofa und schaust komische Serien wie gerade diese eine, in der es nur darum geht, wer welches Kleid zur Teestunde anzieht und ob die Dienstboten die Schwertfarne in der Bibliothek schon abgestaubt und die Hausmädchen die Kamine in den weitläufigen Schlafzimmern gereinigt haben."

Ja. *Downton Abbey.* Und? Was dagegen?

„Ach, mir war so danach", sage ich. „Ich habe Lust auf ein gutes Stück Fleisch."

„Ich habe schon meine Jogginghose an", klagt er. „Und jetzt noch mal raus in die Kälte."

„Ach, das tut uns gut. Ich ziehe mich um."

Das Telefon klingelt.

„Geh du."

„Geh du."

Letztendlich geht niemand. Wer was will, soll auf Band quatschen. Eine Minute später steht er mit Rasierschaum im Gesicht vor mir.

„Du hast mich angelogen." Frodo ist wütend.

„ICH?" Ist ja sonst niemand in der Wohnung.

„Carlotta hat gerade auf Band gesprochen."

„Oh. Was wollte sie denn?"

„Das kannst du dir selbst anhören." Er stampft aus dem Schlafzimmer.

Carlotta gehört gevierteilt: „Also um acht, nicht vergessen. Und schau dir den Bestimmer genau an, hörst du! Hoffentlich kriegst du *deinen* Bestimmer dazu, mitzukommen. Hast du dir schon überlegt, wie du es anstellst? Sag bloß nicht, dass ich da bin und du nur wegen *mir* in das Restaurant kommst, er mag mich ja irgendwie nicht so sehr. Aber dir wird schon was einfallen. Bis glei-heich!"

Ich gehe zu meinem Mann. „Tut mir leid. Kommt nicht wieder vor. Aber wir müssen dahin. Es ist wichtig für Carlotta. Sie trifft sich heute mit einem Mann aus einem ihrer Dating-Portale."

„Das hättest du mir auch sagen können", mault er.

„Dann wärst du nicht mitgekommen", rechtfertige ich mich.

„Das stimmt. Trotzdem."

„Kommst du mit? Bitte!"

Er grummelt: „Jetzt hab ich mich ja rasiert und schon angezogen, also bringen wir's hinter uns. Wer ist denn der Bestimmer?"

„Der Typ."

„Wie kann man denn Bestimmer heißen?"

Wie kann man denn Frodo heißen?

„Er heißt nicht so, er nennt sich so. Und warum, wollen wir herausfinden."

20 Uhr 10

Ich mag es nicht, wenn Ober oder andere Menschen mir aus dem Mantel helfen. Ich stelle mich dabei ungeschickt an, bleibe mit einem Arm hängen oder schlage versehentlich einem vorbeigehenden Kellner beim Anheben der Arme die Krabbensuppe aus der Hand, weil ich ja hinten im Kopf keine Augen habe. So wie jetzt. Mir ist das sehr peinlich. Frodo sagt: „Das muss dir nicht peinlich sein. Normalerweise weicht das Personal aus." Und er ist natürlich schon genervt. „Ist das voll hier", sagt er. „Wo ist denn Carlotta?"

„Da." Sie sitzt in einem grünen Kleid an einem Fenstertisch, ihr gegenüber hockt ein Mann, von dem ich gerade nur die Hände sehe, weil jemand vor ihm steht.

„Und jetzt müssen wir so tun, als würden wir sie nicht sehen. Meine Güte. Na ja. Ihr müsst wissen, was ihr tut. Ich habe Durst", sagt mein entzückender Frodo. „Können wir jetzt bitte mal zu unserem Tisch gehen? Ich *hasse das*, mitten im Raum zu stehen wie bestellt und nicht abgeholt."

„Natürlich." Der Ober dirigiert uns durch das volle Restaurant und dann an einen Tisch mitten im Restaurant, um dann sofort zu verschwinden.

Mein Mann sagt: „Ich *hasse es*, mitten im Raum zu sitzen, da fühlt man sich wie auf einem Präsentierteller. Hat Carlotta den Tisch extra so reserviert? Weil sie weiß, dass ich das nicht mag?"

„Warum sollte sie? Jetzt stell dich nicht so an."

Ich schaue in Carlottas Richtung und sie sieht verstohlen zu mir. Das grüne Kleid ist ein bisschen zu kurz. Und sie hat … nein, das hat sie nicht. Sie hat …

„Hätte der Kellner nicht mal gleich fragen können, was wir trinken wollen?", meckert Frodo. „Ich *hasse* das. Was die in der Zeit schon verdienen könnten. Die Gäste setzen sich, bestellen schon mal, und so spart man sich einen leeren Gang. Aber nein, der Herr Oberkellner muss ja einen auf wichtig machen und braucht jetzt erst mal eine halbe Stunde, um uns die Karten zu bringen. Dann dauert es ewig, bis der Wein kommt, und ich sage dir, der ist zu warm, weil sie ihn zu früh aus dem Kühlschrank geholt und dann zu lange draußen stehen gelassen haben."

„Jetzt warte doch erst mal ab." Ich schaue wieder zu

Carlotta. Sie hat *tatsächlich*. Ich fasse es nicht. Und jetzt kann man auch den Mann sehen. Er sieht gut aus! Scheint groß zu sein, hat dunkle Haare, trägt Brille. Schlank, aber nicht dünn. Könnte Rechtsanwalt sein oder Arzt. Vielleicht hat Carlotta ja mal Glück! Ich würde es ihr so sehr wünschen.

„Jetzt hocken wir hier und warten“, sagt Frodo sauer. „Wo ist denn der Kellner? Hallo!“ Ein Ober scharwenzelt zu uns. „Das hier ist doch ein Restaurant?“, fragt mein Mann. „Oder?“

„Gewiss, gewiss. Was denn sonst?“ Der Kellner lächelt.

Mein Mann sagt: „Ich weiß es nicht. Vielleicht das Finanzamt. Da dauert auch alles so lange.“

Ich lache kehlig und entschuldigend auf. „Er macht so gern lustige Scherze“, sage ich. Der Ober ist indigniert. Er findet das nicht witzig. „Soll ich Ihnen die Getränkekarte bringen?“

„Das ist doch mal ein Wort“, sagt mein Mann gönnerhaft. Er hat aber auch manchmal eine Art!

„Ach Moment. Für diesen Tisch bin ich gar nicht zuständig. Ich sage dem Kollegen Bescheid.“ Er scharwenzelt von dannen.

Mein Mann steht auf. „*Wir gehen.* Bevor wir hier den ersten Schluck Wein bekommen, sind unsere Lebensversicherungen auszahlungsreif.“

„Setz dich wieder hin, es ist doch für Carlotta. Los.“

Carlotta lacht aus der Ferne perlend auf.

Ich falte aus meiner Stoffserviette einen Schwan.

Da kommt der richtige Ober.

„Sie wollten die Getränkekarte, sagt mein Kollege?“

„Ja“, sagt mein Mann fast versöhnt, dann sieht er die leeren Hände des Obers. „Wo ist sie?“

„Kommt sofort.“ Der Ober verschwindet wieder.

Ich höre Carlotta „O wie süüüüüüß!“ rufen.

„Das war das letzte Mal“, sagt Frodo böse. „Zu Hause hätte ich jetzt schon einen sitzen. Und könnte *Game of Thrones* schauen.“

„Dieses *eine* Mal wirst du es aushalten können.“ Frodo nervt.

„Warum setzen wir uns eigentlich nicht an Carlottas Tisch?“, fragt er. „Die haben nämlich schon Wein. Das habe ich beim Reinkommen gesehen. Wahrscheinlich hocken sie schon seit dem frühen Nachmittag hier und haben vor Kurzem das erste Glas bekommen.“

Er ist manchmal wirklich sehr kompliziert.

„So schlimm ist das doch nicht, ein bisschen warten zu müssen.“

Ich stelle den Stoffschwan auf den Tisch und nehme seine Serviette, um einen Kakadu zu falten. Diese Techniken habe ich mal in einem YouTube-Video gesehen. Ich hatte keine Lust gehabt zu arbeiten und hatte den ganzen Tag bei YouTube verbracht. Seitdem kann ich auch Brot backen und weiß, was beim Einparken alles passieren kann.

„Hier bitte, die Karte.“ Der Kellner legt zwei davon auf unseren Tisch.

„Na endlich“, sagt mein Mann.

Ich sage: „Danke, sehr nett“, und lächle den Ober entschuldigend an.

Mein Mann überfliegt die Karte in einer affenartigen Geschwindigkeit. „Haben Sie keinen Wein?“

„Natürlich. Möchten Sie die Weinkarte? Das ist die Karte für die nichtalkoholischen Getränke."

Frodo fragt: „Sagen Sie mal, sehe ich so aus, als wolle ich stilles Wasser trinken?" Jetzt ist er wirklich sauer.

Der Kellner sagt nichts, aber ich weiß, dass er *Wie kommen Sie denn darauf* denkt. Er fragt noch mal, ob er die Weinkarte bringen soll. Mein Mann steht auf. „Ich möchte nicht beim Warten an diesem Tisch sterben. Ich komme mit und nehme die Karten da vorn direkt am Tresen an mich."

„So ist das aber nicht vorgesehen", will der Ober abwiegeln.

Er wird angeblitzt. „Es ist auch nicht vorgesehen, dass ich …"

„Er meint es nicht so", gehe ich dazwischen. „Eigentlich ist mein Göttergatte ein ganz lieber, sanfter Zeitgenosse. Er mag Katzen."

„Ich HASSE Katzen!", brüllt mein Mann, und der Kellner duckt sich. Bevor eine Schlägerei beginnt, stehe ich auch auf und ziehe ihn mit mir zu Carlottas Tisch.

„Wenn ich Wasser trinken will, gehe ich ins Kloster!", ruft Frodo in Richtung des Kellners. „Wissen Sie, was ich morgen mache? Ich veranstalte ein Treffen der Hamburger Veganer. Hier. In Ihrem fleischlastigen Restaurant. Da kann Ihr Laden aber was erleben!"

„Ja, schau mal, wer da ist", ich bleibe stehen und versuche, ungläubig auszusehen. „Da ist ja Carlotta!"

Carlotta steht auf, und ich sehe das ganze Drama, also das, was sie wirklich getan hat. Sie hat keine so große Oberweite und hat sich Socken oder Wollknäuel oder was auch immer ins Dekolleté gesteckt. Es ist alles schon halb verrutscht und sieht grotesk aus.

„Meeeeensch, das ist ja ein Zufall!“ Carlotta klatscht in die Hände. „Ihr *auch* hier! Ich dachte, du bist so ein Couch-Potato“, sagt sie in Richtung meines Mannes. „Ihre bessere Hälfte liegt eigentlich immer auf dem Sofa“, bekommt ihr Gegenüber erklärt. „Er bewegt sich kaum und ist auch meistens schlecht gelaunt. Na, wollt ihr euch nicht zu uns setzen?“

Mein Mann funkelt Carlotta an. „Nein“, sagt er, obwohl er eben noch wollte.

„Aber ja“, rufe ich fröhlich. „Ich bin Steffi und das ist Frodo, mein Mann!“

Mein Mann wird glutrot, weil ich Frodo sage. Herrje, es ist mir so rausgerutscht.

„Frodo?“, fragt Carlottas Begleiter amüsiert. „Dann sind Sie ein kleiner, lustiger Hobbit. Das gefällt mir.“

Mein Mann hyperventiliert fast, sagt aber nichts. Er erinnert mich an einen Scharfrichter, der sich darauf freut, dass schon bald ein ganz bestimmter Kopf rollen wird.

Carlottas Kavalier steht auf. „Guten Abend.“ Er beugt sich über meinen Handrücken und deutet einen Handkuss an. Ich bin erschüttert. Das hat noch nie jemand gemacht. Fast fühle ich mich wie auf Downton Abbey. Jetzt fehlen nur noch ein Labrador, Tee und Scones. Und natürlich ein schönes langes Kleid. Und natürlich Pfauenfedern. Und natürlich ein 800-Zimmer-Haus mit angrenzenden Ländereien, Lamm in Minzsoße und …

„Das ist Simon“, sagt Carlotta. „Ist das nicht aufregend und wunderschön?“

„Also ich weiß nicht, was daran aufregend sein soll", sagt mein Mann, während Simon einem Ober ein Handzeichen gibt. Sofort werden Stühle für uns gebracht, was meinen Mann noch wütender macht. Der Ober bleibt dienstbeflissen stehen und fragt nach unseren Wünschen, und noch während mein Mann schon wieder nach Wein jammert, schnippt Simon in Richtung eines anderen Obers mit den Fingern und befiehlt ihm irgendwas in Gebärdensprache oder so, und schwupps, zehn Sekunden später stehen eine geöffnete Flasche in einem Kühler sowie zwei Gläser vor uns. Simon nickt leicht zum Dank und der Keller reicht uns die Speisekarten. Mein Mann brodelt innerlich und fühlt sich wie ein Versager. Er möchte auch zu den Männern gehören, die auf dem Sterbebett sagen können: „Ich habe mein Leben gelebt und ich habe es gut gelebt, denn ich hatte die Kellner im Griff."

„Wir haben auch noch nichts zu essen bestellt, das ist ja fein, dann können wir ja *zusammen* bestellen", freut sich Carlotta so, als ob es sich um einen gemeinsamen Urlaub handeln würde.

Da kommt ein neuer Ober mit vier Tellern und sagt. „Hier haben wir schon mal einen kleinen Gruß aus der Küche."

„Was ist das?", fragt Frodo.

„Geeiste Melone auf Lachs."

„Es ist nur so, dass ich weder die Melone noch den Lachs sehen kann. Ich sehe nur zwei Punkte", sagt Frodo, der hungrig ist, sehr hungrig, das merke ich gerade.

„Ein Gruß ist ja keine Mahlzeit." Der Ober verbeugt sich freundlich.

„Ich bin ein ausgewachsener Mann, was soll ich mit nicht sichtbarem Lachs?“, meckert Frodo, und ich nicke dem Ober freundlich zu, der daraufhin das Weite sucht.

Simon wirkt irritiert, hebt aber dann lächelnd sein Glas. Er sagt: „Wasser macht weise, lustig der Wein, drum trinken wir beides, um beides zu sein. Zum Wohl!“ Er schaut uns nacheinander an. Frodo atmet zischend ein. Er hasst Sprichwörter. Ich trete ihm unterm Tisch gegens Schienbein. Ab jetzt soll er die Klappe halten.

„Hihihi“, macht Carlotta.

Mein Mann leert das Glas in einem Zug und will nachschenken, aber der Kellner hat den Kühler samt Wein wieder mitgenommen. Dieses Restaurant hier gehört zu denen, in denen man immer wieder einen gedachten Tropfen nachgeschenkt bekommt, aber nur, wenn die Angestellten einen guten Tag haben. Frodo steht auf und geht den Kühler suchen.

„Was macht ihr denn hier, erzähl mal. Ach, das ist ja eeewig her.“ Carlotta tut so, als hätte sie mich ’45 in einem Luftschutzkeller im ausgebombten Dresden zum letzten Mal gesehen und mich dann aus den Augen verloren, und jetzt, endlich, durch den Suchdienst des Roten Kreuzes wiedergefunden.

„Aber Carlotta, was sollen sie denn hier machen“, sagt der Bestimmer lieb. „Dasselbe wie wir. Essen und trinken.“

„Ja.“ Ich nicke. „Genau. Aber wie nett, dass wir uns treffen. Und wie schön, Sie kennenzulernen.“ Ich nicke ihm huldvoll zu und platze fast vor Neugierde. Ich überlege krampfhaft, wie ich ganz schnell ganz viel über ihn erfahren kann, und beschließe, subtil und vor allen Dingen langsam, ganz langsam an die Sache heranzugehen, um ihn nicht zu verschrecken. Aber ich muss es wissen. Nicht dass Carlotta in blinder Liebe ins Unglück stürzt und womöglich an einen Heiratsschwindler gerät. Man liest ja so viel.

Da kommt Frodo mit dem Wein zurück und gießt sein Glas voll. Dann ist er erst mal zufrieden.

„Simon hat mich eingeladen", erzählt Carlotta. „Ist das nicht sehr freundlich?"

„Das ist wohl selbstverständlich", sagt Simon, der eine tiefe, melodische Stimme hat. Carlotta hatte recht, sie klingt so ähnlich wie die von dem Sprecher in der einen Kekswerbung.

„Was machen Sie denn beruflich?", frage ich dezent.

„Oh, ich bin hier und dort tätig", lautet die Antwort.

Mein Mann fragt: „Sind wir das nicht irgendwie alle?", und studiert dann die Speisekarte.

„Was machen Sie denn genau?", will ich wissen.

„Mal dies, mal jenes", sagt Simon freundlich. Vielleicht ein Zuhälter.

„Aha." Auch ich nehme die Karte. „Und wie viel verdienen Sie so durchschnittlich im Jahr? Können Sie überhaupt eine Familie ernähren?"

Simon runzelt die Stirn. „Wieso eine Familie ernähren?"

„Na, weil Carlotta ja wohl einen Mann sucht und einen Ersatzvater für ihren Sohn Aurelius", erkläre ich, während Carlotta blass wird.

Simon lächelt Carlotta an. „Ist Ihnen nicht gut?"

„Doch, doch", sagt Carlotta.

„Sie haben einen Sohn? Wie nett", erklärt er. „Über ihn müssen Sie mir unbedingt noch mehr erzählen."

„Ja. Aber jetzt habe ich erst mal Hunger." Carlotta schäumt innerlich. Ich glaube, sie ist sauer, weil ich ihr vorgegriffen habe. Andererseits hat sie ja vorher mit dem Bestimmer schon gemailt, und er weiß doch eigentlich Bescheid. Vielleicht hat sie Aurelius aber auch verschwiegen. Ich kann es verstehen.

„Wisst ihr schon, was ihr wollt?", lenkt Carlotta weiter ab. „Also ich nehme das Kalbsgulasch mit den hausgemachten Serviettenknödeln und davor die Krabbenrahmsuppe. Hoffentlich haben die hier Weißbrot. Ich brauche jetzt Weißbrot."

Carlotta kann leider essen, was sie will. Sie verbrennt Nahrung sofort, während ich zunehme, sobald ich nur daran denke, an eine Nudel zu denken. Die bösen kurzkettigen Kohlenhydrate setzen bei Carlotta genauso wenig an wie sechs Tafeln Trüffelschokolade.

„Ich nehme das große Steak mit Kräuterbutter und Bratkartoffeln", sagt mein Hobbit. „Und vorher Vitello tonnato. Und noch mehr Wein. Wir sind ja nicht zum Spaß hier."

Ich will sagen: „Ich nehme den kleinen Salat mit Putenbruststreifen, das reicht mir, ich brauch nicht so viel", aber die Buchstaben auf der Karte springen mir ins Auge, und ich sage: „Ich nehme das viergängige Menü. Das ist letztendlich billiger als eine Vorspeise und ein Hauptgericht."

Mein Mann guckt mich mit diesem „Du sabbelst dir aber auch immer alles zurecht"-Blick an, Carlotta zieht die Augenbrauen hoch und Simon lächelt mir zu. Na also! Es heißt doch immer, dass Männer Frauen mögen, die gern essen. Da muss ich ihm doch sympathisch sein. Außerdem ist er bestimmt auch so einer, der dauernd isst und nicht zunimmt.

„Ich werde den Salat mit dem gedünsteten Wolfsbarsch nehmen", sagt Simon und klappt die Karte zu. „Keine Vorspeise. Kein Dessert. Dazu nur stilles Wasser."

24 Uhr

„Ihr seid schuld", schreit Carlotta und stampft mit den Füßen auf. „Schönen Dank auch. Erst quetschst du ihn peinlich aus und dann …", sie deutet auf meinen Mann, „… fragst du ihn auch noch, ob er *schwul* ist."

Mein Mann bleibt stehen. „Also hör mal. Er hat Wasser und Salat bestellt, was soll man denn da bitte *sonst* denken?"

„Er hat aber keine Cola light bestellt", werfe ich ein, doch niemand antwortet. Carlotta schreit weiter: „Das kann dir doch so egal sein!", schnauzt sie ihn an. „Du hast kein Benehmen. Dauernd hast du blöde Sachen zu ihm gesagt."

„Nicht dauernd", sage ich, um meinen Mann zu verteidigen.

„Ach, halt du doch bitte auch die Klappe. Das war der erste nette Mann, den ich kennengelernt habe, und ihr macht alles kaputt. Dabei ist das sooo außergewöhnlich gewesen!"

Das stimmte. Simon war nämlich gar nicht der *Bestimmer*. Simon und Carlotta hatten sich vor dem Restaurant kennengelernt. Er war zufällig vorbeigekommen und hatte Carlotta, die ihren Mantel vergessen hatte, seinen Kaschmirmantel (oh!) um die Schultern gelegt (was ich sehr romantisch finde – und da kann sich auch kein Arm verheddern). Dass er nicht der Bestimmer war, wusste Carlotta zu diesem Zeitpunkt aber noch nicht, denn der Bestimmer hatte kein Foto von sich ins Netz gestellt, sondern eine rote Rose als Profilbild. Der wirkliche Bestimmer war entweder gar nicht gekommen oder sie hatte einfach nicht mehr auf ihn geachtet, weil sie ja dachte, dass Simon der Bestimmer war.

Die beiden hatten sich nett unterhalten und dann tauchten wir auf. Und dann ging es los.

Nachdem wir bestellt hatten, fragte der entzückende Hobbit nämlich: „Sind Sie schwul?“, und Simon war ziemlich irritiert gewesen und hatte leicht den Kopf geschüttelt.

„Wegen des Salats“, erklärte mein Mann. „Also ich kenne keinen Mann, der in einem Restaurant nur Salat bestellt.“

„Ich …“, begann Simon.

„Selbst wenn, das wäre ja kein Problem“, hatte ich ihn hektisch unterbrochen. „Es gibt *so viele* nette schwule Männer.“

„Ich …“ Simon wieder.

„Ich finde *schon*, dass das ein Problem wäre“, Carlotta war leicht angesäuert gewesen. „Ein ziemlich großes sogar.“

Ein vorbeilaufendes Pärchen war stehen geblieben und die Frau hatte gesagt: „Schau mal, Micha, die Frau da hat sich Socken oder so in den BH gesteckt, damit ihre Dinger größer wirken. Wie peinlich ist das denn? Und alles ist verrutscht.“ Die beiden hatten gelacht, und Carlotta war fast ohnmächtig geworden.

Dann hatte mein Mann auch noch gesagt: „Warum hast du dir denn Socken in den BH gesteckt? Das ist doch eine Vortäuschung falscher Tatsachen.“ Er meint so was wirklich nie böse, sondern stellt einfach fest, so ist er nun mal. Er sagte: „Nun mach sie schon raus.“

Ich hatte jubiliert: „Ist das nicht ein schöner Abend?"

Simon tat eine Zeit lang so, als würde das alles ganz amüsant sein, schaute aber immer häufiger auf seine Armbanduhr oder trommelte leicht mit den Fingerspitzen auf der Tischdecke herum. Das Essen kam, das heißt mein Essen, ich hatte ja das Viergangmenü und schlang alleine irgendwas mit viel Sahnesoße herunter, die anderen schauten mir zu. Erst ab dem zweiten Gang aßen wir zusammen und mussten keine peinlichen Gespräche führen.

Als Simon mit seinen Salatblättchen fertig gewesen war, tupfte er mit einer Serviette so seinen Mund ab, wie die das in Filmen immer machen, und hob wieder sein Glas. „Auf Sie, Carlotta, und auf Ihre reizenden Freunde. Nun wollen wir mal vergessen, wie blöd der Abend angefangen hat. Mich stört auch Ihre geringe Oberweite nicht, Carlotta, alles ist gut."

Carlotta hatte gestrahlt und erleichtert gewirkt. „Oh ..."

„Und ich schlage vor", sagte Simon, „dass wir uns jetzt alle duzen."

„Das ist doch mal eine gute Idee." Ich hatte ebenfalls mein Glas gehoben, wir alle sagten unsere Namen und stießen an und tranken, und dann fragte Simon: „Carlotta, sag mal, du hast wirklich einen Sohn?"

„Ja." Carlotta nickte. „Aurelius ist ..."

„... ein kleiner Rotzlöffel", hatte Frodo ergänzt. „Wenn du mit Carlotta zusammenkommst, wirst du feststellen, dass Aurelius ein hochbegabter Junge ist, der anderen die Schneidezähne ausschlägt, weil das zu seiner Entwicklung einfach dazugehört."

„Nun reicht es!", rief Carlotta.

„Aber es stimmt doch“, sagte mein Mann. „Das sagst du immer. Und ich finde nun mal, dass er ein kleiner Mistkerl ist. Er hat mir schon gegen’s Schienbein getreten und was nicht alles. Aber er bekommt ja nie mal gesagt, dass es jetzt mal gut ist. Wahrscheinlich wird er mal ein Serienkiller oder so, weil er gewohnt ist, das zu bekommen, was er will. Und wenn einer Nein sagt, schwupps, ist die Rübe ab.“ Er lacht. Manchmal kann er wirklich witzig sein.

„Ach“, sagte Simon. „Scheint ein netter Junge zu sein.“

„Herrje, ich werde ja wohl mal was Lustiges sagen dürfen“, sagte Frodo, aber niemand lachte.

Ich musste einschreiten. „Carlotta sucht halt schon lange einen Mann, es ist alles nicht so einfach. Der Vater zahlt keinen Unterhalt und hat schon längst eine andere, die noch mehr Kinder hat, und Carlotta ist überall im Internet unterwegs und glücklicherweise hat sie jetzt dich gefunden. Es hat lange genug gedauert, keine Ahnung, warum die Männer alle keine feste Beziehung wollten. Aber du bist wirklich nett, Simon. Und Aurelius ist gar nicht so schlimm. Man muss ihn zu nehmen wissen. Aber nun sag mal, Simon, warum nennst du dich eigentlich *der Bestimmer*?“

Carlotta sagte gar nichts mehr und Simon sagte: „Wie bitte? Wer soll das denn sein?“

Carlotta schaute ihn an: „Na du natürlich. Wer denn sonst?“

„Eben.“ Simon begriff gar nichts mehr. „Das frage ich mich auch. Wer?“

„Du bist gar nicht der aus dem Internet-Single-Portal?“, hatte ich gefragt.

„Nein“, hatte Simon gesagt. „Was für ein Single-Portal?“

„LoveJoy." Carlotta. „Wir haben doch gechattet."

„Carlotta, ich habe dich vor diesem Restaurant zum ersten Mal in meinem Leben gesehen."

„Aber du hast genau so eine Stimme wie der Mann in der Kekswerbung", sagte Carlotta verzweifelt.

„Kekswerbung?"

Nun heulte meine Freundin fast. „Egal, egal, egal."

Mein Mann sagte: „Der Wein schmeckt von Glas zu Glas besser", und goss sich nach.

„Also so was", sagte ich.

„Ich dachte, du bist der erste normale Mann, mit dem ich mich treffe", jammerte Carlotta. „Und von Aurelius hätte ich dir schon noch erzählt. Er ist ein sehr lieber Junge. Umgänglich und unkompliziert."

„Wir reden aber vom richtigen Aurelius, ja?" Mein Mann wieder mit seinen lustigen Fragen.

„Carlotta hatte bislang nur Pech", erklärte ich gefühlt zum tausendsten Mal.

„Vielleicht weil sie einen Versorger sucht." Frodo, der Grundgute. „Also dieser Weißwein. Lecker. Ich meine, ich kann es ja verstehen. Bei der Geschichte. Mit ihrem Ex, meine ich. Er wollte keine Kinder und hat sie dann wegen einer Frau mit Kindern verlassen. Das ist, um es mal vorsichtig auszudrücken, ziemlich dumm gelaufen."

„Kann es sein, dass das alles ein bisschen kompliziert ist mit dir?", fragte Simon Carlotta.

„Ach was", sagte Carlotta. „Sag mal, magst du Filme mit Veronica Ferres?"

„Ich muss mal auf die Toilette." Simon stand auf. „Übrigens", sagte er dann im Gehen. „Ich habe Salat gegessen, weil ich eine Magenverstimmung hatte. Normalerweise esse ich ganz normal. Ich bin überhaupt scheinbar sehr normal, wenn ich mir das hier so anschaue. Und nein, ich mag Filme mit Veronica Ferres nicht."

Er ging Richtung Toilette.

Carlotta war ganz blass geworden. „In Filmen ist das in solchen Situationen immer so, dass jemand nicht wiederkommt, wenn er aufs Klo geht."

Simon war nicht wiedergekommen. Es war sehr praktisch für ihn zu gehen, da die Garderobe direkt neben den Kloräumen war. Er hat noch nicht mal sein Essen bezahlt. Wahrscheinlich hat er das als Entschädigung gesehen.

Und Carlotta ist nun sauer. Sie rennt weg und springt ins nächste Taxi.

„Wir bezahlen dir den Babysitter!", schreit mein Mann ihr hinterher.

„Von einer Ausgeburt des Teufels nehme ich kein Geld!", brüllt Carlotta zurück.

1 Uhr 10

Ich liege im Bett und starre auf die nackte Glühbirne.

Tag 1 erfolgreich zu Ende gebracht.

DIENSTAG

Zu erledigen:
Lampe kaufen (erst mal im Baumarkt schauen, da gibt es teilweise auch ganz gute), und wenn ich schon mal da bin, Zugluftstopper, Tesamoll und Wischsystem besorgen!
Hinnerk Huber auf den Topf setzen, sollte er heute kommen. (Wegen der Pakete, so geht das nicht) Und wenn dann noch Zeit ist und ich noch nicht durchgedreht bin:
Beim Fitnessstudio vorbeifahren und diese blöde Mitgliedschaft kündigen. Oder nein, das mache ich zuerst. Es ist besser, vormittags dahin zu gehen, da ist nicht so viel los und die Leute sind noch nicht so genervt. Ich möchte das persönlich machen, weil ich die Befürchtung habe, dass sonst ein ewig langer Schriftverkehr losgeht und ich letztendlich doch Mitglied bleibe (hatte ich nämlich schon mal …).
Also 1. Fitnessstudio-Mitgliedschaft kündigen.

8 Uhr

Küche. Kaffee. Heute lässt sich der Moderator mal nicht über den Regen aus, denn es regnet nicht, nein, er redet fast gar nicht, denn er ist stark erkältet, und nun sollen Hörer anrufen, die ebenfalls stark erkältet sind und kaum sprechen können. Eine Wahnsinnsaktion. Man hört die Leute nur krächzen und husten und startet motiviert in den Tag. Susi/Babsi/Michi findet wieder alles toll und erzählt, dass sie sich bestimmt am Wochenende auch erkältet hätte, wenn sie keinen Schal getragen hätte. Sie ist nämlich umgezogen. Und natürlich längst nicht fertig. Und die ganzen Kartons …

Ach je, wenn ich an meinen Umzug nach Hamburg denke. Und dann diese Sache mit den Nachmietern … Mein Leben hatte sich schlagartig geändert, ganz schnell, nachdem ich meinen zukünftigen Mann, also Frodo, kennengelernt hatte. Wir sind uns an einer Raststätte begegnet, beziehungsweise dort auf dem Klo. Es war ein Sonntag und ich war samstags auf einer Hochzeit im Elsass eingeladen gewesen – und noch etwas verkatert auf dem Weg nach Hause – und war versehentlich ins Herrenklo gegangen und so kamen wir ins Gespräch. Glücklicherweise war er nicht aus Versehen aufs Damenklo gegangen, dann wären wir uns nie begegnet. Er hatte damals einen Freund besucht – auch im Elsass, lustig – und wir landeten also beide auf dieser Raststätte. Dann haben wir unter anderem darüber diskutiert, warum an den Innentüren der Klokabinen immer Kaminwerbungen hängen. Und ob es stimmt, dass es eine Raststättenklo-Mafia gibt. Also ob die Leute, die unten stehen und Geld haben wollen, Kriminelle sind. Wir fingen an uns zu mailen und wir telefonierten – er kam aus Hamburg und ich aus Hessen. Damals hatte ich noch meinen Job beim Radio und als Autorin, traf mich mit Freunden und lebte in einer netten Wohnung.

Aber ich hatte ja den Mann kennengelernt, mit dem ich den Rest meines Lebens verbringen wollte, und weil er wie gesagt in Hamburg und ich in Hessen wohnte, musste Abhilfe geschaffen werden. Da er ohne das weite Meer nicht leben kann – er ist auf einer Nordseeinsel groß geworden – und Flüsse wie den Main oder den Rhein als Zumutung der Natur empfindet, kündigte ich meinen Job, beschloss, fortan nur noch als Autorin zu arbeiten, und zog nach Hamburg. Ich mag die Stadt, Fischbrötchen und Hafenrundfahrten mit Bockwurst und dextrosehaltigem Kartoffelsalat. Ich mag den Kiez und Hans Albers und kann auch jetzt in diesem Moment in Tränen ausbrechen, wenn ich an das Lied *Junge, komm bald wieder* von Freddy Quinn denke, beziehungsweise die Melodie in meinen Ohren höre.

Frodo suchte in Hamburg nach einer schönen Wohnung für uns und fand auch eine nette in einem Haus, das 1894 erbaut wurde. Also machte ich mich auf!

Ich weiß noch, dass ich vor dem Umzug in meiner Küche in Hessen saß und die Nachmieter kamen, um Details mit mir zu besprechen. Ich hatte Kaffee gekocht und Kuchen gekauft, und Carlotta war auch da. Mit Carlotta war ich in den Kindergarten gegangen, das habe ich noch gar nicht erwähnt, wir hatten immer den Kontakt gehalten, und sie wohnte schon lange in Hamburg und freute sich irre darauf, dass ich da jetzt auch hinziehen würde. Sie kam also, um zu helfen. Damals war Aurelius noch nicht auf der Welt, dafür hatte Carlotta ihren Neffen dabei, der war ungefähr drei und nahm leider kein Blatt vor den Mund. Er sah auf das nette Ehepaar und fixierte dann die Frau länger als notwendig. Die Frau hatte einen Silberblick und eine behaarte Warze neben der linken Augenbraue. Der Neffe sagte: „Sie tun mir sooo leid!“

„Warum?“, fragte die Frau, und der Neffe antwortete: „Weil Sie sooo hässlich sind!“

Ich saß da und wusste nicht, was ich sagen sollte, außer: „Hahaha, so sind halt Kinder." Das ist genau so dämlich wie dieses bekloppte „Es ist nicht das, wonach es aussieht".

Es ist *immer* das, wonach es aussieht.

Und Kinder sind ehrliche, grausame, egoistische Monster. Ja, so sind Kinder halt.

Carlotta lachte nur dämlich mit so einem kieksenden Glucksen. Also ob das jetzt so was von witzig gewesen wäre. Ich hätte sie erwürgen können.

„Die Nebenkosten wollten wir noch besprechen", sagte ich verzweifelt und deutete auf die letzte Abrechnung, während der Mann den Arm seiner Frau tätschelte und mich böse anschaute.

Ja, mich. Warum eigentlich *mich*? Ich wiederum tötete Carlotta mit Blicken. Sie stand auf. „Komm, Max, ich glaube, wir sollten ein bisschen spazieren gehen."

Max wehrte sich verbal. „Nein, ich will noch die hässliche Frau angucken."

„Komm jetzt", sagte sie und zog den Rotzlöffel sanft mit sich. Sie suchten im Flur seine Lieblingsmütze, die aber auf dem Küchenfußboden lag. Ich nahm sie, und während die Nachmieter die letzte Abrechnung anschauten, ergriff ich eine Küchenschere und schnitt ein paar Wollfäden durch.

Das Gebrüll, als Max die kaputte Mütze sah, war himmlisch und vom Gefühl her mit einem Lottogewinn zu vergleichen.

Mir war das alles so peinlich, dass ich den Nachmietern keinen Abstand für die zurückgelassenen Dinge abnehmen konnte. Ich konnte es einfach nicht, obwohl es über 3.000 Euro gewesen wären.

„Das hätte sich nicht gehört, ich wollte meine Selbstachtung nicht verlieren“, sage ich gern, wenn ich diese Geschichte erzähle, und alle außer dem jetzigen Frodo finden mein Verhalten heroisch. Er aber sagte: „Typisch für dich. Du konntest ja nichts dafür, dass die Frau so aussieht. Wahrscheinlich macht die das immer so.“

„So ein Quatsch“, wehre ich mich heute noch. „Und ich hätte nicht mehr in den Spiegel schauen können.“

Er sagt dann immer so lustige Sachen wie: „Du schaust in einen Spiegel? Wann denn zuletzt?“, und findet das unglaublich witzig. Es darf, das muss ich an dieser Stelle einfach mal sagen, bitte nicht der Eindruck entstehen, dass mein Mann mich nicht ernst nimmt oder sich über mich lustig macht. Er ist einfach ein kauziger Zeitgenosse mit einem speziellen Humor, und er hat wirklich auch seine guten Seiten.

Wirklich.

Gut möglich, dass ich später darauf zurückkomme. Vielleicht lasse ich das Geschriebene aber auch einfach so stehen.

So. Er wohnte ja damals schon in Hamburg, ich im Stadtteil einer Kleinstadt, also einem Kaff, was aber eigentlich ganz nett war. Und ich konnte den Umzug allein organisieren. Dafür machte ich eine Liste, die natürlich immer länger wurde. Ich dachte: Ach, so viele Kartons brauch ich gar nicht. Dann telefonierte ich mit einem Umzugsunternehmen. Zwei Männer kamen vorbei, latschten durch jeden Raum und machten sich Notizen. Der eine kratzte sich dauernd am Sack, und ich musste dauernd denken: Wie eklig, wenn der meine Sachen anfasst, nachdem er sich am Sack gekratzt hat. Aber ich sagte nichts. Der Mann hatte ja wenigstens über der Hose gekratzt. Es gefiel mir trotzdem nicht. Aber ich musste dankbar sein. Hätte er sich direkt am Sack gekratzt, wären seine Finger bestimmt feucht gewesen, und das wäre natürlich sehr unangenehm gewesen. Also nicht für ihn, für mich.

Beim anderen – ich habe das nie vorher und niemals nachher so extrem bei einem Menschen erlebt – haben mich zwei Sachen so gestört, dass ich dauernd hinschauen musste: Ihm wuchsen Haare wie Büschel aus den Ohren, und es bildeten sich in beiden Mundwinkeln synchron weiße Spuckeansammlungen, wenn er sprach. Man konnte der Ansammlung beim Wachsen und Schäumen zuschauen. Sie zog Fäden. Ich musste dauernd denken: Wenn der beim Umzug spricht und dann Spucke verliert, ist das dann auf meinen Sachen drauf. Ich habe aber nichts gesagt. Die Männer meinten, sie könnten den Umzug „machen" und nannten mir einen Preis, der mich aus den Latschen kippen ließ. Meine Oma hätte gesagt: „Die nehmen's von den Lebendigen." Aber das hat meine Oma eigentlich immer gesagt, wenn es darum ging, irgendwas zu bezahlen. Oder sie sagte, wenn sie geputzt hatte und das von uns nicht richtig geschätzt wurde: „Der Mohr hat seine Schuldigkeit getan."

Jedenfalls sollte der Umzug gut 4.000 Euro kosten. Man würde alles einpacken, sagte der, der sich dauernd am Sack kratzte, und kratzte sich dabei am Sack. Jeden einzelnen Teller würden sie einpacken. Und die Bruchquote bei seiner neuartigen Transportart sei nicht hoch, sagte der mit der Spucke und zog dabei Fäden.

„Das heißt, ich muss keine Angst um das Meißner Porzellan haben?", fragte ich dankbar, obwohl ich gar kein Meißner Porzellan hatte.

Beide glotzten mich an. „Nee, die Gefahr von 'nem Leistenbruch ist nicht so hoch." Er sagte das so, als würden ihn die Teller einen Scheiß interessieren.

Weil ich Angst davor hatte, möglicherweise mein Leben lang für Männer eines Umzugsunternehmens die Arztkosten zu zahlen, während sie sich am Sack kratzten und Spuckefäden zogen, schickte ich die beiden nach Hause. Ich wollte den Umzug alleine organisieren. Ich fühlte mich cool und wie eine Frau, die auch mit einer Zirkulationspumpe so umgehen kann, als sei es ein Föhn.

Also diskutierte ich mit Carlotta, die meinte, es müsse jetzt mal vorangehen, besorgte dann zwanzig Umzugskartons und beschloss, alle Dinge auszusortieren und wegzuschmeißen, die ich über drei Jahre nicht in der Hand gehalten hatte. Carlotta fand, das sei die richtige Einstellung. Wir hatten das in einem Frauenmagazin gelesen, und außerdem war Carlotta gerade auf so einem Feng-Shui-Reinigungstrip. Sie hat das manchmal und im Zuge dessen schon ihre Schilddrüsentabletten und Aurelius' Schulhefte entsorgt.

Ich freute mich richtig aufs Ausmisten, es hatte ja bestimmt was von einer inneren Reinigung.

Mein Mann fand die Idee auch gut. Er konnte nur leider nicht kommen und bei der Reinigung helfen.

Aber er sagte: „Du machst das richtig so. Der Mensch braucht nicht viel."

Eine Woche später war ich am Ende mit meinen Nerven. Ich brauchte keine zwanzig Kartons, sondern zweihundert. Es ist auch nicht leichter, sich von Gegenständen zu trennen, wenn man überall von Psychologen erzählt bekommt, dass man alles, was man soundso viele Jahre nicht in der Hand hatte, wegschmeißen kann.

Und dass man sich gut überlegen solle, wofür man die Dinge XY noch braucht. Gut. Aber ich kann dreißig Jahre alte Frotteehandtücher mit grinsenden Elefanten drauf nicht einfach wegwerfen – ich bin als Kind damit abgetrocknet worden –, und wer weiß, wofür ich die übrig gebliebenen Schmuckkacheln in Brauntönen und mit Flamingos drauf aus den 80ern, die ich im Keller gefunden hatte, noch mal brauchen würde. Ich bin auch nicht der Typ für *eine* Kehrschaufel und finde, der Trend geht zu mehreren. Es könnte ja mal eine verloren gehen.

Das Ende vom Lied war, dass Carlotta meinte, so würde es nicht weitergehen. Wir führten sinnfreie Dialoge. Hier die Top Five:

Sie: „Der alte Biomülleimer kann ja wohl weg. Er hat unten ein Loch."
Ich: „Dann kann ich ihn doch umdrehen und von der anderen Seite benutzen."
Sie: „Die alten ‚Brigitte'- und ‚Freundin'-Zeitschriften aus den 90ern können wir zum Einpacken nehmen."
Ich: „Nein, da will ich noch ein paar Rätsel lösen, da kann man eine Kreuzfahrt in die Ägäis und eine Golf-Schnupperstunde im Harz gewinnen."
Sie: „Deine Handarbeitsbücher hast du ja fast alle doppelt, da können wir doch welche bei eBay reinstellen."
Ich: „Nein, die möchte ich behalten. Wenn ich mal eins verlege, habe ich Ersatz."
Sie: „In dem Regal hier sind ja nur linke Schuhe. Warum?"

Ich: „Weil ich die Schuhe mal wegwerfen wollte, aber ich habe es nicht geschafft, sofort die linken und rechten zu entsorgen."
Sie: „Na ja, dann können die linken ja jetzt auch weg."
Ich: „Nein, die kann ich doch noch einbeinigen Kriegsveteranen schenken."

Und so weiter.

Letztendlich wurde gar nichts weggeworfen, nur abgelaufener Schmelzkäse und eine faule Mandarine. Und der Schlüsselbund mit allen Schlüsseln dran, die es in meiner Wohnung gab. Also auch Schlüssel für Schränke. Denn Carlotta hatte gemeint, wenn man alle zusammenbindet, ginge keiner verloren.

Sie zwang mich, noch mal ein Umzugsunternehmen zu kontaktieren. Diesmal kamen zwei junge, fesche Burschen, für die „das alles gar kein Problem ist". Sie sahen frisch, tatkräftig und ein ganz klein bisschen tumb aus, eher so wie akzeptable Kandidaten bei *Bauer sucht Frau*.

Wir vereinbarten einen Stundenlohn, und eines Morgens klingelten sie dann.

Sie waren freundlich, aßen die von mir besorgten Mettbrötchen und räumten wie vereinbart alles aus der Wohnung und in den Laster. Ich hatte eine Vorschusszahlung geleistet, der Chef meinte, es gäbe so viele Leute, die nicht zahlen würden, und er könne es sich nicht leisten, ständig seinem Geld hinterherzulaufen. Das habe ich natürlich verstanden.

Nachdem der Wagen in Hamburg ankam, stellte sich heraus, dass mehr als die Hälfte des Geschirrs kaputt war. Also richtig kaputt. Es musste also gar nicht so viel ausgepackt werden wie geplant.

Insofern war der Umzug sehr reibungslos abgelaufen. Ich kenne niemanden, bei dem es reibungsloser lief als bei mir. Man konnte das natürlich so oder so sehen.

Mein Hobbit war damals nämlich fast ausgerastet. „So was muss man doch merken“, war seine Meinung. „Wieso hast du denen denn das Geld im Voraus gegeben? Jetzt haben wir den Salat und keine Entschädigung. Mir würde so was nicht passieren. Bei mir hat keine Form der Kriminalität auch nur ansatzweise eine Chance. Und die sind kriminell.“

Nein, natürlich würde ihm das nicht passieren. Nie. Ein paar Wochen später wurde ihm von einem jungen Langfinger das Portemonnaie geklaut, während eine alte Dame ihn nach dem Weg fragte. Aber das war natürlich „was ganz anderes“. Außerdem ist es nicht kriminell, wenn einem beim Umzug was kaputtgeht. Die Sachen waren ja nicht geklaut worden.

Jedenfalls war es im Nachhinein gar nicht schlecht, dass so viel kaputtgegangen war, denn Frodo hatte schon so viele Möbel, dass wir alles doppelt gehabt hätten. Aber weggeben wollte ich meine Sachen auch nicht. Es waren sehr wertvolle Stücke dabei. Jedenfalls stehen jetzt viele schöne Schränke auf dem Dachboden. Eigentlich ist das okay, denn Frodo hat auch viele schöne Schränke und so, und so sehe ich mich an meinen Möbeln nicht satt. Aber es ist auch so eine Sache. Den doch recht geräumigen Dachboden können wir im Prinzip nicht nutzen. Gut, das *im Prinzip* kann man streichen. Wir zahlen den Dachboden ja mit, fällt mir gerade ein, für die Lagerhaltung von Sachen, die wir nicht benutzen. Wir könnten den Dachboden anderweitig nutzen! Sinnvoll!

Und nun habe ich eine großartige Idee.

Ich werde jetzt sofort nach einem Einlagerungsunternehmen googeln und mich nach Preisen erkundigen. Die Sachen werde ich abholen lassen, und dann haben wir quasi einen großen Raum mehr, den wir nutzen können. Und wenn wir die anderen Sachen irgendwann mal wieder brauchen, holen wir sie zurück.

Außerdem – und nun klopfe ich mir auf die Schulter – kann ich jetzt einen Extrapunkt auf die Liste schreiben und wenn die Sachen abgeholt sind, durchstreichen. Wieder was erledigt. Eigentlich ist es ganz einfach.

Ich finde ein gutes Unternehmen, das innerhalb eines Tages abholt, und telefoniere mit einem Pjotr, der eine tiefe, angenehme Stimme hat, die sich so anhört, als würde er in einem Schlitten sitzend pelzmützentragend regelmäßig traurige russische Lieder zu den Klängen einer Balalaika singen.

Pjotr wird morgen kommen und alles abholen.

8 Uhr 15

Habe versucht, Carlotta anzurufen, aber sie geht nicht dran. Sie schmollt, ich kann es verstehen. Mein Mann ist schon weg. Er meinte, Carlotta würde sich anstellen. Simon wäre nicht der Richtige für sie, sonst hätte er sich nicht aus dem Staub gemacht. Ich sehe das ein bisschen anders, aber egal.

Also: duschen, dann auf zu SpoMeWo, was eine Abkürzung für Sport Men Women ist. Keine Ahnung, wann ich zum letzten Mal hier war. Es muss Jahre her sein. Ich muss mich in den zweiten Stock quälen und merke, dass meine Kondition auch schon mal besser war. Aber damit ist jetzt Schluss. Ich werde hier nie wieder hochmüssen. Und die fünfzig Euro im Monat kann man sinnvoller ausgeben. Für Zeitschriften und Wein und Ritter Sport Vollnuss oder Brezelschokolade von Milka. Ich will mich zwingen, mit gesenktem Kopf durch den weitläufigen Raum zu eilen, damit ich bloß nicht die schwitzenden, disziplinierten Menschen sehen muss, die sich abquälen, als gäbe es kein Morgen mehr. Die Männer mit Sixpacks, die Frauen in eng anliegenden Oberteilen, oh, wie ich das alles hasse. Bin ich froh, wenn ich das mit der Kündigung erledigt habe. Sollte schnell gehen.

Die Frau am Tresen kenne ich nicht. Ich erkundige mich nach Linda, das war die, bei der ich damals den Vertrag abgeschlossen habe.

„Linda?“, fragt die Frau und zieht eine mit Kajal aufgemalte Augenbraue hoch. „Die mit den blonden Locken?“

„Genau die.“ Ich nicke.

„Die war mittlerweile verheiratet, ist schon wieder geschieden, hat zwei Kinder und ist mit dem dritten schwanger. Sie wohnt jetzt in Flensburg“, bekomme ich erklärt.

„Wie doof. Dann …“ – *Wen kannte ich hier noch?* – „… Gert.“

„Der mit den kurzen schwarzen Haaren und der Tätowierung?“

„Genau der.“ Ich nicke.

„Der ist schon lange pensioniert. Der kümmert sich ganz rührend um seine Enkelkinder.“

„Wie doof."

„Kann ich dir vielleicht helfen? Ich bin die Moni."

Warum eigentlich nicht.

„Klar. Geht auch fix. Ich möchte meine Mitgliedschaft hier kündigen."

Die andere Augenbraue geht nun auch nach oben. Dann mustert sie mich von oben bis unten. „Wieso das denn?", fragt sie.

Was für eine bescheuerte Frage ist das denn bitte? Ich will auch gar nicht wissen, was sie persönlich davon hält, das sehe ich an ihrem Blick. „Weil ich nicht mehr Mitglied sein möchte. Ganz einfach."

„Da muss ich mal nachschauen. Hast du deine Mitgliedsnummer dabei?"

„Nein."

„Wie ist denn dein Name?"

Zehn Sekunden später hat sie mich gefunden. „Alter Schwede. Du warst am 1. April 2009 zum letzten Mal hier. Kein Scherz."

„Das ist möglich. Was muss ich denn jetzt machen, um ..."

„Fast fünf Jahre ist das her. Fast fünf Jahre." Sie tut ja gerade so, als hätte ich mein Kind zum letzten Mal am 1. April 2009 besucht.

„Ja", sage ich. „Dann ist das so. Du hast ja sicherlich so ein Formular, das ich unterschreiben muss, und dann gibt's natürlich noch eine Kündigungsfrist, ich weiß, und dann ist alles erledigt."

„Da muss ich erst mal den Chef holen." Sie geht und kommt mit dem Chef wieder. Es ist noch der alte, aber er erkennt mich nicht.

„Ich höre, du willst uns verlassen?"

„Ich *habe* euch schon längst verlassen", erkläre ich. „Ich möchte nur nicht mehr bezahlen." Ich weiß, dass ich ein idealer Kunde bin. Ich bezahle jeden Monat und komme nicht. Wenn alle Karteileichen, die in Sportstudios Mitglied wären, regelmäßig dort trainieren würden, müssten alle Studios anbauen. Ich will das nicht mehr, zahle aber jeden Monat viel Geld. Geld, mit dem ich wahrscheinlich in einem notleidenden afrikanischen Dorf eine Wasseraufbereitungsanlage komplett allein finanzieren könnte.

„Setzen wir uns doch mal hin", sagt er. „Ich bin ganz ehrlich", meint er dann. „Ich würde dir vorschlagen, zu bleiben. Wenn du erst mal richtig aus dem Leim gegangen bist, ist es umso schwieriger. Und du bist auf dem besten Weg dazu."

Ich werde rot und sage nichts mehr. Dafür denke ich an das Vier-Gänge-Menü gestern Abend. Ralle, der Besitzer, sieht mich ernst an. „Überleg es dir gut. Willst du so enden wie dieser 400-Kilo-Mann in England, für den die Wand in seiner Wohnung aufgestemmt werden musste, weil er nirgendwo mehr durchpasste?"

Eine halbe Stunde später stehe ich in einer geliehenen Sporthose vor einer Körperfettwaage und fühle mich so gedemütigt wie noch nie zuvor in meinem Leben. Um mich herum sagen alle diese typischen Sätze. Im Kopf erstelle ich eine Art Bullshit-Bingo, das ist ein abgewandeltes Bingo. Da kann man lustige Sätze erfinden. Sätze, die man in diesem Fall hier in einem Fitnessstudio hört. Beziehungsweise die ich höre.

Und wenn man bei diesen Bingos fünf Sätze horizontal, vertikal oder diagonal hintereinander hört, kann man aufstehen und „Bullshit-Bingo“ rufen. Meins sieht so aus:

Wir messen erst mal den Körperfettanteil.	Da müssen wir aber bei null anfangen.	Sie haben noch nie Sport gemacht, oder?	Hinterher fühlt man sich immer super.	Yoga macht was mit einem.
Hier sind echt nur ganz normale Leute.	Sind Sie schwanger?	Dreimal pro Woche ist optimal.	Bewegung ist so wichtig.	Das ist die Frau X, die hat schon vierzig Kilo abgenommen.
Man muss sich schon aufraffen.	Eiweiß nach dem Training ist gesund.	Fitnessstudio-Bullshit-Bingo	Der Sport muss einem in Fleisch und Blut übergehen.	Beim Schwitzen kommt der ganze Dreck raus.
Wie ist denn hier die Kündigungsfrist?	Muskelaufbau ist so wichtig.	Der blonde Trainer ist aber schnuckelig.	Nach den Feiertagen fällt es einem ja besonders schwer.	Zugenommen?
Schreit der beim Gewichtheben immer so laut?	Du warst auch schon mal fitter, hahaha.	Wir können doch hinterher mal ein Bier trinken gehen.	Das sind bestimmt Knebelverträge.	Dich hab ich ja lange nicht gesehen.

Tatsache ist, dass ich den bestehenden Vertrag kündige und mit einem neuen Vertrag das Studio verlasse. Warum ich meinen alten Vertrag gekündigt und einen neuen abgeschlossen habe, weiß ich nicht mehr, vielleicht will ich unterbewusst einen Haken auf der Liste machen. Denn ich habe ja den alten Vertrag gekündigt.

Das ist eine Tatsache.

11 Uhr

Baumarkt. Lampe und der andere Kram. Es ist nicht viel los, was gut ist.

Ich finde Baumärkte eigentlich nett, aber sie überfordern mich. Das fängt schon mit den Einkaufswagen an. Sie sind so groß und schwer, und viele lassen sich nicht gut schieben. Manchmal ist auch ein Rad blockiert, dann geht gar nichts mehr. Das ist dann wie mit dem Internet. Aber ansonsten mag ich Baumärkte. Ich streife durch die Gänge und sehe mir die ganzen Farben an, mit denen ich Wände streichen könnte, wenn ich wollte. Sie haben schöne Namen: Jade, Farn, Lagune, Honey, Mocca, Niagara. Ich stelle mir vor, wie schön beispielsweise Jade an einer Schlafzimmerwand aussehen würde. Interessiert lese ich den kleinen Text auf dem Eimer: *Temperatur: angenehm. Stil: eigensinnig. Wohlfühlpotenzial: hoch. Den grünen Farbton Jade empfinden wir als ruhig und kostbar. Dabei hat er auch etwas Mildes. Jade sieht besonders aus, beim Wohnen ist sie aber einer der verträglichsten Grüntöne, die es gibt.*

Im Schlafzimmer hat man es ja gern kühl, gerade im Sommer. Dann der Jadeton. Das kombiniert mit einer schönen

Lampe! Ich werde ein Eimerchen Jadefarbe mitnehmen. Die Reihe ist auch gerade im Angebot, weil Farb-Aktionswochen sind. Der Frühling kommt, deswegen wahrscheinlich. Dann kann ich ja bald den Balkon bepflanzen. Das wird schön.

Ich hätte ja so gern einen Garten, eigentlich bin ich das totale Landei. Man gebe mir ein Reetdachhaus, Gummistiefel und einzupflanzende Rosenbüsche, einen Aufsitzrasenmäher und ein Pferd auf einer Koppel, und ich bin der glücklichste Mensch auf der ganzen Welt. Ich würde im Alter auch gern Mitglied in einem Landfrauenverein sein, in einem Dorfchor singen und ehrenamtlich Kartoffelsuppe nach einem alten Familienrezept für Schützenfeste kochen. Und Kuchen backen natürlich. Abends würde ich mit den Landfrauen stricken, und einmal im Jahr würden wir einen Ausflug machen, vielleicht ins Erzgebirge. Von dort würde ich meinen Enkelkindern Holzspielzeug mitbringen, vielleicht eins dieser Männchen, in das man so ein Teil legt, das qualmt, und dann sieht das Männchen so aus, als würde es rauchen.

Aber hier habe ich nur einen Balkon und auf dem stehen so viele Terrakottatöpfe und -kästen, dass mein Mann schon mal Angst hatte, dass der Balkon abstürzen könnte. Und einmal, nachdem ich mit dem Bepflanzen fertig war, mussten wir feststellen, dass wir keinen Platz mehr für die Korbstühle hatten. Aber die Bepflanzung sah sehr hübsch aus. Ich werde mal schauen, ob es schon Frühlingsblumen gibt. Primelchen und ein paar Narzissen.

Ach wie schön, es gibt ja schon Frühlingsblumen! Primelchen und Narzissen. Da nehme ich gleich ein paar mit. Farbtupfer auf dem Balkon heben doch gleich die Laune.

Erde brauche ich natürlich auch.

Für meinen Mann kaufe ich ebenfalls noch was, ich bin so in Geldausgebelaune. Und vieles ist reduziert. Ich kaufe einen Plattenlegerhammer und eine Halterung, um sein Fahrrad an der Wand anzubringen, damit es im Flur – es steht natürlich nicht im Fahrradkeller wegen der Diebe, es gibt ja überall Verbrecher – nicht mehr im Weg steht.

Ich kaufe auch noch Sandkastensand und Schleifpapier, das kann man ja immer mal gebrauchen. Und einen Kasten mit vielen Schrauben und Nägeln in unterschiedlichen Größen packe ich auch ein. So was mit vielen Fächern habe ich schon lange für Stickgarn gesucht. Jetzt kann ich die Schrauben und Nägel rausschütten und mein Garn farblich einsortieren. Das mache ich irgendwann mal in Ruhe. Ah, Abbeizer. Wow! Um die Hälfte reduziert. Und Schlagbohrer 30 Prozent reduziert, weil es Auslaufmodelle sind.

Ich beobachte die anderen Kunden. Es sind fast nur Männer hier. Warum sind so viele Männer tagsüber im Baumarkt? Sind sie arbeitslos? Wenn ja, warum sind sie dann hier? Eine logische Antwort wäre, sie sind hier, weil sie was anbauen oder renovieren wollen und es billiger ist, wenn man es selbst macht.

Ich überlege mir, dass Carlotta doch in einem Baumarkt einen Mann suchen könnte. Vorher soll sie einfach einen Katalog durchblättern. Viele Männer finden es bestimmt sexy, wenn eine kleine, schmale Frau wie Carlotta da steht und sagt: „Der Exzenterschleifer hat ja gar keinen einstellbaren Schwingkreis, was soll das denn?“ Oder: „Wo finde ich Klebe- und Armierungsmörtel und -gewebe? Bitte mindestens zehn Zentimeter stoßüberlappend. Dann noch eine Feinsäge für Gehrungsschnitte.“ Ich wette, dass sie mindestens drei Heiratsanträge bekommen würde. Ich bekomme keinen, obwohl ich einen Schlagbohrer im Wagen liegen habe. Vielleicht, weil er reduziert ist und ein Auslaufmodell.

Andererseits: Wenn Carlotta hier einen Mann kennenlernt, kommt sie ja vom Regen in die Traufe, denn der kann sie ja auch nicht versorgen, wenn er arbeitslos ist. Ich muss noch mal drüber nachdenken.

12 Uhr 30

Bin wieder zu Hause und buckele meine Einkäufe runter in den Keller. Da stehen sie erst mal gut, wir brauchen ja auch nicht wirklich was davon, fällt mir gerade ein. Und ich will nicht, dass Frodo die Sachen sieht und wieder dumme Bemerkungen macht. Zu gegebener Zeit werde ich die Sachen wieder hochholen oder auch nicht. Die Erde und die Blumen stelle ich auf den Balkon, da stehen sie auch gut, ich werde sie schön gießen, immer nur ein bisschen, so warm ist es ja noch nicht. Und wenn es dann warm ist, pflanze ich sie ein. Und dann stelle ich fest, dass ich gar kein Tesamoll, kein Wischsystem und keinen Zugluftstopper gekauft und gar nicht nach Lampen geschaut habe.

Wahrscheinlich haben die da aber gar keine schönen. Und nun bin ich so erschöpft, dass ich mich erst mal hinlegen muss. Heute wird wohl hoffentlich Hinnerk Huber kommen, und dem werde ich den Marsch blasen, aber so was von.

Aber erst ein Nickerchen.

Es ist leider so, dass ich, wenn ich mittags schlafe, immer komische Dinge träume. Ich denke dann, ich schlafe eigentlich nicht, aber natürlich schlafe ich, sonst würde ich das ja nicht träumen. Ich glaube, das liegt daran, dass die Umweltgeräusche tagsüber lauter sind als nachts und man tagsüber auch nicht so einen festen Schlaf hat. Deswegen wollte ich auch nie Schichtarbeiterin werden. Mir tun auch Ärzte und Krankenschwestern sehr leid. Und natürlich auch Bestatter, wenn die nachts rausmüssen.

Ich träume, dass es klingelt. Das wird Herr Huber sein.

Es ist nicht Herr Huber.

Eine Frau steht da und drückt mir ein Päckchen in die Hand.

„Was soll ich damit?", frage ich.

„Herr Huber hat gesagt, dass wir die Pakete bei Ihnen abgeben sollen, er kommt ja sowieso täglich zu Ihnen", sagt die Frau.

„Wie jetzt?", frage ich.

„Sie liegen so günstig für ihn", sagte die Frau. „Da muss er nicht alle Annahmestationen anfahren. Vor dem Laden mit den Ölen zum Selbstabfüllen, also bei der Frau, die zusätzlich die Pakete annimmt, findet er nie einen Parkplatz. Hier ist es praktisch, weil er nur den Warnblinker anmachen muss, sagt er, die Straße sei breit genug, da käme kein Polizist und würde meckern, dass da kein Krankenwagen mehr durchkommt."

„Sagt er das?" Ich werde sauer auf Herrn Huber. Irgendwann ist der Rubikon überschritten. Herr Huber muss in seine Schranken gewiesen werden. Er kommt immer gegen halb elf. Nun ist Schluss.

„Ich habe schon frankiert“, sagt die Frau.

„Moment mal. Ich habe ja gar keins von diesen Scan-Geräten“, versuche ich mich aus der Situation herauszuwinden.

„Ach ja, das soll ich Ihnen noch geben“, sagt die Frau und hält eins von diesen Dingern hoch, die immer piepen und auf denen man was unterschreiben muss, bevor man was ausgehändigt bekommt.

„Nein“, sage ich und bin wahnsinnig stolz auf mich. „Nein.“

Und dann händige ich der Frau Scan-Gerät und Päckchen wieder aus. Sie sagt gar nichts und guckt nur blöd, ich schließe die Tür, klopfe mir selbst auf die Schulter und denke: Der Anfang ist gemacht. Das fehlt noch, dass ich jetzt hier zusätzlich die Versendestation bin. Ha!

Dann schaue ich triumphierend durch den Spion und hoffe, den Rücken der Frau zu sehen, während sie den Flur entlanggeht. Aber sie steht noch da, ihre Schultern zucken und sie scheint zu weinen. Sofort bekomme ich ein schlechtes Gewissen. Vielleicht ist in dem Paket ein Geschenk für ihre kranke Tante oder für die Mutter, die Geburtstag hat, und die Frau kann nicht hinfahren, weil sie sich die Reise finanziell nicht leisten kann, aus welchen Gründen auch immer. Vielleicht weil sie von einem Trickbetrüger übers Ohr gehauen wurde. Ich reiße die Tür wieder auf und sage: „Ich nehme das Paket doch an“, und finde mich unglaublich nett.

„O danke!“, ruft die Frau. „Morgen ist nämlich die Rückgabefrist bei Zalando abgelaufen.“

Ich schieße hoch. Nein! Lieber Gott, lass das nicht wahr sein. Ich werde hier nicht die offizielle Annahmestelle!

Das fehlt noch, das fehlt noch. Aber was sagt mir das? Das sagt mir, dass es so nicht mehr weitergeht. Ich brauche eine Portion Selbstbewusstsein, um den Menschen klarzumachen, dass sie mit mir so nicht umgehen können. Sonst ende ich nämlich wirklich mal mit einem Scan-Gerät. Wie ist das eigentlich? Ist man verantwortlich für die Sachen, wenn man sie annimmt? Was ist, wenn einem ein Paket runterfällt und da drin ist eine teure Vase aus der Ming-Dynastie, die bei Sotheby's ersteigert wurde – natürlich nicht von Schlossers, die haben keinen Geschmack. Aber bin ich dann haftbar, obwohl ich nur nett sein wollte und das Paket mit der Vase angenommen habe? Ein wichtiger Punkt, wie ich finde, vor ein paar Jahren ist mal eine Ming-Vase für über 20 Millionen Dollar versteigert worden. Ich glaube, meine Haftpflichtversicherung würde vor Freude Purzelbäume schlagen.

Carlotta ruft an. „Ich wollte mich eigentlich nur noch mal für den schönen Abend bedanken", sagt sie giftig. „Ich werde ihn nie vergessen."

Ich bin reumütig. „Hat er sich noch mal gemeldet?"

„Wie denn?", keift sie. „Er kennt ja nur meinen Vornamen. Und bevor du fragst, der Bestimmer hat sich auch nicht mehr gemeldet. Wundervoll, wundervoll."

„Dann hat er es auch nicht ernst gemeint", sage ich.

„Vielleicht doch. Möglicherweise war er ja im Restaurant und ich habe ihn bloß nicht gesehen."

„Du hast dich ihm doch aber beschrieben."

„Ich sagte, dass ich ein blaues Kleid anziehe, aber das fand ich dann zu kurz, deswegen habe ich ein anderes angezogen. Natürlich konnte er mich nicht erkennen, ich habe extra ein verschwommenes Foto von mir ins Netz gestellt. Und ich habe ja nicht mehr auf irgendwas geachtet, weil ich ja dachte, Simon ist der Bestimmer. Das wird nie was, wenn das so weitergeht." Sie heult fast.

„Ach, weißt du", sage ich. „Ich glaube, Simon war sowieso nichts für dich. Er ist irgendwie zu sehr Mann von Welt."

Nun kreischt Carlotta. „Ich glaube, es hackt! Bin ich etwa nicht gut genug für ihn oder was bitte meinst du mit deiner Aussage? Bin ich ein Dorftrottel, bloß weil ich aus einem Kaff komme? Dann bist du das aber auch! Wir haben beide im Kaff gewohnt! Heißt das, ich würde Simon blamieren, oder was? Weil ich nicht weiß, wie man sich benimmt?"

„So meine ich das doch gar nicht."

„Wie meinst du es *denn dann*?"

Das weiß ich jetzt auch nicht. Manchmal sollte ich vielleicht einfach nichts sagen.

Es klingelt.

„Es klingelt", sage ich.

„Du hast bei dir selbst geklingelt, um mich loszuwerden", klagt Carlotta. „Du bist keine Freundin."

„Doch. Ich gehe ja morgen mit dir auf den Elternabend."

„Ich weiß gar nicht, ob ich das noch will", sagt Carlotta böse.

„Alles ist besser, als allein hinzugehen. Ich muss Schluss machen." Ich lege auf und öffne die Tür.

Es ist Hinnerk Huber.

„Grüß Sie. Hab was für Schlossers. Wein wieder. Und für …"

„Hören Sie mal, Herr Huber", beginne ich.

„Mein Rücken. Ich muss mich mal kurz setzen." Er fragt noch nicht mal mehr.

Natürlich lasse ich ihn in die Küche und mache ihm sogar einen Kaffee. Er hat ja die Probleme mit der Bandscheibe. Was soll ich denn da tun?

„Meine Exfrau lässt sich scheiden", erzählt Hinnerk müde.

„Das kann Ihnen doch egal sein", sage ich.

„Ist es ja auch. Aber das ist *ihr* egal. Sie ruft ständig an. Heute schon viermal. Angeblich ist ihr Neuer fremdgegangen."

„Das kann Ihnen doch egal sein", sage ich.

„Ist es ja auch. Ich sage ihr ja auch dauernd, dass es mir egal ist, aber wissen Sie was?"

„Was?"

„Ich glaube, sie will zu mir zurück."

„Aber sie hat sich doch ganz schlimm verhalten", werfe ich ein.

Er nickt. „Das stimmt. Aber so fühle ich mich wenigstens mal wieder begehrt."

Ich sage nichts. Soll er doch machen, was er will.

„Ich hab auch noch was für Brugenstedt."

„Kenn ich nicht."

„Die sind auch neu. Hafenstraße in Wedel."

Wedel ist zwanzig Kilometer entfernt.

„Hören Sie mal, Herr Huber, ich muss mit Ihnen über diese Paketannahmen sprechen."

Er schaut mich ängstlich an und hält sich an der Kaffeetasse fest. Ich werde jetzt nicht einknicken, auch nicht, wenn er mit der Bandscheibe anfängt. Egal was passiert, ich bleibe hart.

„Schauen Sie, es ist so, dass ich nicht dauernd für alle Leute die Sachen annehmen kann. Mein ganzer Flur steht voll mit den Paketen. Allein für Schlossers – der ganze Wein immer. Da muss eine andere Lösung gefunden werden.“

„Wo soll ich denn hin damit?“, klagt er. „Die Schlosser sagt immer, dass ihr Mann es nicht mag, wenn die ganze Wohnung vollgestellt ist. Ich hab doch bei ihr geklingelt, sie lässt mich ja nicht rein.“

„Aber Sie bringen die Pakete ab jetzt nicht mehr zu mir. Was glauben Sie denn, was *mein* Mann sagt?“, frage ich wütend. „Er wird sich irgendwann von mir trennen, weil all seine Zehen brechen werden. Schon zweimal musste er deswegen zum Arzt.“

„Das tut mir leid“, sagt Hinnerk. „Mit Zehen ist nicht zu spaßen. Die kann man nicht oder schlecht eingipsen.“ Es war wirklich ein Drama. Der Orthopäde war jedes Mal verwirrt, wenn mein Mann sagte: „Es war der Kröver Nacktarsch“ oder „Diesmal war der Oppenheimer Sackträger schuld.“ Er kann ja nicht wissen, dass Schlossers diese Weine favorisieren. Außerdem werde ich Herrn Huber nun klarmachen, dass er sich nicht immer bei mir ausheulen kann, während er meinen Kaffee (auch wenn es der günstige von Lidl ist) trinkt und über seine böse Exfrau und den Rücken klagt. Ich bin eine hart arbeitende Frau, die Prioritäten setzen muss.

Ich muss es ihm nur noch sagen.

Sanft. Aber mit Nachdruck.

Damit mein Mann stolz auf mich sein kann. Nie wieder muss er sich einen Zeh anknacksen.

„Ich werde keine Pakete mehr für Nachbarn annehmen, Herr Huber“, sage ich in ungefähr dem Tonfall, in dem der

Satz „Niemand hat die Absicht, eine Mauer zu errichten" von Walter Ulbricht gesprochen wurde. „Nie wieder."

Hinnerk schaut mich müde an. „Es ist in Ordnung", er nickt. „Es ist in Ordnung. Aber vielleicht nur noch heute. Nur noch einmal für Schlossers. Die Alte bringt mich sonst um. Und ich weiß auch nicht, wohin mit dem Paket aus Wedel."

„Warum liefern Sie eigentlich Pakete außerhalb Hamburgs aus?", frage ich. „Sie haben doch ein festes Gebiet."

„Ja schon, aber ein Kollege ist krank. Dann mach ich die Tour mit, und das wird extra bezahlt."

Wie schön. Und wer bezahlt mich fürs Lagern? Trotzdem bin ich gnädig.

„Na gut. Nur noch heute." Ich bin stolz auf mich. Mein Mann wird es auch sein, ich muss mir noch überlegen, wie ich es ihm sage. Hinnerk Huber trinkt seinen Kaffee aus und geht. Er sagt, die Frau aus Wedel würde bestimmt bald vorbeikommen und das Ding abholen. Von Wedel bis Hamburg ist es ja nur einen Katzensprung. Dann klagt er wieder darüber, dass er so wenig verdient, und ich gebe ihm wie so oft Trinkgeld.

Dann stelle ich das Paket auf die Kommode im Flur, weil ich Angst davor habe. Es steht nämlich „Bitte nicht werfen" drauf. Und „Vorsicht, Glas!". Ich sag's ja, Ming-Dynastie.

Werde jetzt arbeiten. Man kommt ja zu nichts mehr.

Ich schaue auf die Liste. Den Punkt mit Hinnerk Huber kann ich quasi abhaken. Weil das mit der Paketannahme ja nur noch heute war.

15 Uhr

Die Liste liegt neben mir auf dem Schreibtisch, und ich kann mich nicht auf meinen Text konzentrieren. Weil so viel da draufsteht. Aber ich will sie abarbeiten. Wie soll ich das denn aber innerhalb einer Woche schaffen?

15 Uhr 30

Im Prinzip *muss* ich gar nichts. Wo bitte steht geschrieben, dass ich die Dinge erledigen *muss*? Nur weil ich es gesagt habe, heißt das noch lange nicht, dass ich gevierteilt werde, wenn ich es nicht mache. Mein Mann wird zwar sagen, dass er es gleich gewusst hat, aber da kann ich ja drüberstehen. Und kann behaupten, ich hätte Wichtigeres zu tun, als mich um Mitgliedschaften, Klempner und Schwiegermütter zu kümmern. Himmel, die kommt ja am Wochenende. Wann eigentlich genau? Ich werde wahnsinnig. Gusti war mal Chefhausdame in einem Hotel, noch Fragen? Sie hat die Angewohnheit, mit dem Zeigefinger über die Schränke zu fahren, um dann das, was sich darauf befindet, in meine Richtung zu pusten, und zwar mit den Worten: „Siehst du mich noch?“. Mein Mann sagt, sie würde das aus Spaß tun, aber ich bin ein erwachsener, bodenständiger Mensch und weiß, was Spaß ist und was nicht. Gusti kommt ein paarmal im Jahr. Sie wohnt in Hannover, weil sie da die Fußgängerzone mag.

Ich werde putzen. Aber nicht jetzt.

Denn ich muss arbeiten. Ich schreibe gerade eine Glosse über Nachbarn und brauche eine kreative Pause. Eine gute

Gelegenheit, um zu Frau Schlosser zu gehen. Bin gerade sehr auf Krawall gebürstet, weil mir einfällt, dass ich die Weinkartons hier habe, obwohl sie zu Hause ist. Es werden ja auch immer mehr.

Ich stampfe die Treppen hoch in den fünften Stock. Bin ich froh, dass wir im Erdgeschoss wohnen. Ich nehme es gern in Kauf, dass es hier halt ein bisschen dunkler ist als ganz oben, aber täglich die ganzen Treppen würden mich zwar schlanker, aber auch irre machen.

Oben angekommen stelle ich in der Tat fest, dass ich noch nie bei Schlossers geklingelt habe. Bisher habe ich sie immer nur im Treppenhaus getroffen. Ich bin eine gute Nachbarin, wirklich, aber mit Schlossers ist das so eine Sache, das muss ich jetzt einfach mal sagen. Es ist so, dass ich ein bisschen Angst vor ihnen habe, obwohl ich das vor anderen nie zugeben würde. Wenn Herr Schlosser mich schon so komisch anguckt, bekomme ich sofort Schnappatmung. Was er für einen Beruf hat, weiß keiner so genau. Es gibt keine Fotos von ihm im Internet und wenn man „Bert Schlosser Hamburg“ bei Google eingibt, kommen 1.570.000 Einträge. Eine Nachbarin meinte mal, er mache „irgendwas mit Menschen“. Wahrscheinlich zerschneidet er Tote in der Rechtsmedizin.

Ich hoffe immer, dass Herr Huber nicht sagt: „Heute wieder für Schlosser.“ Aber er sagt es ständig. Und ich traue mich nicht, die Annahme zu verweigern, denn a) macht man das einfach nicht und b) ist mit Herrn Schlosser nicht gut Kirschen essen, wenn er schlechte Laune hat. Er hat schon mal zu mir gesagt, ich solle einfach die Klappe halten, er hätte schon im Job genug Ärger, da braucht er nicht noch eine Nachbarin, die wegen ein paar verschissener Pakete herumnölt. Das hat er gesagt. Und c) ist sie, also Ilse, fast noch schlimmer. Sie hat eine gruselige, giftige Ausstrahlung. Carlotta hat mal gesagt, dass das Böse in Ilse schlummert. Vor Ilse habe ich einen Heidenrespekt, vielleicht weil sie immer schwarze Kleidung trägt. Böse Zungen im Haus behaupten, Ilse, die mittlerweile genau wie ihr Mann die sechzig überschritten hat, hätte als Domina auf dem Kiez gearbeitet. Ich möchte ihre Peitsche nicht schmecken, deswegen vermeide ich den Blickkontakt zu Ilse, wo es nur geht. Treffe ich sie im Treppenhaus, täusche ich manchmal eine Bindehautentzündung vor und taste mich mit geschlossenen Augen an der Wand entlang.

Aber ich muss das jetzt mal regeln. Ein für alle Mal. Vielleicht ist Ilse ja auch nett und bittet mich auf einen Kaffee hinein, wozu ich natürlich Ja sagen werde, nachdem ich mich der guten Ordnung halber ein wenig geziert habe. Ich bin nämlich sehr neugierig und würde gern ihre Wohnung sehen.

Und nun klingele ich, weil ich einen weiteren Haken auf meiner Liste machen möchte. Ich recke mich, damit ich gerade vor Ilse stehe, die viel größer ist als ich. Ich will nicht wie ein kleiner Schlumpf wirken. Ich will nicht, dass sie denkt, sie sei was Besseres.

Meine Güte. Warum hab ich eigentlich keinen Arsch in der Hose? Es kann mir scheißegal sein, was Frau Schlosser über mich denkt. Aber so ist das immer. Ich mache mir viel zu viele Gedanken.

Und ich bin zu nett. Was würde Frau Schlosser wohl sagen, wenn ich sie anschnauze?

Ich höre Schritte. Ich könnte sie einfach so anschnauzen. Grund genug habe ich dazu. Dann bin ich auch nicht mehr ihr verdammter „Wunschnachbar". Das kann man nämlich bei der Bestellung bei DHL angeben. Geben Sie die Sendung beim Wunschnachbarn Soundso ab. Da kann man mich doch vorher bitte mal fragen.

Leute ohne soziale Kontakte freuen sich bestimmt darüber, wenigstens ein Wunschnachbar zu sein, ich nicht.

Ich will Respekt!

Die Tür geht auf, und da steht Ilse Schlosser. Sie fixiert mich und sagt nichts.

Ich sage: „Hallo, Frau Schlosser, wir kennen uns ja. Es geht um die Pakete."

„Und?"

Meine Stimme ist fest, und ich bin sicher, ich strahle Unnahbarkeit aus, was mir sehr wichtig ist. Ich muss feststellen, dass ich sie noch nie vorher habe sprechen hören. Sie hört sich an, als hätte sie schlimme Halsschmerzen. Das ist nicht meine Sache. Dafür gibt es Tabletten und Salz zum Gurgeln.

„Es geht um die Pakete, das sagte ich doch gerade."

„Und ich sagte ‚und'. Was ist denn damit? Gibt es Probleme mit den Paketen?"

Jetzt kann ich anfangen und alles loswerden. Ich werde hart und klar in der Sache sein.

„Nicht direkt. Es ist nur so, dass der Paketbote sie ja immer bei mir abgibt."

„Und?"

„Ja … also … das ist doch nicht richtig."

„Was denn?"

„Wie was denn?"

„Was ist nicht richtig?“

Ich beginne ein wenig zu schwitzen. Fast knicke ich ein. Ich möchte so gern sagen: Na, ich bin doch hier nicht der Depp der Nation, Frau Schlosser. Dauernd klingelt es bei mir und ich staple alles in meinem Flur für die komplette Nachbarschaft und auch für Wedel und so. Und Ihr Mann ist sehr unfreundlich zu mir, wenn ich ihn darauf anspreche, er sagt, er hole die Pakete, wann es ihm passt, und ich solle mich nicht so anstellen. Das geht mir mittlerweile alles ein wenig zu weit. Gute Nachbarschaft ist wichtig, keine Frage, aber was zu viel ist, ist zu viel. Ich mache mich doch hier nicht zum Horst. Bloß weil ich zu Hause arbeite, heißt das noch lange nicht, dass Sie bei mir alles abladen können, weil es Ihnen gerade nicht in den Kram passt. Klar, da ist es einfacher, es bei der blöden Nachbarin zu lassen. Und dass Ihr Mann mich so schlecht behandelt, ist auch eine Frechheit, das können Sie ihm gern mal sagen. Und dass ich dem Paketboten immer Trinkgeld gebe, das Sie ihm eigentlich geben müssten, ist auch so eine Sache. So, und jetzt kommen Sie runter und holen Ihre Kisten ab.

Tatsächlich aber sage ich: „Es wäre total nett, wenn Sie bei Gelegenheit mal die Weinkartons abholen würden. Es muss ja nicht heute sein, aber in den nächsten Tagen. Aber auch nur, falls es Ihnen keine Umstände macht. Ich weiß ja, wie groß die Pakete sind. Und schwer.“ Ich keuche. Aber ich fühle mich gut. Endlich ist es draußen.

Frau Schlosser zieht eine Augenbraue hoch und sagt nichts. Das kann ich nicht leiden, wenn Leute einfach nichts mehr sagen. Ich fühle mich dann sofort verpflichtet, zu reden, und labere manchmal nur Müll.

„Wirklich nur, wenn es passt“, sage ich. „Wissen Sie, ich hatte mir schon überlegt, keine Pakete mehr anzunehmen, aber ich bin so freundlich. Und Ihr Mann, also der ist nicht immer freundlich. Damit will ich nicht sagen, dass er generell unfreundlich ist, da würde ich seinem wahren Charakter ja vorgreifen, verstehen Sie, ich kenne ihn persönlich ja nicht, also nicht so gut wie Sie, also genau genommen kennen wir uns ja auch nicht richtig, jedenfalls, was ich sagen wollte ist, dass Sie halt immer viele Sachen bestellen.“

Frau Schlosser runzelt die Stirn. „Dann nehmen Sie die Sachen doch nicht an“, sagt sie. „Wir, also mein Mann und ich, fragen uns schon immer, warum Sie das machen. Warum Sie so doof sind und bei sich alles bunkern. Mein Mann hatte sogar mal überlegt, Sie als Studie zu benutzen. Er ist Psychotherapeut. Aber momentan hat er zu viel zu tun.“

Das darf jetzt nicht wahr sein. Ich glotze sie tumb an. Bestimmt sehe ich aus wie eine müde Kuh. Es fehlt nur noch, dass ich meine Zunge raushängen lasse.

„Und wenn mein Mann so unfreundlich zu Ihnen ist, sagen Sie ihm doch das Passende. Sie sind doch eine erwachsene Frau. Ich würde mir das nicht gefallen lassen, und mit mir würde er auch nie so sprechen. Merken Sie sich das mal. Es gehören immer zwei dazu. Einer, der's macht, und einer, der's mit sich machen lässt. Alter Spruch. Aber wahr.“

Ich bin fassungslos. Und sprachlos, was bei mir wirklich selten der Fall ist. Dazu kommt die Erkenntnis: Sie hat recht. Das passt mir alles gar nicht. Ich wollte doch als Sieger aus diesem Disput herausgehen. Wenigstens weiß ich jetzt, was Herr Schlosser mit Menschen macht.

„Äh“, sage ich.

„Ich ziehe mir eben Schuhe an, dann hole ich die Sachen“, sagt Frau Schlosser freundlich.

Und ich dumme, bescheuerte Nuss sage: „Ach was, ach was, ich bringe sie Ihnen hoch.“

„Es reicht jetzt“, sagt Frau Schlosser. „Hören Sie auf damit. Ich. Komme. Runter.“

Nachdem alles weg ist und ich mit zitternder Hand einen Punkt auf der Liste abgehakt habe, stelle ich fest, dass wir einen kleinen Teppich besitzen. Darauf hat das ganze Zeug gestanden. Den hatte ich ganz vergessen. Ich habe ihn von meiner Oma geerbt.

Nun steht nur noch das Paket für die Frau aus Wedel hier. Es wirkt einsam. Beim Vorbeigehen streife ich das Paket etwas unglücklich und es kracht runter. Im Inneren klirrt es.

Ich setze mich neben den kaputten Karton.

Es macht mich irre: Ich nehme mir vor, schlagfertig zu sein, und erst hinterher – wenn überhaupt – fallen mir die passenden Sachen ein. Warum bin ich so devot? Wieso hau ich nicht auf den Tisch? Deswegen hab ich ja unter anderem auch diese Liste gemacht, verdammt noch mal. Damit sich was ändert.

Geht das nur mir so?

Ich muss Schlagfertigkeit allgemein auf die Liste setzen.

Es ist nämlich wirklich ein Drama. Schon immer hat es mich genervt, wenn andere Leute bei jeder Gelegenheit eine Antwort parat haben, die alle Anwesenden sofort zum Schweigen bringt. Diese blöde Schlagfertigkeit ist wohl eine Eigenschaft, die ganz offenbar nur einer minimalen Anzahl von Menschen zugeteilt wurde. Alle anderen können sehen, wo sie bleiben.

Ich rege mich schon wieder auf. Weil ich zu den Leuten gehöre, denen zwar auch eine passende Antwort einfällt, allerdings wie gesagt erst ungefähr ein halbes Jahr später. Siehe Frau Schlosser. Dabei hätte ich es wirklich verdient, auch mal gut zu kontern. Herrlich, die Vorstellung, zu jemandem, der mich dumm anmacht, zu sagen: „Eine Beziehung mit dir wäre bestimmt die interessanteste Viertelstunde meines Lebens.“ Das blöde Gesicht meines Gegenübers wäre Gold wert.

Schlagfertige Menschen bewundere ich. Sie sind zwar nicht immer beliebt, aber haben meistens die Lacher auf ihrer Seite. Und den Respekt. Über mich wird auch gelacht, aber nur, weil ich mal wieder zu schusselig war, ein Glas mit Rotwein so zu halten, dass er mir nicht auf meine weiße Hose schwappt. Insofern trage ich zwar auch zu einer guten Partystimmung bei, aber es geht auf meine Kosten.

Ich bin sehr traurig. Wie machen die das nur? Woher nehmen diese Leute diese Worte? Ich war zum Beispiel letztens auf einem Geburtstag eingeladen. Eine kleine Gruppe von Leuten stand zusammen. Unter anderem eine Frau, die, davon abgesehen, dass sie bei einer Größe von 1 Meter 78 lächerliche zwölf Kilo wog, auch noch wunderschön war. Man könnte meinen, dass diese Attribute genügen, aber nein. Irgendeiner der Typen sagte was Freches zu ihr, ich glaube, es war: „Hahaha, wohl heute noch nicht auf deine Kosten gekommen?“ Ich bin ganz ehrlich – ich hätte gesagt: „Äh, wie meinst du das, äh, also ich weiß ja nicht, äh …“, aber sie rief laut: „Das mag sein. Heute war wirklich ein Scheißtag, was Männer betrifft. Aber abends sind ganz offensichtlich noch mehr Nullen unterwegs.“

Das saß natürlich. Der Typ hat gar nichts mehr gesagt. Was denn auch? Und so ging das dann den ganzen Abend weiter. Ich habe nur dagestanden und zugehört und dabei Wein auf meine weiße Hose geschüttet.

Eigentlich müsste man doch so was lernen können. Aber wie? Auf der Volkshochschule werden meines Wissens keine Kurse dazu angeboten. Ist sowieso eine blöde Vorstellung, mit lauter Leuten in einem Raum zu sitzen und zu wissen, dass es denen genauso scheiße geht wie einem selbst.

Ich könnte natürlich einen Gagschreiber beauftragen, der mich genau brieft. Dann stehe ich auf irgendeiner Veranstaltung mit auswendig gelernten schlagfertigen Sprüchen, die ich dann in meiner Verhaltensblondheit falsch einsetze. Zum Beispiel so: Typ sagt zu mir, dass gewaschene Haare überhaupt nicht zu mir passen würden, was ja ziemlich frech ist, und ich antworte dann aus Versehen nicht mit dem richtigen Spruch, der da eventuell wäre: „Ja, ich wollte schon immer so aussehen wie du“ (der Gagschreiber würde sich natürlich was Besseres einfallen lassen), sondern mit: „Das wäre ja Mumienschändung“, was eigentlich die Antwort auf die Frage: „Lust auf eine Nacht mit mir?“ ist. Davon abgesehen, dass jeder denken würde, ich hätte sie nicht mehr alle an der Waffel, wäre das auch noch ein Eigentor.

Man kann es drehen und wenden, wie man will: Schlagfertigkeit ist wohl angeboren. Und diejenigen, die sie haben, können sich glücklich schätzen. Was im Klartext heißt, dass ich ein unglücklicher Mensch sein müsste. Bin ich aber gar nicht. Meistens jedenfalls. Denn es gibt ja wichtigere Dinge im Leben. Gutes Essen zum Beispiel. Deswegen koche ich mir nun schnell Nudeln mit einer ganz leckeren Soße. Die können wenigstens nicht sprechen und sind somit auch nicht schlagfertig.

Und wenn die Frau aus Wedel kommt, tue ich einfach so, als sei ich taubstumm. So.

19 Uhr

Carlotta ruft an und ist halbwegs versöhnt, weil sie einen Ingmar auf ihrer Single-Plattform kennengelernt hat, der ganz normal zu sein scheint. „Ingmar schreibt, er sei geschieden und gar nicht auf der Suche."

„Aha. Und warum ist er dann bei einer Partnerbörse registriert?"

„Musst du eigentlich immer alles hinterfragen? Reicht es nicht, dass du gestern Abend dafür gesorgt hast, dass er als der schlimmste meines Lebens in die Geschichte eingehen wird?"

„Ist ja schon gut. Vielleicht hast du ja diesmal Glück."

„Das sagst du so, als sei bei mir eigentlich Hopfen und Malz verloren."

„Wann trefft ihr euch?"

„Das sage ich dir nicht. Womöglich kommst du mit Frodo dahin und zerstörst alles."

Ich habe gegessen, beschlossen, mich nicht mehr aufzuregen, sondern einen Friseurtermin ausgemacht, ich habe den Klempner bestellt – einen sehr unfreundlichen, knarzigen Kerl, dem man anhört, dass er raucht. Mein Mann kommt nach Hause und will wieder gehen, weil er denkt, er ist in der falschen Wohnung, weil die Pakete weg sind – und auch er freut sich über den kleinen Teppich. Wir überlegen gemeinsam, was wir mit dem gewonnenen Platz anstellen können, und wir beschließen, den Platz *einfach so* als Flur zu nutzen. Wir können nämlich jetzt *einfach so* den Flur entlanggehen, ohne dass wir uns stoßen und ohne dass wir über Kisten klettern müssen. Die Wohnung erstrahlt in einem völlig neuen Licht, vom gesundheitlichen Aspekt mit den Zehen ganz zu schweigen. Bestimmt eine halbe Stunde lang laufen wir einfach nur den Flur auf und ab und entdecken auch zwei Bilder, die wir vergessen hatten, weil Schlossers ihre vor Ewigkeiten bestellte Auslegware, die zu einer Rolle geformt war, nicht abgeholt hatten. Die dicke Rolle stand vor den zwei Kupferstichen meiner Großeltern.

„War es schwierig mit Schlossers?", fragt mein Mann, während wir uns in der Mitte des Flurs treffen.

„Frag nicht", ich winke ab. „Sie haben natürlich versucht, mir Kontra zu geben und Oberwasser zu kriegen. Aber ich habe den beiden mal so richtig die Meinung gegeigt. *Er* wird mich nicht mehr beleidigen. Ich hab mir die Butter nicht vom Brot nehmen lassen und für klare Verhältnisse gesorgt. Ein für alle Mal. Sonst wäre das ja immer so weitergegangen. Er war klein mit Hut, weil er gegen meine professionelle Rhetorik nicht ankam. Sie ist vor mir zurückgewichen. Aber letztendlich haben beide gekuscht. Das Ergebnis siehst du ja." Ich deute auf den leeren Flur.

„Wir reden vom Herrn Schlosser aus *diesem* Haus?", fragt mein Mann. Ich nicke. „Natürlich, von welchem denn sonst?"

„Und dem hast du die Meinung gegeigt? Vorhin?"

„Ja." Ich nicke. Manchmal sind Lügen einfach nicht zu vermeiden. Es ist ja für die gute Sache.

„Wie merkwürdig. Als ich nach Hause kam, ist er gerade aus einem Taxi gestiegen. Im Hausflur hat er mir erzählt, er käme direkt von einem Seminar aus der Schweiz."

„Das kann gar nicht sein", sage ich, während mir heiß wird.

„Meine Güte." Mein Mann schüttelt den Kopf. „Wenn du dich sehen könntest, es ist immer wieder schön. Du kannst einfach nicht lügen."

Ich erzähle ihm, wie es wirklich war, und er will hochgehen und sich Frau Schlosser vornehmen, weil es, wie er sagt, eine Frechheit sei, mich so herunterzuputzen. Das sei ja wohl das Allerletzte. Aber dann klingelt es, und vor mir steht Susi, die um die Ecke wohnt und mit der ich mich hin und wieder treffe. Susi ist eine ganz Gemütliche, sie ist Hausfrau, und das gern, sie hat zwei Kinder und einen Mann, liest Zeitschriften wie „Tina" und „Bella" und „Bild der Frau" und schneidet die Rezepte raus, um sie am Wochenende nachzukochen. Susi will ständig abnehmen und macht dauernd Suppendiäten. Aber nach spätestens drei Tagen bricht sie die Ernährungsumstellung wieder ab und wandelt auf alten Pfaden, in denen Rinderschmorbraten, Wiener Schnitzel, Mousse au Chocolat und Lasagne eine große Rolle spielen.

„Huuuuuhuuuuuu!", ruft Susi, die ich kaum sehen kann, weil sie einen großen Karton trägt. Nein! Auf gar keinen Fall wird mein Traum von mittags wahr, und ich bin jetzt die offizielle Paketannahmestelle. Ich habe Angst davor, dass sie ein Scan-Gerät zücken könnte.

„Da sind wir!", ruft sie weiter, schiebt mich mit dem Karton zur Seite und hinter ihr rufen vier andere Frauen: „Huuuuhuuuu!" Ich kenne die Frauen nicht.

„Was sind das für Frauen?“, fragt mein Mann und sieht mich fast drohend an.

„Ich weiß es nicht. Kommt doch rein“, sage ich und weiß immer noch nicht, was das soll.

„Wir sind ein bisschen früher dran, weil Britta früher wegmuss. Sie stillt ja noch und will zu Hause sein, bevor die Milch einschießt und ihr das ganze Oberteil versaut“, erklärt Susi. „Da helfen auch die besten Stilleinlagen nicht. Ich habe schon gesagt, Britta, hab ich gesagt, du könntest wunderbar nebenbei als Amme arbeiten, auf dieser 450-Euro-Basis.“

Frodo glotzt Susi an und sagt nichts.

„Warum pumpst du denn nicht ab?“, fragt eine andere Frau fürsorglich und sieht diese Britta an, die eine Oberweite hat, die man gut und gern auf vier Frauen verteilen könnte.

„Da entzündet sich alles“, erklärt Britta. „Wer schon mal entzündete Brustwarzen hatte, weiß Bescheid.“

„Oooojaaaaa“, rufen die anderen.

Mein Mann weicht zurück.

„Kommt doch erst mal rein“, sage ich verzweifelt, weil sie doch sehr laut sind und das Gespräch quasi im Hausflur stattfindet, und alle laufen kichernd an mir vorbei. Susi bleibt automatisch im Flur stehen und will anfangen, über Kisten zu klettern. „Ach, die Pakete sind ja weg, wie toll“, und sie geht mit ihrer Kiste weiter.

„Es wird nicht mehr lange dauern und ich drehe durch“, flüstert Frodo mir böse zu. „Willst du, dass ich vor Aufregung einen Schlaganfall bekomme? Was sind das für Frauen? Warum stillt die eine und womöglich noch hier bei uns? Was ist hier los? Bist du schwanger?“

„Natürlich nicht.“ Himmel, ich bin 49. Das fehlt noch.

„Der Abend gestern hat mich schon an meine Grenzen gebracht“, klagt mein Mann. „Ich habe mich auf einen gemütlichen Abend mit dir gefreut. Auf einen Abend, an dem keine Schwulen gedünsteten Wolfsbarsch essen und mir deine Freundin mit verrutschten Strümpfen im Ausschnitt gegenübersitzt und schrill lacht. Auf einen Abend, an …“

„Wir haben Prosetscho mitgebracht“, flötet Susi, die aus dem Wohnzimmer gekommen ist. „Holst du Gläser?“

„Klar.“ Ich gehe in die Küche. Da fällt es mir ein. Ich muss gar keine Tupperparty mehr organisieren. Ich hatte vor ein paar Wochen mit Susi darüber gesprochen und sie hat mir einen Termin vorgeschlagen. In der ganzen Aufregung muss ich das vergessen haben … was heißt, muss, ich habe es ja vergessen!

Wie toll! Ich kann einen Haken machen! Schnell rase ich zu meiner Liste.

Dann hole ich Gläser. Mein Mann steht in der Küche und schäumt vor Wut. „Jetzt will die eine doch abpumpen“, sagt er. „Sie ist so aufgeregt wegen der Eidgenossen, sagt sie. Ist sie irre? Was geht hier vor sich?“

„Ein Eidgenosse ist eine Aufbewahrungsdose von Tupperware“, erkläre ich ihm.

„Sag mal, du machst hier jetzt keine Tupperparty, oder?“

„Doch. Das wollte ich schon immer mal machen.“

„Meine Frau ist also eine Spießerin“, sagt mein Mann fassungslos. „Es reicht doch schon, dass du ständig stickst und aus den Stoffservietten Einhörner falten kannst, was ich nebenbei gesagt furchtbar finde. Wird das im Alter immer schlimmer? Was machst du als Nächstes? Patchwork? Gehst du in einen Singkreis? In einen Landfrauenverein? Bemalst du Ostereier und verkaufst sie für einen guten Zweck auf Märkten? Oder wirst du vielleicht Avon-Beraterin?"

Gibt's die überhaupt noch? Aber davon mal ganz abgesehen: Wie gut er mich doch kennt. Das freut mich richtig.

„So eine Tupperparty kann lustig sein", beschwichtige ich ihn. „Man trinkt Sekt und hat Spaß."

„Ja, ‚Prosetscho'", sagt mein Mann.

„Wo bleiben die Gläser?", ruft Susi von drinnen.

„Kannst du mir ein Handtuch mitbringen?", ruft Britta. „Huch, zu spät."

Mein Mann schließt die Augen. „Ich gehe in mein Arbeitszimmer", sagt er. „Dort werde ich *Rosemaries Baby* schauen. Und ich möchte nicht gestört werden." Er holt sich aus dem Kühlschrank zwei Flaschen Bier und stampft davon.

Ich gehe mit den Sektgläsern ins Wohnzimmer, wo Susi schon alles aufgebaut hat.

Nun bin ich sehr aufgeregt. Ich bin ja die Gastgeberin und bekomme bestimmt gleich etwas Tolles geschenkt. Vielleicht ein Set Eidgenossen. Eine Bekannte von mir hat mal einen Silikon-Bräter geschenkt bekommen, in dem man auch Brot backen kann. Sie kam aber mit dem Hefeteig nicht klar.

Britta hat sich mittlerweile einen Ersatzpullover angezogen. Glücklicherweise hatte sie ein großes Malheur verhindern können. Mein Mann wäre durchgedreht, wenn sie das Sofa versaut hätte.

Das sind aber viele schöne Sachen. Und Tupper kann man ja immer brauchen.

„Bekomme ich jetzt ein Gastgeberinnengeschenk?", frage ich atemlos und Susi nickt. „Langsam, langsam", sagt sie. „Ich mache das ja nun auch noch nicht lange. Ich muss mal nachschauen, wie das funktioniert. Warte …", sie holt eine Mappe aus ihrer Tasche.

„Also, es gibt ein zusätzliches Verabredungsgeschenk ab 300 Euro Partyumsatz. Das sind dann Produkte deiner Wahl. Normalerweise würde es da ein Griffbereit-Set geben. Als Alternative zum Griffbereit-Set können sich Gastgeberinnen mit 300 Euro Partyumsatz oder mehr Tupperware-Produkte ihrer Wahl im Wert von 30 Euro aussuchen, aber da geht keine Barauszahlung. Wenn du unter 30 Euro wählst, verfällt der Restbetrag, aber wenn du mehr als 30 Euro hast, zahlst du nur die Differenz. Das geht auch nur einmal pro Gastgeberin. Wo kämen wir denn sonst hin? Dann haben wir noch das Exklusivangebot für Gastgeberinnen: ab 350 Euro Partyumsatz und einer Buchung gibt's den Super-Bäcker. Das ist ein Kuchenbehälter für große Mengen Kleingebäck, Muffins oder Blechkuchen. Da hast du dann 30 Euro gespart. Und wenn man eine neue Gastgeberin bucht, kann man Extra-Sterne sammeln, das ist dann ein Sterne-Extra für Gastgeberinnen, die haben dann die Wahl und können ihre Sterne für ihre Lieblingsprodukte aus dem Katalog oder für die zum Zeitpunkt der Tupperparty jeweils aktuellen besonderen Angebote einlösen."

Sie schaut hoch. „Alles klar?"

„Nein. Es wurde ja noch kein Umsatz gemacht. Bekomme ich denn vorher kein Geschenk? Immerhin stelle ich ja die Räumlichkeiten zur Verfügung."

„Du kriegst einen Überraschungsgruß", erklärt Susi.

„Und was?"

„Das ist ja eine Überraschung", erklärt Susi. „Ich frag mal in der Zentrale nach."

„Ach, ich bekomme das gar nicht jetzt?“

„Wie gesagt, ich mach das ja noch nicht lange. Aber so penetrant wie du war noch keine. Der Überraschungsgruß hat, das kann ich dir jedenfalls schon sagen, einen Wert von zirka 9 Euro.“

„Ich dachte, ich bekomme einen Bräter.“ Ich bin sehr enttäuscht. Hätte dieser Tag nicht mit einem geschenkten Bräter enden können?

„Wie kommst du denn darauf? Weißt du, was die Ultra Pro kosten? Die 3,5-Liter-Kasserolle kostet 94 Euro. Die verschenkt man doch nicht einfach so.“

Ich gebe auf. Mit Sicherheit werde ich den Überraschungsgruß nie bekommen, ist ja jetzt auch egal. Die erste Flasche Prosetscho ist schon geleert und eine Frau, die Ines heißt, macht schon die nächste auf. Der Korken will nicht raus, und alle feuern sie so lange an, bis der Korken rauswill, aber der halbe Inhalt der Flasche auch. Ich sage nichts.

Gegen Mitternacht (mein Mann liegt längst mit Ohrstöpseln im Bett) gehen endlich alle und ich beseitige das Chaos.

Ich habe das Gefühl, dass ununterbrochen das Gleiche gesprochen wurde:

„O MEIN GOTT! Was ist *das* denn?“

„Der MicroGourmet. Du, das ist total praktisch, das ist ein Dampfgarer für die Mikrowelle. Da bleiben die Vitamine und Nährstoffe voll erhalten. Dann gibt’s noch die kleinen Förmchen für Desserts und Terrinen. Man macht ja immer mal eine Terrine.“

„Das ist ja der Hammer. Voll süß, die kleinen Dinger, da kann man vielleicht sogar Crème brulée drin machen. Ich schau mal im Internet nach. Wahnsinn! WAHNSINN! Was kostet das denn?"

„Der große MicroGourmet 101 Euro, die acht Förmchen 26,60."

„Das nehm ich."

„O MEIN GOTT! Was ist *das* denn?"

„Ja, da staunst du! Sind das nicht pfiffige Farben? Hier, das Grün, da riecht man ja quasi den Frühling. Das ist der Schälfix, ist ideal für Kartoffeln."

„Hm. Ich hab ja schon Sparschäler."

„Aber nicht *die*. Zufälligerweise habe ich eine Kartoffel dabei, schäl mal damit … und?"

„Nicht zu vergleichen. Und das da?"

„Hier, das Gelbe ist ein Julienne-Schneider, die sind auch total praktisch, wie so eine Feinraspel. Da kann man so feine Streifen zum Beispiel von Möhrchen schneiden. Zufälligerweise habe ich ein Möhrchen dabei, mach mal … und?"

„Das funktioniert ja prima. Ganz einfach. Und liegt gut in der Hand."

„Sag ich doch. Und noch den Universalschneider. Mit Wellenschliff. Für hartes und weiches Obst und Gemüse."

„Ach. Und was kosten die denn zusammen?"

„Moment … da muss ich rechnen … 34,30."

„Die nehm ich."

„O MEIN GOTT! Was ist *das* denn?"

„Das ist wirklich was ganz Wunderbares! Ein Set quasi. Die CombiPlus Puderfee für Puderzucker logischerweise. Dann der Rucki-Zucki für leichtes Sieben und Abmessen von Puderzucker und Mehl. Mit dem Tortenzauber kannst du sooo toll garnieren, das sieht dann aus wie aus der Konditorei, nein, besser! Und das Teigfix-Duo. Eine konisch geformte Teigrolle. Damit lässt sich der Teig bis zum Rand ausrollen und das ist perfekt für runde Formen. Ideal für Blätter-, Hefe- und Knetteig."

„Wenn man gern backt, ist das ja genau das Richtige!"

„Aber hallo!"

„Und was kostet das zusammen?"

„Moment … muss ich rechnen, wo ist denn der Taschenrechner … ach da, aaaalso … etwas über 80 Euro, ach weißt du was, ich geb es dir für 80!"

„Das nehm ich!"

„O MEIN GOTT! Was ist *das* denn?" und „Nehm ich" gab es auch noch bei sämtlichen Eidgenossen, dem Thermo-Duo, einer Linie, die Junge Welle heißt und Servierschalen in unterschiedlichen Größen beinhaltet, bei den diversen Schüsseln der Klima-Oase – da bleibt das Gemüse nämlich ewig frisch – und bei der schon erwähnten Ultra-Pro-Silikon-Kasserolle mit dreieinhalb Litern Fassungsvermögen für über 100 Euro. Von der Cool'n-Fresh-Serie, mit der man Käse und Fisch quasi geruchsfrei aufbewahren kann, möchte ich gar nicht sprechen. Die machte wirklich, und das muss ich jetzt einfach mal sagen, einen überzeugenden Eindruck.

So wie all die anderen Sachen auch, die ich kaufte.

Und später unter dem Sofa versteckte.

Ich bewahre nie Fisch im Kühlschrank auf. Ich besitze genügend Schälwerkzeug und habe einen verdammten Bräter, der allerdings nicht aus Silikon ist. Für die Zubereitung von Torten aller Couleur habe ich auch ausreichend Zubehör. Und ich kenne niemanden außer dem Besitzer eines Edelrestaurants, der mal eben eine Terrine macht. Eine Terrine wird geplant. Das dauert ewig.

Zwei Drittel der ganzen Schüsseln und dem anderen Kram werde ich nie benutzen. Aber Susi hat gemeint, wenn ich jetzt noch das und das nehme, würde ich noch einen Gutschein über soundsoviel bekommen, das habe sie mir ja eingangs erklärt. Susi sagte auch dauernd, dass man erkennen würde, dass ich eine gute Hausfrau sei. Britta und die anderen fanden das auch. Sie kauften auch alle, aber längst nicht so viel wie ich. Ich kenne kein Maß und Ziel.

Warum kann ich nicht *einen* Eidgenossen und *eine* kleine Frischedose – oder was auch immer, Hauptsache *eine* – kaufen? Warum muss es immer gleich das ganze Set sein und noch mehr und noch mehr?

Ich muss das wirklich ändern.

Geht das nur mir so?

Mich macht das irre.

Ich möchte auch keine Tupperparty mehr machen. Und frage mich gerade, wieso diese verdammte Tupperparty auf der Liste stand. Weil ich es schon immer vorhatte und nie gemacht habe. So war's. Weil es mir ständig im Kopf rumspukte, hat Carlotta behauptet.

Was mache ich nur mit dem ganzen Kram? Meinem Mann erzähle ich immer, dass wir mal sparen müssen, und jetzt hab ich einen völlig überflüssigen Julienne-Schneider und das andere Zeug.

Himmel. Nie wieder.

Insofern Doppelhaken.

Und wer demnächst auf einer Tupperparty eingeladen ist, kann mit einem schönen Bullshit-Bingo die Stimmung zum Kochen bringen:

Das ist ja voll durchdacht.	Guck mal, mein Gastgeschenk.	Da drin hält Salat voll lange.	Den hab ich schon ewig.	Da tropft nichts.
Das muss ich haben.	Noch Sekt?	Das ist total praktisch.	Da ist ewig Garantie drauf.	Das hatte meine Oma schon.
Eigentlich brauch ich gar nichts.	Das musst du unbedingt nehmen.	Tupperparty-Bullshit-Bingo	Für die Kinder ist das super.	Das ist aber ganz schön teuer.
Die haben wieder neue Farben.	Ist ja alles spülmaschinenfest.	Wofür ist das?	Noch Sekt?	Hat meine Freundin auch.
Noch Sekt?	Warum wirst du nicht auch Beraterin?	Voll hygienisch.	Lieber einmal viel ausgegeben, aber dann hat man lange was davon.	Ich mach noch eine Flasche Sekt auf.

Ich wette, jede einzelne Teilnehmerin gewinnt mindestens einmal.

MITTWOCH

Zu erledigen:
Pjotr kommt und holt die Sachen zum Einlagern.
Dann Friseurbesuch mit dem Ziel, einfach nur zum Friseur zu gehen, in Zeitschriften zu lesen und ansonsten den lieben Gott einen guten Mann sein zu lassen. Nicht mehr und nicht weniger. Ich werde nicht der Seelenmülleimer eines Mannes sein, den ich letztendlich gar nicht kenne.
Der Klempner kommt.
Elternabend nicht vergessen!

8 Uhr

Pjotr ist sehr pünktlich, was ich ihm hoch anrechne. Er bringt einen Kollegen mit, der genauso freundlich ist wie er – niemand kratzt sich am Sack oder so –, und sie räumen den ganzen Dachboden leer. Kurz überlege ich, zwei der antiken Schränke doch in die Wohnung zu stellen, aber da stehen nun mal schon Frodos antike Schränke und der Mensch kann nur begrenzt antike Schränke aufstellen, es sei denn, er wohnt in einem Schloss, was ich leider nicht tue.

Ich war schon ganz früh am Geldautomaten und gebe den beiden die Miete für die ersten drei Monate in bar und unterschreibe ihnen, dass ihnen die Sachen ausgehändigt wurden, und dann fahren sie davon. Die beiden sind klasse und unbürokratisch – es gibt noch nicht mal eine Kündigungsfrist, das ist doch mal sehr verbraucherfreundlich.

Ich stehe auf der Straße und fühle mich wohl, denn ein weiterer Punkt ist abgearbeitet. Frodo wird sich freuen, wenn ich ihm heute Abend davon erzähle. Es soll nämlich eine Überraschung sein. Jetzt können wir bei Bedarf immer etwas auf den Dachboden stellen. Und so teuer ist das Einlagern gar nicht, im Monat 300 Euro. Falls uns die Sachen fehlen, können wir sie ja besuchen. Pjotr meinte, wir könnten immer vorbeikommen.

10 Uhr 30

Seit etlichen Jahren liefern sich viele Friseure Wettkämpfe, wenn es um die Namen ihrer Salons geht. Hier ist Kreativität gefragt. Warum, weiß keiner so genau. Gut, eine Erklärung gibt es. Die Aussprache „haa" lässt sich vielseitig einsetzen, ist also so was wie friseuraffin.

Trotzdem: Ich kenne beispielsweise keinen Lebensmittelladenbesitzer, der den Ehrgeiz hat, seinem Laden einen Namen zu geben, bei dem die Leute stehen bleiben und denken: Alle Achtung! Da hat sich aber einer mal Mühe gegeben und nachgedacht. Nein, Lebensmittelläden heißen einfach Edeka oder „Lebensmittel Müller" oder Frischemarkt. Es gibt auch meines Wissens wenige Bäckereien, die komisch heißen. Ich erinnere mich nur an eine, die hieß „Backwahn". Und eine Bäckereikette hatte den Schriftzug „Eine Frau sieht Brot" auf den Tüten, was ich und andere nie so richtig verstanden haben. Kreativität hin oder her, man muss es halbwegs verstehen können.

Gut, mein Mann und ich geben uns öfter mal gegenseitig Rätsel auf, zum Beispiel das hier: Wie könnte ein Film heißen, in dem ein grammatikaffines Kind mitspielt, das gleichzeitig noch böse ist?

Ganz einfach: „Das Nomen". Ob da aber nun jeder gleich so draufkommt, mag dahingestellt bleiben.

Aber ich schweife ab.

Manche Menschen sind ja aufgrund ihres Namens gebeutelt, da kann man doch froh sein, wenn man normal heißt.

Was es da alles gibt! In meinem Heimatort gab es früher ein Fischgeschäft, das hieß „Umsonst". Da stand also „Fisch Umsonst". Es gab tatsächlich Leute, die sind da reingegangen und dachten, weil das eine Kurstadt ist, sei der Fisch als Zugabe dabei. Wirklich, die dachten, nur weil sie hier zur Kur sind, ist das irgendwie in der Kurtaxe oder im Service mit drin. Klar.

Die Besitzer mussten irgendwann ein Schild ins Schaufenster stellen, auf dem stand, dass der Fisch was kostet.

Aber diese Friseurnamen toppen wirklich alles: Glückssträhne, Kaiserschnitt, Um Haaresbreite, Kopfgeld, Scalp, Kopfarbeit, Schnittstelle, Kamm-in.

Geht ja alles noch. Aber jetzt wird's schon subtiler:

Vier Haareszeiten, CreHaartiv, elementHair, Mata Haari, Haartürlich, Kurz und schmerzlos. In Wien gibt es einen Salon, der heißt GmbHaar. Einfach hairlich ist das! Kammback ist auch schön. Dann noch Drumhairum und die Elbphilhaarmonie (wahrscheinlich hat der Salon dann nicht nur montags zu).

Ich sitze bei Bruce. Bruce ist mein Friseur und natürlich schwul. Er ist ein absolutes Weichei und nennt sich Bruce wegen Bruce Willis, um ein wenig härter zu wirken. Bruce würde wie in *Die Hard* trotz Klaustrophobie durch Tunnel kriechen, in Panoramafenster schießen und anschließend in den Scherben herumlaufen. Bruce Willis ist aber ein ganzer Kerl, bei dem wirkt es authentisch. *Mein* Bruce macht Sport bis zum Umfallen, um Muskeln an seinen dürren Ärmchen aufzubauen, aber die Muskeln wollen nicht kommen.

Bruce ist verheiratet mit Ansgar beziehungsweise Cynthia, einem Transvestiten, und die beiden erfüllen jedes Klischee: er Friseur, sie Nageldesignerin. Er hat sein Refugium vorn, sie ein wenig weiter hinten. Mit einem Paravent, auf dem ein Einhorn vor einem silbernen Berg steht und goldenes Gras frisst, während schrumpelige Zwerge mit Filzhüten vor ihm in der Erde nach Diamanten suchen, ist ihr kleines Reich abgeteilt. Hierher kommen Frauen zum ersten Mal mit kurzen Nägeln und gehen als Frauen mit langen Nägeln. Dann kommen sie wieder als Frauen mit langen Nägeln, bei denen was aufgefüllt werden muss. Der Paravent war mal sauteuer, hat Cynthia mir schon mehrfach erzählt, ein befreundeter hipper Künstler hat ihn extra für sie designt. Ich finde ihn außergewöhnlich außergewöhnlich.

Der ganze Salon ist außergewöhnlich, irgendwie nicht wirklich trendy, aber sehr teuer eingerichtet, auch wenn man das auf den ersten Blick nicht sieht. Schräg. Vielleicht könnte man ihn kultig nennen. Irgendwie mag ich den Salon. Eine Bekannte hat ihn mal empfohlen, er liegt in Ottensen, und das ist ja gar nicht meine eigentliche Ecke, wir wohnen in Hoheluft, aber ich war so zufrieden mit dem Ergebnis, damals haben die auch noch nicht so viel gesabbelt wie heute. Es wird immer schlimmer. Mittlerweile sind Bruce und

Cynthia ganz angesagt, weil sie auch so schrille Vögelchen sind. Cynthia geht auf in ihrem Nageldesign. Sie hat irre viele Stammkundinnen, weil sie sich immer was Neues ausdenkt.

Ich habe das mit den künstlichen Nägeln oder verstärkten Nägeln nie verstanden.

Warum bitte lassen sich Frauen diese Nägel machen? Ich begreife es einfach nicht. Unter diesen Kunstdingern können sich Pilze bilden und die Unterseiten dieser Nägel sind immer eklig dreckig und gelb. Und wieso lassen sich viele Frauen da auch noch irgendwelchen Scheiß draufmalen? Und mit Strass bekleben? Das sieht so was von billig aus. Na ja, das ist nicht meine Sache. Ich komme mit langen Nägeln per se nicht klar, weil ich den ganzen Tag auf meiner Tastatur herumtippe und es mich irre machen würde, wenn die Nägel auf den Tasten aufschlügen. Klick klick klick. Furchtbar. Manchmal, wenn ich länger nicht gefeilt habe, bleibe ich mit den Nägeln auch zwischen den Tasten hängen, das ist noch mal furchtbarer.

Aber ich bin ja nicht wegen meiner Fingernägel hier.

Ich will etwas in meinem Leben ändern. Noch bis Sonntag habe ich Zeit, meine Liste abzuarbeiten. Mein Mann hat heute Morgen gesagt, dass er nie wieder eine Frau in unserer Wohnung haben möchte, die Milch abpumpen will, und er sagte: „Ich kann es kaum glauben, dass du gar nichts gekauft hast. Ich hätte meinen rechten Arm darauf verwettet, dass du Hunderte von Euros für irgendeinen Quatsch ausgibst, womöglich noch für so Tortenkram, von dem du alles doppelt und dreifach hast. Das ist doch alles nur Geldschneiderei."

Er sah mich richtig bewundernd an. „Hätte ich nicht gedacht. Hut ab. Offenbar willst du wirklich was ändern."

Ich habe nonchalant gelächelt und mit abgespreiztem Finger von meinem Kaffee genippt.

Jetzt sitze ich also hier und Bruce fummelt an meinen Haaren herum.

„Sag mal, Bruce", sage ich. „Angenommen, ich würde die Ansätze nicht mehr färben lassen, wären meine Haare dann sehr grau?" (Wie machen das Frauen mit grauen Haaren eigentlich? Lassen die einfach die grauen Haare nachwachsen? Das sieht doch ungepflegt aus. Unten die gefärbten und oben wachsen die echten nach. Oder lassen die sich die Haare einmal grau durchfärben, und dann brauchen sie nie mehr zu färben? Also ich werde nachfärben, bis ich in die Kiste steige.)

Bruce sagt: „Nein, die wären nicht sehr grau."

„Da bin ich aber froh." Ich lehne mich entspannt zurück.

„Deine Haare sind schlohweiß", sagt Bruce. „Tja. Bei manchen fängt es früher an, bei manchen später. Aber du hast ja mich. Sag mal, bist du eigentlich schon in den Wechseljahren?"

Ich finde diese Frage eigentlich viel zu intim, deswegen sage ich: „Das geht dich, glaub ich, nichts an." (Da haben wir es wieder. Warum sage ich „glaub ich"?)

Im Spiegel sieht er mich an. „Du hast ziemlichen Haarausfall. Ich finde, du solltest mal ein Spezialshampoo nehmen."

„Wie jetzt?" Ich sehe mich schon herumlaufen wie der Vorgesetzte im Edeka-Markt. Mit zur Seite gekämmtem

Resthaar. Oder ich trage ab sofort immer eine Mütze, auch im Sommer. Ich werde behaupten, das sei Trend.

„Ich sag es ja nur. Da sind halt mehr Haare im Kamm als sonst."

„Heißt das, ich kriege eine Glatze?"

„Jetzt mal bitte den Teufel nicht an die Wand. Ich finde nur, du solltest ein spezielles Shampoo benutzen. Ich geb dir nachher eins mit."

„Na gut."

„Hast du im Augenblick mehr Stress als sonst?"

„Ich habe gestern Pfand weggebracht, die Automaten waren kaputt, und abends waren Frauen da zu einer Tupperparty."

„Ach du liebe Zeit, das erklärt alles. Nimm halt das Shampoo, dann schauen wir mal. Was machen wir? Wie immer?"

„Nein, Bruce, hör mal, ich dachte, wir machen mal was *ganz anderes.*"

Bruce glotzt mich durch den Spiegel an. „Ach."

„Ja. Ich dachte, mal ab."

„*Mal ab?*" Er fragt das so, als hätte ich vor, ihn über die Wintermonate auf eine einsame Bohrinsel in der Nordsee zu verfrachten. „Lässt du dich scheiden oder so?"

„Wieso das denn?"

„Dann wollen Frauen oft was anderes."

„Nein. Ich will *einfach so* eine Veränderung."

Das stimmt ja auch.

Was ändern. Das will ich. Mich unter anderem nicht mehr ärgern lassen und Prioritäten setzen.

Mein Handy klingelt. Es ist Carlotta. Ich drücke sie natürlich weg, weil ich ja im Gespräch bin. Alles andere wäre unhöflich. Es klingelt sofort wieder. Diesmal gehe ich ran. Es könnte ja was Wichtiges sein.

„Du denkst an den Elternabend, ja?", fragt Carlotta, die immer noch ein bisschen giftig klingt.

Den hatte ich vergessen oder verdrängt oder beides. „Ich denke an nichts anderes."

„Dann hol mich um sieben ab." Sie legt auf.

Ganz offenbar ist die Stimmung immer noch nicht so gut.

Ich kann es jetzt nicht ändern.

„Hm", macht Bruce unschlüssig. „Also ich weiß nicht. Dir stehen lange Haare doch gut."

„Ich …"

„Haaaaaalllllöööööööööööchen!" Cynthia steht da. „Dich hab ich ja eeeeeeeeeewig nicht geseh'n. Bestimmt sechs Wochen nicht."

Ich gehöre nun mal nicht zu den Frauen, die dreimal pro Woche zum Waschen und Legen kommen.

„Hallo Cynthia", sage ich höflich. Cynthia geht mir auf die Nerven, weil an ihr nicht nur die Fingernägel künstlich sind, sondern alles. Sie will nicht mehr nur Transvestit sein, sondern sich irgendwann umoperieren lassen. Deswegen muss sie ständig zum Psychologen und sie hat keine Probleme damit, jedem davon und überhaupt alles zu erzählen, weil sie eine entsetzliche Sabbeltasche ist. Sie erzählt von ihren künstlichen Hupen, die sie dann hat, und von ihren Extensions, die ihr Stinkerchen immer super hinkriegt, sie redet von ihrem Herpes und von der Nachbarin, die lesbisch geworden ist, einfach so. Cynthia kennt keine Distanz.

„Morgen hab ich Darmspiegelung“, fängt Cynthia nun an. Ich wusste es.

„Wie unangenehm“, sage ich wieder höflich.

„Ach, ich seh das nicht so eng. Die Praxis ist an der Alster, da hat man einen total schönen Blick aus dem Fenster. Und die haben da super Kaffe. Aus Äthiopien. Wenn die in Äthiopien schon nichts zu essen haben, guten Kaffe haben sie.“ Cynthia sagt tatsächlich Kaffe und nicht Kaffee. „Allein deswegen lohnt sich die Untersuchung. Ausblick und Kaffe. Deswegen geh ich gern zwei, drei Mal pro Jahr da hin. Das ist eine Auszeit für die Seele.“

Nun bin ich fassungslos. „Du lässt freiwillig mehrmals im Jahr eine Darmspiegelung wegen des Alsterblicks und Kaffee aus Äthiopien machen?“

Cynthia nickt. „Wir fahren doch so selten in den Urlaub. Sag mal, willste dir nicht endlich mal die Nägel von mir machen lassen?“

„Das fragst du immer und ich sage immer Nein.“ Wenigstens bei ihr schaffe ich es, Nein zu sagen.

„Schade, ich hab echt superschöne neue Motive.“ Sie wirkt enttäuscht. „Ich kann dir ’nen zwinkernden zunehmenden Mond machen. Oder Herbstlaub, wo vom Wind hochgewirbelt wird. Oder Pandabären, die sind sooo süß! Oder ich mach dir das McDonald’s-Logo drauf. Hat ’ne Kundin von mir, die kriegt da jetzt Prozente.“

„Kannst du auch Bulgari?“

„Hä? Die Flagge von denen?“

„War ein Scherz. Nein danke, Cynthia.“

„Ich hab einer Kundin letztens sogar diese beiden lustigen Türme nach dem Anschlag von vor ein paar Jahren gemacht.

Das war dann für uns so, als würdense wieder stehen", erzählt Cynthia und ich denke, dass das jetzt einfach nicht wahr sein kann.

„Da musstest du ja nicht viel machen", sage ich, und Cynthia will weiterlabern, wird aber von einer den Laden betretenden Kundin gestört. „Vergiss nicht, dass du heute mit Einkaufen dran bist, Stinkerchen", sagt sie zu Bruce, bevor sie mit der Kundin hinter ihrem Fantasy-Paravent verschwindet. Bruce nickt und leidet mal wieder, er mag es nicht, wenn sie ihn so nennt. Stinkerchen klingt unmännlich. Selbst Bruce Willis würde an Glaubwürdigkeit verlieren, wenn er lächelnd im Kugelhagel von Terroristen stünde, während seine Frau ankäme und sagte: „Stinkerchen, du machst heut Abend die Buntwäsche und mähst den Rasen." Aber das ist nicht meine Sache.

„Also, Bruce", sage ich. „Was anderes will ich halt. Du hast doch bestimmt so Frisurenhefte."

„Schon", erklärt Bruce. „Aber das sind meistens junge Models. Du willst ja nichts Asymmetrisches, oder?"

„Es gibt doch nicht *nur* asymmetrische Frisuren. Und so alt bin ich auch noch nicht."

„Na ja, fast fünfzig."

„Das ist doch noch nicht alt."

„Die Wikinger wurden durchschnittlich vierzig bis fünfzig", erklärt mir Bruce. „Wärst du also ein Wikinger, wärst du quasi tot."

„Gut", sage ich. „Reden wir also über passende Frisuren für fast tote Frauen. Was schlägst du vor?"

Bruce überlegt und macht dabei „Hm, hm, hm" und dann sagt er: „Ich mach ein Stück ab, mach goldene Strähnchen und eine leichte Dauerwelle."

„Geht das, Färben *und* Dauerwelle?“

„Klar. Wenn du das willst.“ Er geht, um die benötigten Sachen zu holen, und versucht, tuckig zu laufen, sieht dabei aber aus, als hätte er in die Hose geschissen, weil er die Pobacken schwuchtelig zusammenkneift. Das hat er wahrscheinlich Bruce Darnell – dem mit der Handtasche, die leben muss – abgeschaut. Ich stehe auf und hole die „Gala“ und die „Bunte“, die neuen Ausgaben sind bei Bruce warum auch immer mittwochs schon da. Dann kommt er zurück, ich schlage schnell die „Bunte“ auf und mein Herz fängt an zu rasen. Denn jetzt kommt es drauf an. Ich möchte ja nicht nur eine neue Frisur, sondern Bruce auch zeigen, dass er mich während meines Aufenthalts bei ihm nicht volltexten soll. Immerhin lasse ich durchschnittlich 80 Euro pro Besuch hier. Und bisher habe ich ihn quasi dafür bezahlt, dass er mir sein Herz ausschütten kann.

„Ach, die neue ‚Bunte‘ ist da“, sagt Bruce, während er in seinem Rollwagen rumkruschelt. „Wie schnell so eine Woche rumgeht. Man glaubt es gar nicht. Ruck, zuck sind sieben Tage vorbei und eine neue Woche beginnt. Na ja, das ist nun mal der Lauf der Dinge. Wir werden alle nicht jünger. Wenn man doch die Zeit noch mal zurückdrehen könnte. Geht es dir eigentlich auch so, dass du pro Lebensjahr immer ängstlicher wirst? Früher hab ich Bungee-Jumping gemacht, ohne auch nur darüber nachzudenken, heute hab ich Höhenangst, wenn ich bei Karstadt mit der Rolltreppe fahre.“

„Mmhmm“, mache ich und lese konzentriert etwas über den kleinen Prinz George von England.

„Kate und William müssen schon aufpassen, dass er nicht aus dem Leim geht, der Kleine steht ja gut im Futter“, sagt Bruce, der von hinten mitliest.

„Mmhmm.“

„Ich würde ja auch gern mal wieder richtig kochen, aber Cynthia ist gutes Essen so was von egal, ihr genügt eine Tiefkühl-Lasagne. Wusstest du, dass da manchmal Pferdefleisch drin ist?“

„Nein.“

„Doch. Schlimm. Das sind so nette Tiere.“

„Das sind Kühe auch.“

„Ja, aber ein Pferd ist ja noch mal was anderes.“

„Ein Uhu ist auch noch mal was anderes.“

Er wechselt das Thema: „Ich muss nächste Woche wieder zu meinem Therapeuten. Es besteht Gesprächsbedarf sexueller Natur.“

„Mmhmm.“ *Too much information*, definitiv.

„Cynthia sagt, ich muss mit ihm reden. Wir haben kaum noch Sex.“

„Mmhmm.“ *Much too much tooooooo much.*

„Cynthia sagt, ich soll den Therapeuten mal fragen, ob es sein kann, dass ich impotent bin. Auch wenn Cynthia Strapse trägt und vulgär spricht, habe ich keine Lust. Weißt du, wenn ich den ganzen Tag hier im Laden stehe, tun mir abends die Beine weh und ich will einfach nur noch Bier und aufs Sofa. Cynthia hat gut reden. Sie arbeitet ja im Sitzen.“

Ich sage nichts.

Bruce fummelt an meinen Haaren herum. „Herrje, ich bin auch Mitte vierzig, ich hatte genügend Sex. Und habe genügend ausprobiert. Sogar Partnertausch. Da haben wir im Internet so ein Pärchen aus Wuppertal kennengelernt. Sie auch Transe, er Mann. Also eigentlich waren alle Männer, wenn man's genau nimmt. Wir haben uns auf der Mitte der Strecke in einem Hotel getroffen. Jeder hatte eindreiviertel Stunden Fahrt. Ohne Stau versteht sich, aber wir kamen gut durch. Und das Hotel war auch in Ordnung. Ein gutes Preis-Leistungs-Verhältnis. Zwar abgepackter Schnittkäse, man sieht das ja, wenn da so Abdrücke sind, weil die ja fächerförmig in die Packungen gelegt werden, aber das war schon okay. Und guter Kaffee, wobei, da fällt mir gerade ein, kein frisches Obst, nur diesen Dosenkram von Libby's, kennst du sicher auch, naja für 89 Euro kann man da aber nicht meckern."

Er seufzt. „Auch sehr gute Matratzen, gerade wenn man kniet, ist das ja wichtig. Aber es ist halt auch anstrengend, wenn alle in allen Stellungen befriedigt werden wollen. Sie waren alle rattenscharf, aber einer hatte noch mit den Nachwehen einer Grippe zu kämpfen, es hat ihn tatsächlich erwischt, trotz Impfung, da sieht man ja auch mal wieder, dass so eine Impfung kein Freibrief ist. Jedenfalls war er noch sehr schlapp und entsprechend müde. Er ist irgendwann eingeschlafen, stell dir das mal vor." Er denkt konzentriert nach, während er weiter an meinen Haaren rummacht. „Jetzt komm ich gar nicht mehr auf die Namen der beiden, Mensch, wie hießen die bloß?"

Ich glotze auf Sylvie Meis ehemals van der Vaart, die mal wieder so gefotoshopt ist, dass man sich gruseln könnte. Ich sehe sie ab und zu in unserem Stadtteil herumlaufen, sie wohnt da auch, und sie trägt oft extra eine Sonnenbrille, um bloß erkannt zu werden. Und sie ruft die Presse manchmal an, bevor sie das Haus verlässt, das ist voll peinlich, weil jedem klar ist, dass die Fotografen natürlich nicht den ganzen Tag vor dem Haus stehen und warten. Ich war sogar schon mal mit Sylvie in der Zeitung. Da hat sie in einem Drogeriemarkt eingekauft und ich hab an der Kasse hinter ihr gestanden und war sauer, weil es so lange gedauert hat, weil die Kassiererin unbedingt ein Selfie mit sich und Sylvie machen wollte. Ich stand also hinter ihr und schaute wie so eine Irre, von der man nicht weiß, ob sie gleich ausrastet. Ich bin natürlich auf das Foto angesprochen worden und habe behauptet, gerade von einer langwierigen Wurzelextraktion gekommen zu sein.

Ich blättere weiter, und da ist ein Kreuzworträtsel, sehr gut. Ich hole einen Kuli aus meiner Handtasche und beginne, es zu lösen.

Bruce schweigt eine halbe Minute, dann sagt er: „Hartkäse."

Ich schaue hoch. „Was?"

„Das Lösungswort. Hartkäse. Ich löse Rätsel oft ganz schnell, wenn ich nur kurz auf die einzelnen Kringel mit den Zahlen schaue. Eine Bekannte meinte mal, ich sei ein wenig autistisch. Gibt ja Schlimmeres. Ich bin ja mal so gespannt, wie es beim Therapeuten wird. Ob der rausfindet, was da los ist mit meinem Dödel." Er sagt wirklich *Dödel.*

Jetzt will ich sagen: Bruce, das interessiert mich nicht. Lass mich in Ruhe die „Gala" lesen, ja? Mach du einfach deinen Job, mach ihn gut und schweig stille.

Aber nein, aber nein, ich sage nichts. Ich werd noch wahnsinnig.

Bruce labert und labert, es geht um Mieterhöhung für den Salon, obwohl der Vermieter erst mal renovieren müsste, und angeblich würde über ihnen eine Nutte einziehen, was sollen denn da die Kunden denken, also seine Kunden, und ob ich eine Sterbeversicherung abgeschlossen hätte, er schon und Cynthia auch, man weiß ja nie. Die Bestatter nehmen es ja auch von den Lebendigen. Was Sargbeschläge kosten und die Grabpflege. Sie überlegen, ob sie eine Baumbestattung wollen. Und der mittlerweile 21-jährige Sohn seiner Schwester will nach einer längeren Auszeit jetzt Pharmazie studieren, das sei ein so langwieriges Studium, und dann auch noch in Frankfurt, da sei ja auch alles teuer. Und die Schwester hat nicht so viel Geld, also wird er, Bruce, was dazubuttern. Dazwischen zieht er weiter an meinen Haaren herum, dann muss ich zum Waschen, dann dreht er ein, davor oder danach sehe ich aus wie ein Alien mit den Folien auf dem Kopf, ich kriege das alles gar nicht mehr zusammen, und dann kommt Cynthia, die mittlerweile dement sein muss, weil sie fragt, ob ich mir nicht endlich mal die Nägel von ihr machen lassen will. Sie könne mir auch wirkliche Hingucker fabrizieren. Den Rauch der Bomben von Hiroshima oder einen vertrockneten Rhododendronstrauch. Das habe sonst niemand, was ich ihr definitiv und ohne zu zögern glaube.

Ich möchte beide mit den Köpfen zusammenschlagen, bis es knirscht, was ich natürlich nicht mache, und überlege krampfhaft, was ich sagen könnte, um sie zum Schweigen zu bringen.

Dann sage ich einfach: „Ich brauche Ruhe. Ich habe Krebs.“

Sie glotzen mich an.

„Ich auch“, sagt Bruce dann.

„Was?“, frage ich. Wie furchtbar!

„Ach, ein tolles Sternzeichen“, sagt Bruce.

„Ich bin Skorpion“, sagt Cynthia. „Das ist ja so ähnlich wie Krebs.“

„Dann sind wir ja alle Gliederfüßer“, freut sich Bruce. Und passen alle gut zusammen. Das soll dann wohl so sein.

„Wusstest du, dass ich regelmäßig Horoskope lese? Das tut mir einfach gut. In meinem Jahreshoroskop stand unter anderem, dass ich mehr an mich denken soll und ich soll auch mal ‚Nein‘ sagen. Da stand auch …“

13 Uhr

Ich bin wieder daheim und stehe im Bad. Abwechselnd schaue ich in den Spiegel und auf meine Hände.

Ich hatte keine Kraft mehr, Bruce zu sagen, dass ich den „flotten Brombeerton mit Kupferschattierung und dem leichten Blaustich, gepaart mit ein bisschen Mattsilber“ beschissen finde und auch kein Minipli wollte. Jetzt sehe ich aus wie ein Löwe um die Eier. Ich suche meinen Nagelknipser für den Mist, den Cynthia mir fabriziert hat. Sie sagte, dass sie auch maritime Vorlagen habe und dass das gut zu mir passen würde, weil mein Mann ja segelt. Jetzt habe ich auf den Daumennägeln Feuerquallen und auf den anderen Fingern verteilen sich die Fangarme eines Kraken. Cynthia meinte, das hätte sonst niemand. Ich glaubte ihr erneut. Und Bruce hatte mir das Spezialshampoo gegen meinen angeblichen Haarausfall nicht einfach so mitgegeben, sondern ich konnte 28 Euro dafür hinblättern.

Auf dem Nachhauseweg war ich so wütend auf mich selbst, dass ich fast angefangen hätte zu heulen. Und außerdem bin ich mit den Scheißnägeln überall angestoßen. Ich habe Kopfschmerzen und möchte schlafen, damit ich heute Abend fit bin für diesen Elternabend. Ganz toll. Man wird mich aufgrund meiner Frisur verachten und/oder Mandy nennen. Wenigstens müssen die Nägel ab. Wenn mein Mann mich so sieht, zieht er ins Hotel.

Ich stelle fest, dass mein Knipser weg ist, da klingelt es.

Es sind der Klempner und Hinnerk Huber. Den Klempner lasse ich rein. Er motzt vor sich hin und schleppt eine riesige Tasche mit sich.

„Bitte gehen Sie zuerst ins Bad“, sage ich, und er grummelt: „Ins Bett wollte ich mich auch nicht legen.“

„Was ist denn mit Ihnen passiert?“, fragt Hinnerk. „Haben Sie eine Wette verloren oder so?“ Er stellt zwei Pakete vor sich hin.

„Nein.“ Ich drehe gleich durch. Und plötzlich raste ich aus, einfach so. „WIR HATTEN AUSGEMACHT, DASS HIER KEINE PAKETE MEHR ABGEGEBEN WERDEN! DAS HATTEN WIR AUSGEMACHT UND DARAN WIRD SICH JETZT GEHALTEN! ICH NEHME NICHTS MEHR AN! NICHTS! HABEN SIE DAS EIN FÜR ALLE MAL VERSTANDEN, JA? DAS KANN DOCH NICHT SO SCHWER SEIN! ICH BIN HIER NICHT DER ARSCH VOM DIENST – FÜR NIEMANDEN MEHR! ALSO NEHMEN SIE DIE VERKACKTEN PAKETE UND VERSCHWINDEN SIE,

HERR HUBER, UND ZWAR AUF! DER! STELLE! ICH WILL SIE HIER NIE MEHR MIT PAKETEN SEHEN!“

„Hier tropft ja der Wasserhahn!“, ruft der Klempner mit fassungsloser Stimme aus dem Bad.

Er gehört geschlagen: „JA WAS GLAUBEN SIE DENN, WARUM ICH SIE BESTELLT HABE?“

„Gibt's denn Kaffee?“

„NEIN!“

Ich wende mich wieder Hinnerk Huber zu.

„Bitte, bitte, nehm ich den Scheiß wieder mit!“ Er ist schlecht gelaunt. „Dann tun Sie mir aber auch den Gefallen und bestellen Sie nichts mehr. Dann brauch ich gar nicht mehr bei Ihnen klingeln.“

„Wie?“

„Na, die Lieferung ist für Sie.“

„Ach so. Warum sagen Sie das denn nicht gleich?“

„Wenn Sie mich direkt anschnauzen? Wie soll das denn gehen? Nehmen Sie die Sachen jetzt an oder nicht?“

„Herrje. *Natürlich* nehme ich sie, wenn sie für *mich* sind, was soll denn die blöde Frage?“

Ich versuche, zu unterschreiben, aber ich bekomme nur Hieroglyphen hin, weil ich mit den Kunstnägeln einfach nicht schreiben kann. Aber Hinnerk ist zufrieden.

„Heute Abend treffe ich mich vielleicht mit einer Frau“, erzählt er, nachdem ich ihn dann selbstredend doch reingelassen habe.

„Wo haben Sie die denn so schnell kennengelernt?“

Hinnerk tut geheimnisvoll. „Das würden Sie wohl gern wissen.“

Dann eben nicht. „Dann ist ja alles klar“, sage ich. „Bis bald dann. Gibt’s denn heute nichts für Schlossers?“

Fast ist er enttäuscht. „Doch, doch, da war ich schon. Ich treffe mich wie gesagt heute Abend mit ihr.“

„Mit Frau Schlosser?“

„Nein, mit Sigrid. Eventuell gehen wir in eine Spätvorstellung ins Kino, das ist romantisch.“

Sigrid. Was für ein Hammername.

„Sigrid kann für sich selbst sorgen. Das finde ich gut. Sie ist nicht so wie meine Ex.“

„Ach.“

„Ja, sie hat einen guten Beruf. Sie ist Staatsanwältin.“

„Ach. Also, Herr Huber, dann wünsche ich Ihnen einen schönen Abend mit Sigrid.“

„Eine Frage hätt ich noch.“

„Welche?“

„Kann ich ein Paket für …“

„NEIN!“ Oh, ich bin gut! Ich bin SOOO gut! Feste Stimme. Hart. Unnachgiebig. JAWOHL!

Hinnerk lacht verschmitzt. „Das war ein SCHERZ! Hahaha, ich weiß doch, was wir beide ausgemacht haben.“

Die Liebe scheint ihm gutzutun. Endlich geht er. Der Klempner ruft. Eigentlich wollte ich erst mal schauen, wer mir was geschickt hat. Dann mache ich das nachher.

15 Uhr

Der Klempner ist weg und ich muss mal wieder feststellen, dass ich mit Handwerkern einfach nicht warm werde. Sie sind wie Politiker. Sie wissen alles besser und lügen. Und die Gespräche sind auch immer die gleichen:

Morgen schaff ich nicht.	Das wird alles teurer.	Die Firma mit den Kacheln hat Liefer-schwierig-keiten.	Jetzt schrei'n Sie mich doch nicht an!	Die Heizung muss neu.
Wir sind um sieben da.	Da ist der Schwamm drin.	Wir machen jetzt erst mal Mittag.	Wenn Sie meinen …	Die Flecken sieht man hinterher nicht mehr.
Heute ist Freitag, da ist früher Schluss.	Das machen wir aber immer schon so.	Handwer-ker-Bullshit-Bingo	Das war schon ka-putt.	In der Kü-che braucht man doch nicht sooo viele Steck-dosen.
Da hat mein Vorgänger aber ge-pfuscht.	Das weiß ich jetzt auch nicht.	Kaffee wär schön.	Der Lehrling muss das halt noch lernen.	Haben Sie eine Haus-ratversiche-rung?
Ich ruf mor-gen wegen 'nem neuen Termin an.	Da brau-chen wir aber länger für.	Ach, das ist eine tra-gende Wand?	Das sieht doch schön aus so.	Da müssen Sie sich keine Sor-gen ma-chen.

Dieser Herr Müffel hat es zwar hinbekommen, dass die Wasserhähne nicht mehr tropfen, dafür hat er jede Menge Dreck gemacht. Und der Zulauf an der Waschmaschine funktioniert immer noch nicht richtig, dafür hat er den Ablauf repariert, obwohl der gar keine Probleme gemacht hat. Die würden aber sonst kommen, die Probleme, hat der Herr Müffel gesagt und ich habe gar nichts gesagt. Herr Müffel will eine Rechnung schicken, aber ohne Mehrwertsteuer, weil er keine Mehrwertsteuer mag. Wahrscheinlich bin ich jetzt noch indirekt an einer Steuerhinterziehung beteiligt, aber das ist auch schon egal. Ich wollte ihm den Betrag in bar geben, weil ich ja am Geldautomaten war, aber Herr Müffel empfand das quasi als Zumutung. Keiner seiner Kunden wolle je bar zahlen, er müsse seinem Geld dauernd hinterherlaufen, was das denn jetzt solle.

Herr Müffel sagte, er würde wiederkommen, wenn er wüsste, was mit dem Zulauf los ist. Ich fragte, warum er das denn nicht vor Ort prüfen könne, das sei doch viel logischer, wenn man das Problem vor sich habe. Aber Herr Müffel meinte, davon würde ich nichts verstehen, das habe auch was mit seiner Berufsehre zu tun, und an dieser Stelle wollte ich dann auch gar nichts mehr wissen. Jedenfalls kann ich nun einen Haken machen. Der Zulauf funktioniert zwar nicht, aber trotzdem. Ich wollte den Klempner bestellen, so stand es auf der Liste, und das habe ich getan. So einfach ist das.

Was viel schlimmer ist: Ich finde den Nagelknipser einfach nicht und vermute, dass Herr Müffel ihn versehentlich im Bad gefunden und in seinen Klempnerkoffer gelegt hat. Mit einer Nagelschere ist es schwierig, die künstlichen Nägel abzubekommen. Sie sind so fest. Und mit der Blumenschere traue ich mich nicht ran.

Versuche, den Daumennagel abzubeißen. Jetzt ist ein Schneidezahn locker, jedenfalls fühlt es sich so an.

Ich beschließe, noch etwas zu arbeiten. Bis sieben Uhr ist ja noch Zeit. Irgendwann muss ich ja auch mal wieder in die Pötte kommen. Ich neige sowieso zum Prokrastinieren und habe schon Fensterrahmen mit einer Zahnbürste gereinigt und Spannbettlaken gebügelt, bloß um nicht schreiben zu müssen.

Es ist aber auch dauernd was anderes los.

Jetzt lese ich erst mal wieder die Mails, die über meine Homepage kommen. Da können die Leute einem direkt schreiben, und wenn man höflich ist, antwortet man auch darauf. Meine Freundin, die mir die Homepage erstellt hat, fragte damals noch: „Willst du das wirklich?“, und ich wollte das wirklich, weil ich es sehr wichtig fand. Heute sehe ich das ein bisschen anders, aber meine Freundin hat mittlerweile drei kleine Kinder und keine Zeit mehr, sich um meinen Kram zu kümmern und das zu ändern mit dem direkten Kontakt, und mit jemand anderem auseinandersetzen will ich mich nicht.

Ich hatte mich auch darauf gefreut, freundliche Mails zu bekommen, klar, auch mal Kritik, aber bestimmt nicht so was hier:

„Ganz ehrlich, das ist doch keine Literatur, was Sie da schreiben, das ist doch keine Literatur. Also Heinrich Böll ist das nicht und Hesse auch nicht. Das ist ja keine Literatur. Da war ich in der Buchhandlung und hab das gekauft, weil ich Literatur wollte, und jetzt steht da was von einem Alligator, der seine harten Kontaktlinsen

nicht verträgt, was ist das denn, das ist ja keine Literatur!"

Oder:

„Hallo, ich bin Ines und brauche ein Buch für eine Buchvorstellung in der Schule, siebte Klasse. Ich hab da eins von Ihnen gesehen, das gefällt mir gut, weil's rosa ist, und da dachte ich, ich schreib Ihnen mal, weil ich ja auch eine Inhaltsangabe brauche und so und da muss ich das Buch ja kennen und das bräuchte ich dann von Ihnen, Sie kennen das Buch ja, oder? Bitte schicken Sie mir das bis heute Nachmittag so um drei zu, weil ich das morgen brauche."

Oder:

„Hermann Maurer hier. Bin 68, pensionierter Lehrer (Biologie, Chemie) und nehme mir nun die Zeit, mich einem Roman zu widmen. Die Handlung ist außergewöhnlich. Hauptperson ist eine Kartoffel, die kein Sonnenlicht verträgt, und nun versucht, die Erntehelfer mit Telepathie so zu manipulieren, dass sie nicht geerntet wird. Der Roman – möglicherweise wird das Ganze eine Serie – hat ungefähr 500 Seiten. Es geht auch um die Beschaffenheit von Saatgut, Erde und optimales Ernteergebnis. Anbei das Manuskript mit Prüfungsfrist desselben innerhalb von zwei Wochen. Hochachtungsvoll."

Und dann, als ich diesem Irren nicht geantwortet hatte (ganz ehrlich, ich hatte sogar überlegt, es zu tun, aber Frodo drohte mir mit Trennung):

> *„Meine Frau meinte gleich, Hermann, lass es. Diese Leute heute haben doch alle keine Erziehung und kein Benehmen mehr. Es ist doch klar, dass diese Frau nicht antwortet. Sie hat Angst, dass du ihr Konkurrenz machen könntest. Und das, meine Beste, glaube ich in der Tat. Ihr Verhalten ist ungehörig, frech und unterste Schublade. So geht man nicht mit der Zeit anderer Menschen um, schließlich sitze ich hier und warte auf Antwort. Ich werde mich bei Ihrem Verlag über Sie beschweren.“*

Der Verlag und ich haben damals einfach nur den Kopf geschüttelt.

Ehrlich, der Großteil dieser Mails ist genau so. Frauen benötigen angeblich Geld für die Delphintherapie ihres behinderten Kindes. Das mag ja stimmen, und das tut mir leid. Merkwürdig nur, dass es immer unterschiedliche Namen und Mail-Adressen, aber immer die gleichen Kinderfotos sind.

Mir schreiben Leute, die für irgendeine Tombola, die auf dem Schützenfest in XY stattfinden soll, signierte Bücher brauchen, die ich natürlich gern geschickt habe. Ein paar Tage später standen die bei eBay drin, ich habe das Schützenfest gegoogelt und stellte fest, dass es das gar nicht gab. So was ist nicht nett.

Es kommen aber natürlich auch nette Sachen. Eine Gruppe Rheumakranker schrieb mal:

„Wenn wir Ihre Bücher lesen, vergessen wir für eine Weile unsere Schmerzen."

Die Mail hier war auch schön:

„Ich bin Hebamme, und es gibt da diesen heimtückischen Babyblues nach der Geburt mit unberechenbarer Heulerei. ‚Lies was von Steffi und du heulst nie mehr! Oder wenn, dann vor Lachen!', sag ich oft. Und sehr oft hilft's!"

Das freut mich, das macht Spaß, da bin ich wirklich total gerührt. Aber wie gesagt, leider überwiegen die blöden Mails, da beschweren sich Leute über Figuren in den Büchern, die ihnen nicht gefallen, über ihres Erachtens doofe Szenen („Warum geht denn da jemand einkaufen?" „Wieso hat die denn Kopfschmerzen?") und was weiß ich. Und irgendwann hab ich immer mal wieder drüber nachgedacht, dass ich nicht alles runterschlucken sollte, was mich bei anderen ärgert. Das soll man ja sowieso nicht, aber meistens denkt man halt dann doch nur drüber nach und nimmt sich vor, mal schriftlich kundzutun, was einen nervt. Machen die Leser ja auch. Dann hab ich's wieder vergessen, aber nachdem ich kürzlich eine wirklich unverschämte Mail bekommen habe, hatte ich mir in der Tat einen Zettel gemacht. In der Mail stand, dass ich doch bitte meine Manuskripte vom Desktop in den Papierkorb schieben und nicht vergessen soll, den dann auch zu leeren. Ich war sauer. So was gehört sich nicht. Ich habe just an diesem Tag den Zettel wiedergefunden, und deswegen steht dieser Punkt jetzt auf der Liste. Weil ich den Punkt nicht wieder vergessen habe.

Damit werde ich jetzt auch gleich beginnen. Sonst mache ich das nie. Und schreiben soll ich ja.

Also, worüber ärgere ich mich am meisten? Platz eins auf der Liste ist ganz klar der Karneval. Jawohl! Der Karneval. Rheinländer und Hessen mögen mir jetzt wieder Beschwerdemails schreiben, aber das muss nun raus, weil ich sonst dran ersticke. Die Sache hat natürlich einen Hintergrund: Die öffentlich-rechtlichen Rundfunkanstalten. Ja, ich habe für sie gearbeitet, und unbestritten gern. Aber was genug ist, ist genug. Ich rege mich nun schon wieder so auf, dass ich Kopfschmerzen bekomme. Zwar ist hier in Hamburg glücklicherweise keine Karnevalshochburg, hier sind die Menschen ja eher introvertiert, um es mal untertrieben auszudrücken, aber was bleibt, ist die Tatsache, dass es auch hier Fernsehen gibt.

Und gerade im öffentlich-rechtlichen Rundfunk werden dämliche Sitzungen übertragen, und das, mit Verlaub, zur *besten* Sendezeit. Ich zahle im Monat 17 Euro noch was an die GEZ und bekomme in dieser Faschingszeit Randgruppen-TV geboten. Ich verstehe das eh nicht: Wer Fasching gut findet, feiert ja Fasching und hockt abends nicht vor der Glotze.

Das Ganze hat natürlich eine Vorgeschichte. Wenn zwei Welten aufeinanderprallen – in diesem Fall der Karneval und ich –, zahnt das nicht ineinander, sondern driftet auseinander, mit teilweise fatalen Folgen: Als ich noch in Hessen wohnte, war es besonders schlimm, denn jedes Jahr am 11. November um 11 Uhr 11 wurde mir schlecht, weil überall dieses Gedöns losging. Über Monate hatte diese bekloppte fünfte Jahreszeit das Sagen.

Um ganz ehrlich zu sein: Als Kind fand ich Fasching toll. Man konnte Prinzessin sein oder eine Leprakranke, und am allerschönsten war das Tanzen als Funkenmariechen. Toll, die roten Kostüme und weißen Lackstiefel. Wie gesagt, damals war ich ein Mädchen von sechs Jahren. Sehr oft hatte ich zwar nach den Karnevalsumzügen eine Blasenentzündung, weil es im Februar nicht warm ist, aber das war egal.

Aber dann! Später! Ich kann erwachsene Menschen nicht verstehen, die sich monatelang auf irgendwelche närrischen Sitzungen vorbereiten, Tröten basteln und schon an Heiligabend in der Kirche „Helau“ statt „Amen“ brüllen. Vielleicht bin ich nicht verständnisvoll genug, aber es will mir nicht in den Kopf gehen. An Fasching hat man lustig zu sein. Da ist gute Laune angesagt und man hat sich lieb zu haben. Und man muss natürlich feiern und fremdvögeln. Nicht zu knapp. Ich habe mal gelesen, dass der Alkoholkonsum der Deutschen an Fasching am höchsten ist (bei mir auch, das gebe ich zu, sonst hätte ich meinen Suizidgedanken schon längst Taten folgen lassen).

Jetzt erinnere ich mich gerade an zwei ganz schlimme Erlebnisse an Fasching. Das eine: Ich musste für den Sender, bei dem ich arbeitete, einen Beitrag über eine Fastnachtsveranstaltung in einem hessischen Dorf machen. Was im Klartext hieß, dass ich dort hinfahren musste. Das Entsetzlichste: Ich habe vorher mit dem Veranstalter telefoniert, und der meinte, man könne nur verkleidet dahinkommen und leider könne man da bei mir keine Ausnahme machen. Vor lauter Verzweiflung habe ich dann das Scream-Kostüm meines Sohnes angezogen. Es war ihm zu groß.

Diese Veranstaltung hat mich drei graue Haare und meinen Glauben an die Menschheit gekostet. Als Türsteher hatte man zwei als Kastanienmännchen verkleidete Typen eingeteilt, die die Macht, die sie nun zum ersten und wahrscheinlich einzigen Mal in ihrem Leben hatten, voll ausnutzten und die Leute wie in angesagten Clubs teilweise „nicht reinlassen“ wollten. Und das, obwohl alle Gäste ja schon vorher Eintrittskarten gekauft hatten. Das hatten die Männchen nicht bedacht.

Im Innern der Räumlichkeiten fand bereits gegen 20 Uhr so was wie eine Ibiza-Schaum-Party statt, und alle fanden es ganz toll, auszurutschen und sich die Knochen zu brechen. Orientierungslose Mittzwanziger knutschten wahllos in der Gegend rum, und das eine oder andere Trommelfell platzte ob Wolfgang Petrys Nummer-eins-Hits.

Ich sage an dieser Stelle: Es gibt nichts Schrecklicheres, als nüchtern zwischen Betrunkenen in einem Scream-Kostüm plus Aufnahmegerät herumzutaumeln. Ich konnte auch keine Interviews machen. Aus zwei Gründen. Der erste: Joschi aus Obbornhofen wollte permanent der Vater meiner Kinder werden und verfolgte mich bis aufs Damenklo. Der zweite: Ein agiler Jungbauer kotzte mir eine Mischung aus Bacardi-Cola und Currywurst auf die Füße. Dass ich mich darüber total aufgeregt habe, konnte keiner verstehen. Denn an Fasching muss man ja lustig sein. Ganz *besonders* lustig war es dann, als ich in mein Auto steigen wollte, um nach Hause zu fahren. Helau, helau! Es saß schon jemand drin. Genauer gesagt handelte es sich um ein Pärchen. Ich glaube, Birgit aus Dortelweil hat ihre Unschuld in meinem Golf verloren. Ich habe mich im Übrigen seit diesem Erlebnis geweigert, jemals wieder Interviews an Fasching zu führen. Dieses traumatische Erlebnis sitzt heute noch tief.

Das zweite schlimme Erlebnis: Ich hatte mit Kollegen um irgendwas gewettet und die Wette (wie immer übrigens) verloren. Und weil meine Kollegen mich so lieb haben, hatten sie sich was besonders Schönes für mich ausgedacht – ich musste in meinem damaligen Heimatort auf einer Faschingssitzung eine selbst geschriebene Büttenrede vortragen. Ich hasse Büttenreden. Das weiß jeder. Na ja, jedenfalls dachte ich: Mensch, da hast Du ja endlich mal Gelegenheit, alles vom Stapel zu lassen, was Du an Fasching zum Kotzen findest! Gesagt, geschrieben.

Als ich damals auf die Bühne ging, brandete noch Applaus auf. Ich begann mit dem Reim:

> *„Heute ist nun Fasching wieder und das zieht mich seelisch nieder, ihr seid doof, nur wisst ihr's nicht, schaut nur mal in euer Gesicht!"*

Dass daraufhin Gummibärchen auf die Bühne flogen, war noch harmlos. Unbeirrt fuhr ich fort:

> *„Fasching ist nur was für Dumme, erschießt Euch am besten mit einer Wumme, dann ist Fastnacht schnell vorbei, die Waffen hoch, ich zähl bis drei."*

Da wurde es dann brenzlig. Fünf Mitglieder des ortsansässigen Opel-Manta-Clubs erhoben sich von ihren Sitzen. An ihren Händen blitzten Schlagringe auf. Die nächste Viertelstunde ging in einem Handgemenge unter, an dem ich glücklicherweise nicht beteiligt war. Irgendjemand hat mich wohl aus Versehen verteidigt, was die Manta-Männer zum Anlass nahmen, das gesamte Mobiliar der Stadthalle zu zerlegen. Damals wurde ich zum ersten Mal namentlich in verschiedenen Zeitungen genannt! Ich war sehr stolz auf mich!

Aber: Lustig sein auf Bestellung ist einfach nicht das Wahre für mich. Das einzig Positive an Fasching: Frauen, die schon immer mal schwanger werden wollten, aber bisher den Richtigen noch nicht gefunden haben, werden bestimmt fündig. Nach neunzehn Sektchen und sechsundzwanzig Flaschen Bier ist garantiert jeder der Richtige.

Nachdem ich die Mail an die GEZ getippt und abgeschickt habe, geht es mir sehr gut. Ich gieße Blumen, auch die auf dem Balkon, und denke weiter darüber nach, an wen ich noch alles schreiben werde und komme so richtig in Fahrt. Plötzlich fällt mir viel ein. Beispielsweise, dass ich mich auch über DVD-Vertreiber und die Post ärgere.

Mich stört nämlich so einiges und ich will auch sagen, was: Man wird permanent bedroht.

Zum Thema Post: Ich habe vor einiger Zeit festgestellt, dass man Marken online ausdrucken kann. Das spart den Gang zur Post, wo die Mitarbeiter im Übrigen auch mal einen Benimmkurs absolvieren könnten, einige zumindest.

Und kaum hat man seine Bestellung abgeschlossen, bekommt man eine Bestätigungsmail mit dem Betreff „Ihre gekauften Internetmarken“ und dann wird sich halbherzig bedankt und dann steht da, was sich jeder halbwegs intelligente Mensch, der in der Lage ist, selbstständig Internetmarken auszudrucken, denken kann: Nämlich dass man die Marken jeweils nur einmal benutzen darf. Falls man die nämlich mehrfach ausdruckt und benutzt, ist das eine Straftat. Anstatt dass sie dankbar sind, dass man das gleiche Geld für die auf eigenem Papier selbst ausgedruckte Marke bezahlt, als wenn man sie am Schalter kaufen würde. Von den eingesparten Arbeitsplätzen – ob das nun richtig ist oder nicht – möchte ich gar nicht sprechen. Und weil wir gerade dabei sind, schreibe ich auch noch rein, dass es eine Frechheit ist, dass man an Briefmarkenautomaten kein Wechselgeld zurückbekommt, sondern Briefmarken in Höhe des zurückzuerstattenden Betrags. Das machen die extra. Ich schreibe also, dass ich mich um Geld betrogen fühle.

Bei DVDs ist es auch so eine Sache: Man bezahlt Geld dafür und sehr oft nicht wenig, will die DVD schauen und wird erst mal bedroht, bekommt erklärt, wo man diese DVD überall *nicht* vorführen darf und man darf sie auch nicht vervielfältigen und was weiß ich.

Nachdem ich an die Post und zwei DVD-Vertriebe geschrieben habe, geht's mir besser, auch weil ich ja quasi gearbeitet habe. Möglicherweise wird niemand antworten, aber egal. Jedenfalls kommen meine Mails an, denn von überall bekomme ich Bestätigungen, dass „das Anliegen so schnell wie möglich bearbeitet wird". Ich bin gespannt.

Dann massiere ich eine Kurpackung in meine geschundenen Haare. Also wirklich, Bruce gehört geschlagen. Ich habe das auch noch teuer bezahlt. Warum eigentlich?

19 Uhr 30

Wer mit Hämorrhoiden liebäugelt, sollte einen Elternabend in einer Grundschule besuchen. Es ist einfach entwürdigend, auf diesen Zwergenstühlchen zu kauern, während die Lehrerin natürlich ganz bequem auf ihrem normal großen Stuhl sitzt.

Viele Eltern finden Elternabende schlimm. Ich eigentlich auch, aber manchmal können sie recht amüsant sein. Ich weiß noch, dass es einmal, als mein Sohn in der zweiten Klasse war, darum ging, dass eine besorgte Mutter die Befürchtung hatte, die Schule hätte den schlechteren Strom, weil es eine Stadtteilschule sei. Wirklich. Sie sagte in breitestem hessischen Dialekt: „Net dass mer hier de schläschtere Schdrrrrooom habbe un die Schul im Zentrrrrrummmm de bessere, weil de Schdrrrrooom länger in die Schdatteile brauche duuut mit der Leiiiiidung." Und, das kann man mir jetzt glauben oder nicht, die anwesenden Eltern haben tatsächlich angefangen, über diese beknackte Befürchtung zu diskutieren.

Heute also hocken wir hier mit zwanzig anderen Menschen, die alle Kinder haben. Manche Sprösslinge sind sogar dabei, denn es ist ein offener Elternabend – damit die Kinder nicht immer denken, Elternabende sind nur dazu da, um ihnen Angst zu machen. Dabei finde ich das persönlich gar nicht so schlecht (also wenn die Kinder mal Angst hätten, denen muss hin und wieder mal gezeigt werden, wo der Hase lang läuft).

Carlotta hat Aurelius auch mitgenommen, was sie mir vorher nicht gesagt hat. Er hat mir vorhin während der Autofahrt vom Rücksitz aus dauernd durch den Sitz in den Rücken getreten. Nun sitzt er da und starrt auf die Tafel. Ausnahmsweise ist er mal ruhig.

Schon jetzt ist Carlotta auf 180, weil ein Vater sie noch vor Beginn des Elternabends im Flur auf Aurelius' Verhalten seiner Tochter gegenüber angesprochen hat. „Hildegard ist eine HSP", hatte der Vater gesagt.

Hildegard? Wer nennt sein Kind heute noch so? Wobei die alten Namen ja seit etlichen Jahren wieder Hochkonjunktur haben. Der Vater gehört zum Typ Mann, den ich einfach nicht ernst nehmen kann. Dürr wie ein Strich, also so Stelzenbeine und -arme, schulterlange, ungekämmte Fussel-Locken (so wie ich, wenn man's genau nimmt) und Nickelbrille. Fährt natürlich immer Fahrrad, das er liebevoll seinen Drahtesel nennt, und hat mit Sicherheit noch irgendwo „Atomkraft? Nein Danke"-Aufkleber herumliegen. Solche Männer heißen immer Bernhard oder Wolfgang (dann werden sie von ihren Freunden aus Kindertagen gern Wolle genannt) und sind immer ganz lieb. Also mit ganz lieb meine ich dieses *ganz lieb*, bei dem man einfach draufhauen möchte.

„Was ist denn eine HSP?", hatte ich gefragt und Nickelbrille hatte ganz betroffen geschaut, so als sei es eine Zumutung, dass ich das nicht wüsste. „Eine hochsensible Person natürlich", antwortete er.

„Aurelius ist auch hochsensibel", erwiderte Carlotta.

Der Typ nahm seine Brille ab und putzte sie.

„Nun ja", sagte er anschließend. „Wissen Sie, ich hab Soziologie studiert ..."

„Hahaha", machte ein anderer Vater neben mir. „Ich wette, Sie studieren immer noch. Sie tragen einen Norwegerpullover." Ich sag's ja, Wolle passt.

Nun wurde Wolle rot. „Darum geht's doch gar nicht", sagte er. „Es geht darum, dass der Aurelius meiner Hildegard immer an den Zöpfen reißt. Und er hat schon mal versucht, ihr die Kniestrümpfe auszuziehen und den Tornister abzunehmen.“ Er sagte tatsächlich „Tornister“. Und welches Mädchen trägt denn heute bitte noch freiwillig Kniestrümpfe?

„Dann soll sie sich doch wehren“, sagte nun der Mann, der behauptet hat, Wolle würde immer noch studieren. Er hat auch nicht laut genug „Hier!“ gebrüllt, als der liebe Gott augenfreundliches Aussehen verteilt hat. Der Typ hat viel zu lange Arme im Verhältnis zum restlichen Körper, rotblonde Löckchen (als hätte er lauter kleine gekringelte Schweineschwänzchen am Kopf) und irgendwie farblose, wässrige Augen. Sein Körper ist geformt wie eine Kugel mit Auswüchsen, was in dem Fall eben Arme und Beine sind. Aus Nase und Ohren wachsen ihm Haarbüschel. Ich hätte ihm gern einen Nasen- und Ohrhaar-Trimmer geschenkt, hatte aber leider gerade keinen dabei.

„Aurelius würde so was nie tun“, sagte Carlotta nun. Sie verteidigte ihren Sohn, während der in der Nase bohrte. „Er ist gradlinig und ehrt seine Mitschüler.“ Aurelius schaute Hildegard an, und Hildegard versteckte sich hinter den Stelzenbeinen ihres Erzeugers.

„Nun lasst es doch gut sein“, sagte ich und wollte Carlotta mit mir ziehen, aber die schüttelte mich ab und blitzte Wolle böse an, der freundlich, aber auch provokativ zurücklächelte. Dann sagte er etwas, was ich ihm wirklich nicht zugetraut hätte: „Sie sehen ein bisschen so aus, als bräuchten Sie mal wieder einen potenten Mann im Bett.“

Ui! Wie man sich doch in Menschen täuschen kann.

Wolle fuhr fort: „Gerade letztens habe ich in einem psychologischen Fachmagazin gelesen, dass das mit der Zickigkeit bei den Frauen immer schlimmer wird, wenn sie nicht regelmäßig befriedigt werden.“ Er nickte selbstgefällig.

Die Kinder bekamen das nicht mit, weil Hildegard mit wehenden Zöpfen in Kniestrümpfen schon mal vorgelaufen war und Aurelius ihr hinterherrannte, also ehrlich gesagt, er verfolgte sie, wahrscheinlich um sie zu quälen. Ein paar Sekunden später hörte man auch schon Schreie, auf die aber momentan niemand achtete. Carlotta stand da und atmete schwer. Sie war knallrot.

Noch nicht mal mehr Rotlocke sagte was zu Wolles Worten. Er kicherte nur blöd. Eine Frau stand neben ihm und sagte gar nichts. Sie schaute nur betreten auf den Boden und scharrte mit einem Fuß herum wie ein Pferd. Ob das seine Frau war?

„Ich …“, sagte Carlotta. „Ich …“ Ich hätte auch nicht gewusst, was ich darauf sagen sollte. Der Schock saß verständlicherweise tief.

Endlich ließ sie sich von mir abführen.

„Sehe ich wirklich untervögelt aus?“, fragte sie, während wir den langen Flur zu Aurelius’ Klassenzimmer entlanggingen.

„Das hat er doch gar nicht gesagt.“

„Aber gemeint“, klagte sie. „Genau das hat er gemeint. Dass ich untervögelt wirke. Un-ter-vö-gelt! Das hat er eigentlich gesagt. Ich kann froh sein, dass er nicht unterfickt gesagt hat.“ Sie steigerte sich rein.

„Geht es vielleicht noch lauter?“, herrschte ich sie an, und sie holte schon Luft, um das Gesagte lauter zu wiederholen. „Nein! Das war nur so eine Redewendung. Sei nicht so laut, verdammt. Und es kann dir doch auch ganz egal sein, ob die denken, dass du unterfickt aussiehst.“

„Ich bin ja auch unterfickt“, hatte Carlotta geklagt und im Gehen mit dem Fuß aufgestampft. „Ich bin SO WAS VON UNTERFICKT!“

„Guten Abend.“ Eine Frau hatte uns überholt. Carlotta war blass geworden. „Das war die Klassenlehrerin. Schönen Dank, Steffi, schönen Dank. Jetzt weiß Aurelius’ Lehrerin, dass ich unterfickt bin.“

Ich hatte kurz die Augen geschlossen und gehofft, dass alles schnell vorbeiginge.

Jetzt also sitzen wir hier im Klassenzimmer. In Schulen riecht es wirklich immer gleich. Nach Linoleum, Schweiß, scharfem Putzmittel und ein bisschen ungelüftet. Und in der Nähe der Klos nach Klo und Urinstein.

Schulklos sind nach Parkplatzklos die schlimmsten Klos, die es überhaupt gibt. Und Eltern, die sich auf Elternabenden profilieren, sind die schlimmsten Eltern, die es gibt. Eigentlich könnte man nur den Kopf schütteln, andererseits könnte es auch recht amüsant werden – siehe die Geschichte mit dem Strom. Also lehne ich mich nun entspannt auf meinem Hämorrhoidenstühlchen zurück, beobachte und genieße.

Aber etwas später schon weiß ich: Keine Ahnung, was in den letzten Jahren passiert ist, aber ich habe das Gefühl, in der geschlossenen Psychiatrie gelandet zu sein.

Da hätten wir zum Beispiel das Ehepaar Mölln zu Stevereit. Er ist irgendwie ein Baron oder Fürst und sie angeheiratet, wie Carlotta mir zuzischt. Carlotta zischt: „Achte mal drauf, wie sie das R rollt, die kommt aus Polen, aber macht hier einen auf dicke Hose. Die hat nur einen Versorger gesucht. Voll peinlich.“ Leider vergisst sie in Bezug auf den Versorger das Wort „auch“.

„Sie heißt Jeannette“, klärt Carlotta mich weiter auf. „Ich wette, die hat ihren Namen ändern lassen. Bestimmt hieß sie vorher anders.“

„Wie denn?“

„Anders halt.“

„Was hast du denn gegen sie?“, will ich wissen. „Paulina ist doch auch aus Polen.“ Paulina ist eine Nachbarin von Carlotta, und wir sitzen oft mal zusammen und trinken Wein, und noch nie, wirklich niemals hatte Carlotta auch nur ansatzweise etwas Negatives gesagt. Sie ist ja nicht rassistisch.

„Das ist doch was ganz anderes. Paulina arbeitet, so wie ich auch. Aber Jeannette hockt nur zu Hause rum.“ Aha, daher weht der Wind. Neid.

Ich betrachte Jeannette. Sie sieht harmlos aus, davon abgesehen, dass sie aufgebrezelt ist und von allem ein bisschen zu viel an sich hat. Zu viel Make-up, zu viel Schmuck, zu viel Strass, zu viel Botox, zu viel Titten. Wenigstens keine künstlichen Nägel. Aber sie hat definitiv was Nuttiges an sich. Dauernd fährt sie sich mit der Zunge über die kirschrot geschminkten Lippen und schaut die anwesenden Männer mit laszivem Blick an. Sie sieht so aus, als würde sie unglaublich gern allen einen blasen, dem Kunststoffskelett, das in einer Ecke steht, mit eingeschlossen.

Ich verstecke meine Nägel, so gut es geht, und habe meine entsetzliche Frisur einfach zu einem Knoten geformt, damit niemand mich für eine abgehalfterte Puffmutter hält.

„Jeannettes Sohn hat Aurelius mal gezwungen, sich bei ihm zu entschuldigen“, berichtet Carlotta mir erzürnt.

„Warum?“

„Weil Aurelius ihn angeblich anzünden wollte. Kannst du dir das vorstellen?“

„Ich ...“

„Der Sohn hat was Verschlagenes an sich“, sagt Carlotta, während Aurelius zu Hildegard hinüberschaut und drohend die Zähne fletscht. Hildegard schießen Tränen in die Augen.

„Wie schön, dass Sie alle hier sind“, sagt nun die Lehrerin, eine mollige, spießig wirkende Frau Mitte dreißig, die eine Kurzhaarfrisur trägt, die man als „flott“ bezeichnen könnte. Sie ist aber gern Lehrerin, das merkt man irgendwie. Bestimmt hat sie zu Hause Blumenampeln, und die Geschenke, die sie von ihren Schülern zum Geburtstag bekommen hat, stehen in Regalen. Ihr Arbeitszimmer, in dem sie Diktate korrigiert, ist ein bisschen unordentlich, aber gemütlich, und sie hat eine Lieblingstasse. Sollte sie eine Familie haben, hängt neben der Eingangstür ein selbst gebranntes Schild aus Salzteig: „Hier leben, lieben und streiten sich ...“ Sie freut sich auch jetzt schon auf die Gartenarbeit im Sommer, und deswegen sind ihre Fingernägel immer kurz geschnitten. Da ich mich ja nicht auf die Gartenarbeit freue, sind meine nuttenlang.

„Oh, ein paar meiner Schüler sind ja auch gekommen, wie schön. Hallo, Hildegard.“ Sie nickt der Bezopften zu, die grenzdebil zurückgrinst, auf ihrem Stühlchen herumrutscht und immer wieder ängstlich zu Aurelius hinüberstarrt. Der gibt leise Knurrgeräusche von sich.

„Aurelius ist auch da“, sagt Carlotta böse und wird von der Lehrerin milde angelächelt.

„Ich war ja auch noch nicht fertig.“ Sie grüßt Aurelius trotzdem nicht. Wahrscheinlich eine Erziehungsmaßnahme Carlotta gegenüber. Meine Freundin schäumt vor Wut.

„Wir haben heute diverse Punkte zu besprechen. Es geht um die Renovierung des Klassenzimmers, um die Begleitpersonen für die anstehende Klassenfahrt und die Mithilfe im Schulkiosk, da haben wir wirklich einen immensen Bedarf. Dann haben wir noch den Punkt ‚Sonstiges‘. Und es geht natürlich um die Leistungen der Klasse allgemein und um die einzelnen Schüler. Ich würde gern mit dem Schulkiosk beginnen, da brauchen wir also wirklich ganz, ganz dringend Hilfe, ist das in Ordnung für Sie?“

Alle nicken.

„Gut.“ Sie schaut gütig in die Runde und ihr Blick bleibt dann stirnrunzelnd an mir hängen. „Entschuldigung, aber wer sind Sie denn?“

„Das ist Steffi“, sagt Carlotta. „Sie begleitet mich.“

„Das ist offensichtlich“, sagt die Lehrerin, dann sagt sie zu mir: „Ich bin Frau Götze. Ähm, aber das ist ein Elternabend. Sie sind ja nicht mit Aurelius verwandt, oder?“

„Nein, ich sollte zur Unterstützung mitkommen“, sage ich.

„Hahaha“, macht Frau Götze. „Das ist ja witzig. Unterstützung. Das ist doch hier keine Veranstaltung, auf der man Unterstützung braucht. Das ist ein Elternabend.“

Eben, denke ich.

„Ich bin momentan nervlich ein wenig angeschlagen, deswegen ist sie hier“, versucht Carlotta meine Anwesenheit zu rechtfertigen.

„Meine Mutter hat keinen Mann“, sagt Aurelius und kichert. „Die braucht aber einen. Hat der da auch gesagt!“ Er deutet auf Nickelbrille, und der wird rot.

„Das habe ich so nicht gesagt.“

„Doch.“ Aurelius ist in seinem Element. „Der hat meine Mutter voll beleidigt, Frau Götze, echt jetzt. Der sagte, sie braucht ’nen Mann.“

„Nein.“ Nickelbrille wird sauer und wendet sich Frau Götze zu. „Ich habe nicht gesagt, sie braucht generell einen Mann, ich sagte, sie sei vielleicht unterfickt.“

Ich schließe die Augen und höre Carlotta schwer atmen.

„Was ist unterfickt?“, fragt Hildegard.

„Ruhe“, sagt ihr Vater.

„Also ich muss doch bitten! Muss das vor den Kindern sein?“, wird er von Frau Götze angeherrscht.

Carlotta deutet auf mich und sagt verzweifelt und wieso auch immer: „Das ist meine Partnerin“, obwohl das keine Antwort auf Hildegards Frage ist.

„Partnerin?“, fragt Rotlocke lüstern. „Sind Sie lesbisch?“

„Nein. Ich wollte sagen Lebensgefährtin“, sagt Carlotta und redet sich um Kopf und Kragen.

Ich sage: „Wir sind nicht lesbisch.“

Alle runzeln die Stirn.

„Wie jetzt?“, fragt Frau Götze. „Es wäre ja kein Problem.“

„Vielen Dank, das ist nett“, sage ich.

„Vielleicht sollte ich lesbisch werden“, sagt Carlotta.

Ich sage: „Um ehrlich zu sein, geht meine sexuelle Orientierung hier niemanden was an.“

„Sie schreibt Bücher“, sagt Carlotta, als würde das meine sexuelle Orientierung erklären.

„Ach, wirklich?“, fragt Rotlocke. „Was schreiben Sie denn?“

„Bücher eben. Können wir jetzt mit dem Elternabend weitermachen?“ Ich möchte das nicht.

„Ja Himmel, das glaube ich Ihnen, dass es Bücher sind, wenn Sie Bücher schreiben. WAS DENN FÜR WELCHE?“

Ich könnte Carlotta vierteilen. Sie weiß ganz genau, dass ich so was auf den Tod nicht ausstehen kann. Ich gehe nicht hausieren mit dem, was ich tue, das machen andere mit ihren Berufen auch nicht. Und wenn, ist es mir egal, ich mach es nicht. Weil ich das nämlich äußerst peinlich und selbstbeweihräuchernd finde. Und jetzt fragen natürlich alle: „Ja was denn, was denn? Was haben Sie denn geschrieben?“

Verzweifelt nenne ich den Titel eines Romans.

„Kenn ich nicht“, sagt Rotlocke.

„Ist auch eher was für Frauen“, sage ich.

„Vielleicht ist er ja eigentlich eine Frau“, sagt Nickelbrille hämisch. „Bei den schönen Löckchen.“

„Obacht.“ Rotlocke wird giftig.

„Was denn noch?“ Nun ist auch Frau Götze neugierig. „Was ist denn Ihr Lieblingsbuch von denen, die Sie geschrieben haben?“

Es gibt tatsächlich eins, das ich besonders mag: „Reeperwahn.“

„Rrreeperwahn? Das Buch heißt Rrreeperwahn?“ Nun meldet sich diese Jeannette Stevereit und rollt mit Hingabe das R. „Das kenn ich!“

Obwohl das alles peinlich ist, freue ich mich, dass sie das Buch kennt, und nicke. Jeder Autor freut sich, wenn jemand ein Buch von ihm kennt, jeder. Joanne K. Rowling wird es möglicherweise manchmal sogar zu viel. Egal. Ich freue mich. Jeannette schaut mich nun stirnrunzelnd an. „Ist eine Straße hier in Hamburrrg. Aber … Moment doch. Rrreperwahn? Das ist doch falsch. Das heißt doch Kiez."

„Es ist ein Wortwitz", erkläre ich.

„Warrrum?"

„Wegen Reeperbahn und Wahnsinn. Es ist so, dass …"

„Ach, das ist ein Witzebuch?", sagt Rotlocke. „Das besorg ich mir."

„Es ist nicht direkt ein Witzebuch. Es geht um fünf Frauen, die ihre Lehrerin ermorden wollen. Entschuldigung, ihren Chef. Und dann passieren wahnsinnige Sachen. Lauter Morde, auch an Lehrern. Äh. Nein, ich …"

„Wie *lustig*", sagt Frau Götze. „Also ich kenne das Buch nicht und glaube, ich will's auch gar nicht kennen."

„Müssen Sie ja auch nicht." Ich winke ab.

„Wobei, schlimmer als das, was ich letztens gelesen habe, wird das auch nicht sein", erklärt sie. „So was Furchtbares. Es ging um Sex und was in Deutschlands Betten so abgeht. Und das sollte alles gaaanz lustig sein. Ich dachte nur: ‚Ich lache später.' Da hat eine offenbar geistig behinderte Autorin alles mitgemacht, war bei einer Domina, im Swingerclub und hat Parkplatzsex praktiziert. Ich finde ja, so weit muss es nicht gehen. Aber wahrscheinlich wollte sie sich nur wichtigmachen. Das müssen Sie mal alle lesen, danach lesen Sie nie wieder ein Buch. Ein un-mög-li-ches Werk."

„Das hat Steffi auch geschrieben", jubelt Carlotta und muss aufpassen, dass sie ihr hübsches Gesicht behält. „Es heißt ‚Mundgeblasen'. Das ist …"

Frau Götze schaut mich nun an wie ein Insekt, das unter allen Umständen zerquetscht werden muss. „Das ist ja ekelhaft."

„Ich habe gar nicht …" Ich will klarstellen, dass ich nur recherchiert und nicht mitgemacht habe, aber Frau Götze unterbricht mich.

„Also so was", sagt sie missbilligend. „Davon mal abgesehen, dass ich das, was Sie getan haben, nicht besonders gut finde, sehen Sie auf dem Foto im Buch viel besser und jünger aus. Auch was die Haare betrifft. Aber was tut das zur Sache – das Buch an sich ist grauenvoll. Und dass Sie so weit gegangen sind und sich überall persönlich sozusagen zur Verfügung gestellt haben, finde ich mehr als bedenklich. Und so jemand ist hier auf dem Elternabend. Pfui."

„Vielen Dank", sage ich und hoffe, dass dieses Gespräch nun zu Ende ist.

„Aber lassen wir das jetzt. Das gehört nicht hierher. Hier sind immerhin auch Kinder", sagt Frau Götze nun – einen Tick zu spät, wie ich finde! Sie holt ein Ringbuch aus ihrer Tasche, und dann geht es los mit der Kiosköffnungszeit und was angeboten wird und wo Geschmacksverstärker drin sind und dass das nicht gesund sei und so weiter. Dann geht es um Obst und die immens kluge Jeannette sagt: „Unser Mikael krrriegt nurrr Frrruchtgummibärrrchen! Das ist gesund."

Alle verdrehen die Augen, dann fängt Frau Götze mit der Hilfe im Kiosk an, da sei ja großer Bedarf und Jeannette sagt: „Ich kann helfen nur Frrrrrrreitag. Da ich habe Frrreierrr."

Alle starren sie an. Ihr Mann wird rot. „Sie meint, da hat

sie Zeit", sagt er. Vielleicht auch, um klarzustellen, dass seine Frau nicht arbeiten gehen muss.

Dann geht es um die einzelnen Kinder. Kurz wird diskutiert, ob man vor der Gruppe über die Einzelnen spricht, und Jeannette will das unbedingt, weil sie so neugierig auf die Leistungen der anderen und vom Mikael ist. Frau Götze sagt: „Mikael ist ein sehr weiches Kind. Er mag Gedichte und klassische Musik. In der Musikgruppe ist er wahnsinnig bei der Sache. Und nicht nur da." Ich stelle mir einen zart gebauten Knaben vor, der mit feingliedrigen Fingern Klavier spielt, und den Applaus der Zuhörer dankbar mit einer leichten Verbeugung und im Frack dezent schwitzend entgegennimmt (er geht so wahnsinnig in der Musik auf), während seine blauen Augen, die von einem dichten Wimpernkranz umgeben sind, strahlen. Mikael macht sich nie schmutzig, er liebt Blattsalate der Saison, liest Homer und bemalt in der Kunst-AG eifrig Treibholz mit biologisch abbaubarer Farbe und erzählt das auch jedem. Mikael wandert gern im Morgentau und erfreut sich an einer plötzlich auf der Lichtung stehenden Hirschkuh.

„In der Freien Kunstgruppe hat Mikael letztens einen röhrenden Rothirsch auf Treibholz gemalt. Sehr außergewöhnlich." Frau Götze nickt gütig.

„Hahahaaa!", kreischt Rotlocke los. „Mikael ist eine kleine Schwuchtel. Sagt mal, ist das der, der im letzten Jahr im Zeltlager angefangen hat zu flennen, weil ein Ohrenkriecher auf seinem Arm gesessen hat?"

Wieder entbrennt ein Disput, und so geht es weiter und weiter und die Stunden verrinnen völlig sinnfrei.

Bestimmt gibt es Menschen, die nachhaltig von solchen

Abenden traumatisiert wurden. Für diese, und nur für diese, schreibe ich jetzt mal ein paar hilfreiche Gesprächsbausteine auf. Nicht dass sie real einsetzbar wären, aber die Hoffnung stirbt zuletzt, und alles ist eine Sache der inneren Haltung!

1.

„Mark hat gestern schon wieder versucht, Laura mit einem Stock ein Auge auszustechen."
„Tja, da muss Laura lernen, entweder besser aufzupassen, oder sie muss zurückstechen."
„Dann haben aber vielleicht beide nur noch ein Auge."
„Eben. Dann überlegen sie sich demnächst fünfmal, ob sie noch mal zustechen."
„Da haben Sie recht. Gehen wir ein Bier trinken?"
„Gern."

2.

„Marvin fühlt sich in der Klasse nicht wohl. Er wird von den anderen ausgegrenzt."
„Das stimmt. Er ist oft aggressiv, und ich denke, das liegt auch an seinem Elternhaus. Vielleicht sollten Sie mal über eine Familientherapie nachdenken."
„Sie wollen damit sagen, dass wir Hilfe brauchen?"
„Genau das. Andere Eltern haben sich auch schon über Marvin beschwert, nicht wahr, Frau Schmidt/Herr Müller/Frau Stein?"
„Ja, haben wir. Ein sehr verhaltensauffälliges Kind."
„Sie glauben gar nicht, wie dankbar ich Ihnen für diese ehrlichen Worte bin. Gleich morgen werde ich mich

nach Hilfe erkundigen. Hat irgendjemand von den anwesenden Eltern das gleiche Problem mit den Kindern?"
„Nein. Da sind Sie ein schwerwiegender Einzelfall."
„Na Gott sei Dank!"

3.
„Mir ist aufgefallen, dass der Ben ganz schön hinterherhinkt in der Klasse."
„Inwiefern?"
„Na ja, er steht immer in der Ecke, findet keinen Anschluss und wird gemobbt."
„Woher wissen Sie das?"
„Weil unser Rasmus das erzählt hat."
„Ach der, von dem Frau Götze meint, dass er hochbegabt ist?"
„Genau. Ich bin der Vater. Frau Götze sagt auch, dass Ben möglicherweise die Schule wechseln soll. Er passt auch nicht zu den anderen Kindern. Er trägt ja nie Markenklamotten."
„Ja, dann ist das sicher besser."

4.
Und dann das, was JEDER gern hören möchte: „Ich bin der Vater vom Mike und ich engagiere mich total gern überall. Also ich könnte den Kiosk machen und wäre gern im Elternbeirat und fahre auch mit auf die Klassenfahrten. Nein, nein, Hilfe brauche ich nicht. Dann können wir ja jetzt nach Hause gehen."

22 Uhr 45

„Sag mal, ist das immer so?", frage ich Carlotta, während wir zu meinem Auto gehen. Es ist fast elf, an die Schlafenszeiten der Kinder hat niemand gedacht. Der Babypapa hatte sogar Hüttensocken dabei und irgendwann angezogen, weil er es mal „ein bisschen gemütlicher" haben wollte. Zwischendurch hatte Arne in die Windeln geschissen und wurde vor der ganzen Belegschaft gewickelt.

„Natürlich nicht", sagt Carlotta. „Das ist nur, weil du dabei warst. Jetzt denken alle, ich bin unterfickt und eine Lesbe und meine Lebensgefährtin geht bei der Recherche ihrer Bücher, die im Übrigen alle furchtbar finden, so weit, dass sie sich von Dominas auspeitschen lässt und auf Parkplätzen und im Swingerclub herumvögelt. Ich nehme dich nie wieder mit. Nie wieder."

„Das ist aber schade", sage ich sarkastisch und freue mich darauf, Elternabende ein für alle Mal und nicht nur auf dieser Liste abzuhaken.

„Es ist alles sooo anstrengend", klagt Carlotta. Aurelius jammert: „Ich bin müde."

„Himmel, bist du krank?", kreischt sie los. „Hilfe, werd mir bloß nicht krank, hörst du. Das kann ich jetzt überhaupt nicht gebrauchen, dass du krank wirst. Bitte, bitte, sei mir blooooß nicht krank, ich drehe durch, ich flippe aus, das darf jetzt einfach nicht sein. Mein Chef dreht durch."

Ich vergaß zu erwähnen, dass Carlotta bei einem Rechtsanwalt arbeitet. Einem Fachanwalt für Familienrecht.

„Da hast du doch die ganzen Scheidungsfälle", hatte ich mal gesagt. „Lauter fast geschiedene Männer." Der Anwalt vertritt nämlich aus Prinzip – er ist selbst ein gebranntes Kind – nur Männer.

Carlotta war sofort sauer geworden. „Du kapierst es auch nicht, oder? Wer sich bei uns scheiden lässt, hat die Schnauze von Frauen gestrichen voll. Die Männer, die zu uns kommen, müssen teilweise so viel Abfindung und Unterhalt zahlen, die überlegen sich gut, ob sie sich das noch mal antun."

„Entschuldigung."

Sie ruft: „Also Aurelius, ehrlich, werd bloß nicht krank, oh, oh, oh."

„Vielleicht ist er wirklich einfach nur müde", sage ich.

„Ja, ich bin müde", sagt Aurelius.

„Morgen schreibst du Mathe, du darfst nicht krank werden." Carlotta hört überhaupt nicht zu. „Du wirst krank, du wirst krank. Und ich muss morgen arbeiten." Sie schaut auf die Uhr. „Oh, schon fast elf. Wir müssen nach Hause, es ist so spät. Wenn du krank wirst, wenn du krank wirst, ich kann nicht schon wieder zu Hause bleiben, oh, oh, ich … Steffi, kann Aurelius bei dir schlafen?"

Frodo wird ausrasten, und ich kann mir auch Schöneres vorstellen.

„Ähem … ich muss morgen wirklich …", versuche ich mich herauszuwinden.

„Wenn er krank wird, muss er ja zu Hause bleiben und wie soll das gehen, er war in letzter Zeit schon so oft krank, und wenn er nicht krank wird, musst du ihn in die Schule bringen, ja? Jetzt kannst du dich für den schlimmen Abend mit Simon entschuldigen und alles wiedergutmachen. Ich MUSS morgen zur Arbeit, ich MUSS!"

„Aber wenn er nicht krank wird, kannst du doch …"

„Ja, aber WENN er krank wird …"

Ich kann das Wort „krank" nun nicht mehr hören und sage: „Okay, ich nehme Aurelius mit heim."

„Ich mag da nicht hin", jault der los. „Der blöde Frodo ist bestimmt da. Ich geh da nur hin, wenn Frodo nicht da ist. Frodo hat mal gesagt, er würde mir gleich das Maul mit einer rohen Kartoffel stopfen."

Die beiden haben ein Verhältnis, das man, wenn man es gut meint, grenzwertig nennen könnte.

„Frodo schläft bestimmt schon", beruhige ich ihn. „Den siehst du gar nicht."

„Ich hab keine Sachen dabei, ich will nicht bei dir pennen, du nervst." Aurelius dreht sich demonstrativ von mir weg.

„Steffi nervt doch nicht", sagt Carlotta. „Aurelius, bitte werde nicht krank, ich drehe durch."

Aurelius ist bockig. „Ich will da nicht hin, ich will da nicht hin."

„Steffi hat bestimmt Nutella."

Ich runzele die Stirn. „Ist er nicht allergisch auf Nüsse?"

„Schon, aber dann hab *ich* das Drama mit den Auswirkungen nicht."

„Jetzt reicht's mir aber gleich." Sie spinnt wohl. Das fehlt noch, dass Aurelius morgen mit Ausschlag und Atemnot an meinem Frühstückstisch sitzt!

„Ich will Nutella, ich will jetzt Nutella!", kreischt Aurelius. Die Leute gucken schon.

„Ich habe kein Nutella", sage ich. „Und abends gibt's sowieso kein Nutella."

„Du löffelst das Nutella *immer* abends", kreischt Aurelius. „Ich hab das schon gesehen, als ich mit Mama bei dir war. Ganz oft schon. Fast ein ganzes Glas hast du schon gegessen, neeeee, du hast das in dich *reingeschaufelt*. Heimlich, heimlich! Und jetzt sagst du, du hast keins. Du lügst. Du bist eine Lügnerin, Lügnerin. Und ich gehe nicht zu Frodo. Der will mich wieder umbringen! Und dann vergräbt er mich irgendwo im Wald und ich werde von den Füchsen gefressen! Ich will nicht sterben! Ich will nicht zu Frodooooo, neiiiiiiin!"

„Ist alles in Ordnung hier?" Ein Paar ist stehen geblieben, der Mann fragt.

„Sicher", sage ich. „Was soll denn nicht in Ordnung sein?"

Sie schütteln den Kopf und gehen weiter, drehen sich an der Ecke noch mal um, schütteln noch mal den Kopf und sind dann verschwunden. Um ehrlich zu sein, finde ich das unmöglich. Was, wenn Aurelius wirklich umgebracht und vergraben werden soll? Da geht man doch nicht einfach weiter.

Carlotta sieht mich leidend an: „Du hast viel gutzumachen, vergiss das nicht. Und wenn er morgen früh nicht krank ist, bring ich frische Sachen vorbei. Einen Schlafanzug wirst du wohl haben."

„Ich mag dich nicht mehr", beschwert Aurelius sich weiter. „Wegen dir verkack ich morgen Mathe. Du bist nicht mehr meine Mutter. Eigentlich warst du nie eine Mutter für mich. Nie, nie, nie!"

Carlotta nickt und sagt: „Ich weiß", dreht sich um und rennt in Siebenmeilenstiefeln davon. Ich bleibe mit Aurelius stehen, und er fängt an, provokativ die Nase hochzuziehen. Er weiß, dass ich das hasse wie die Pest.

Jetzt habe ich den hochbegabten Sohn meiner Freundin an der Backe. Jedenfalls ist es schon spät und ich kann ihn direkt auf das Sofa in Frodos Arbeitszimmer verfrachten.

Carlotta hat halt manchmal so Panikanfälle, weil sie Existenzängste bekommt. Sie denkt dann, ihr Chef würde sie fristlos entlassen, wenn sie wegen Aurelius zum zweiten Mal in einem Monat nicht zur Arbeit kommen kann.

Aurelius sieht mich böse an. „Du wolltest mit mir doch mal in den Heide-Park fahren“, sagt er dann heimtückisch.

Ja, das steht auch auf der Liste, aber ich hatte gehofft, dass ich um gerade diesen Punkt herumkomme. Ich hatte es Aurelius tatsächlich mal versprochen. Er ist ja mein Patenkind.

„Die Parks haben doch noch zu, Aurelius“, sage ich liebevoll.

„Der macht Ende März auf, der Park. Und es ist Ende März. Ich will in den Heide-Park. Du hast es versprochen. Sonst verkack ich morgen Mathe und du bist schuld. Und ich ess so viel Nutella, bis ich ersticke, und du bist schuld. Du bist dann an allem schuld.“

„Ich hab gerade wirklich kein Nutella.“

Er blitzt mich an. „Ja ja, du machst Diäääät. Das erzählst du Frodo und Mama immer, aber ich weiß, wo du die Gläser versteckt hast. Ich weiß es ganz genau.“

Ich werde knallrot.

„Im Paket mit dem Waschpulver“, sagt Aurelius hämisch. „Du stopfst es immer tief nach unten. Und Frodo wäscht ja nie.“

Ich zerre ihn wortlos mit mir und bedauere zutiefst, dass er zu groß für die Babyklappe ist.

DONNERSTAG

Zu erledigen:
Nachschauen, ob ich auf die Beschwerde-Mails schon Antworten habe (was ich natürlich nicht glaube)
Smartphone anschaffen
Zu Ikea fahren und die Bettwäsche, das Regal, den Topf und das Rollo zurückgeben bzw. umtauschen
Putzen. Meine Schwiegermutter kommt am Samstag. Ich muss heute schon anfangen. Allein das Bad sieht aus (wegen Klempner)
Und dann alles auf der Liste abhaken – yeah!

6 Uhr 30

„Klappt's mit dem Schreiben nicht mehr so?", fragt mein Mann, während wir uns gegenübersitzen und Kaffee trinken. Er natürlich wieder mit dem iPad. *Muss das sein?* Muss man *immer* auf die Scheiß-iPads glotzen? Sogar schon zum Frühstück?

„Wieso?" Ich studiere die Neuigkeiten bei Facebook auf dem kleinen Kindle. Der tut's nämlich auch. Das ist ein Preisunterschied zum iPad, der sich sehen lassen kann!

Er deutet auf meine Fingernägel. Ach je, das hab ich ja immer noch nicht gemacht. „Ich dachte, dass du jetzt vielleicht auf Table-Dancerin umschulst oder als Bedienung in einer verruchten Bar arbeiten willst. Nicht dass ich das schlimm fände, ich würde es nur gern wissen, falls ich mal darauf angesprochen werden sollte. Ich finde, Frauen mit diesen künstlichen Nägeln haben immer so was Verzweifeltes an sich. Als würden sie nie einen Kerl abkriegen und wenn, nur einen, der mit ihnen ins Bett will."

„Sehr lustig."

Er grinst. „Du weißt doch, dass ich es lustig meine. Kennst mich doch."

„Ja, ja." Ich weiß es wirklich. Für viele klingt es manchmal so, als würden wir uns permanent fetzen oder er mich beleidigen, aber wir kabbeln nun mal gern rum. Im Grunde seines Herzens ist Frodo der liebste Mensch auf der Welt.

„Weißt du, was mir gerade einfällt? Als wir in Sölden Skifahren waren, da gibt es doch in der Mittelstation diese Außenbar, da stand eine, die hatte auch so Nägel, und sie hatte so ein Stück Pappe bemalt. Da stand so was Lustiges drauf."

„Ja", sage ich. „‚Suche Mann mit Pferdeschwanz, Frisur egal'."

Frodo lacht. „Himmel, tu mir einen Gefallen und mach die Dinger wieder ab. Das passt wirklich so gar nicht zu dir. Wieso hast du das überhaupt getan? Wolltest du mal wieder was verändern?"

„Das war die Frau von Bruce", erkläre ich und beschließe, gleich nachher einen Knipser zu kaufen.

Frodo schaut hoch. „Bruce?"

„Mein Friseur."

„Das wäre meine nächste Frage gewesen." Er deutet auf meine Haare.

Ich werde mir alle abrasieren, gleich nachher.

„Ich wollte halt mal was anderes."

„Vermisst du die 70er?", will er wissen. „Möchtest du dir vielleicht jetzt regelmäßig die Haare mit Henna färben und dabei diese komischen CDs hören, von denen du be-

hauptest, die würden dich an deine Kindheit erinnern?"
„Welche komischen CDs?"
„Der Sänger, der auf der einen CD singt, heißt wie ein Tier."
„Was?"
„Wie ein Tier auf Englisch. Du hast mir von ihm erzählt und ich musste mir das Gejaule auch schon mal anhören. Die Platten liefen immer, wenn du mit deiner Freundin Pistazientee getrunken hast. In einem Lied geht es um jemanden, der seinen Sohn aus dem Haus wirft. Der Sänger ist später in der geschlossenen Psychiatrie gelandet."
Keine Ahnung, wen er meint. Es ist erst halb sieben. Aurelius muss erst um sieben aufstehen. Ich hoffe so sehr, dass er nicht krank ist. Und ich hoffe, dass mein Mann gleich aufsteht und zur Arbeit fährt, auch wenn es noch sehr früh ist. Aber welchen Sänger meint er? Da fällt es mir ein.
„Du meinst Cat Stevens. Das Lied heißt ‚Father and Son', aber er schmeißt seinen Sohn darin nicht aus dem Haus, darin geht es um den Generationenkonflikt zwischen Vater und Sohn eben. Und Cat Stevens war nicht in der Psychiatrie, sondern ist zum Islam konvertiert. Wie du auch immer alles verdrehst."
„Das ist doch ein und dasselbe. Wie weit bist du eigentlich mit deinem: ‚Es ändert sich alles'? Die Woche ist bald rum. Okay, okay, die Frisur, die Nägel. Du warst bei Schlossers, das war wenigstens ein Erfolg."
„Das kann man so und so sehen", sage ich. „Sie hat mich aussehen lassen wie Klein Doofi mit Plüschöhrchen."
„Trotzdem haben wir wieder einen Flur."
Er stellt seine Kaffeetasse hin und klappt die Hülle vom

iPad zu. „Ich finde es gut, dass du das machst."

„Gehst du?"

„Nein, nur rüber in mein Arbeitszimmer, ich habe eine Skype-Konferenz mit einem Kollegen in der Schweiz, das geht nur jetzt."

„Mach das doch im Schlafzimmer." Verflixt, im Arbeitszimmer schläft Aurelius.

„Wieso sollte ich ins Schlafzimmer gehen, wenn ich ein Arbeitszimmer habe?"

„Weil …"

„Ich hab Hunger." Aurelius steht in der Tür. Er trägt ein T-Shirt meines Mannes und hat schlechte Laune. Ebenfalls schlechte Laune hat nun mein Mann: „Was machst *du* denn hier?"

„Meine doofe, gemeine Mutter wollte mich nicht", sagt Aurelius. „Deswegen musste ich zu euch und in deinem doofen Zimmer schlafen. Da drin ist es voll unordentlich."

Frodo steht auf. „Das geht dich nichts, aber auch nichts an. Und ich schließe mich deiner Mutter an. Ich will dich auch nicht."

„Weil du mich nicht magst."

„Richtig, Aurelius, ich mag dich nicht. Und weißt du auch, warum?" Mein Mann spricht nicht, er zischt.

„Hört doch bitte auf, die Diskussion hatten wir nun wirklich schon hundertmal", versuche ich, weil ich den Tag friedlich beginnen lassen möchte, was natürlich scheitert.

„Du sagst, ich sei ein verwöhnter Scheißer und Rotzlöffel", sagt Aurelius und setzt sich an den Tisch. „Ich will Kakao."

„Das heißt ‚bitte'", regt mein Mann sich auf.

„Du hast mir gar nichts zu sagen", giftet Aurelius.

Mein Mann beugt sich zu ihm runter. „Solange du die Füße unter meinen Tisch stellst, machst du, was ich sage!"

„Du bist nicht mein Vater, du bist nicht mein Vater!"

„Woher willst du das wissen?" Mein Mann ist nun richtig sauer. „Vielleicht bin ich ja dein Vater und versohle dir gleich mal den Hintern."

„Wie bitte? Wieso bist du sein Vater?" Ich glaube, ich höre nicht richtig.

Frodo dreht sich zu mir um. „Das sage ich doch nur so."

„Ich will nicht, dass du mein Vater bist!", krakeelt Aurelius. „Und ich will Nutella."

„Ich hab kein Nutella!" Ich merke, dass ich mich in die Ecke gedrängt fühle, und das ärgert mich maßlos.

„Doch, im Waschpulver, da ist es, da ist es!"

Frodo runzelt die Stirn. „Ich denke, du isst kein Nutella mehr."

„Nur manchmal. Für die Psyche", rechtfertige ich mich. „Gerade jetzt wäre es gut, aber selbstverständlich esse ich es nun nicht. Das wäre ja unfair Aurelius gegenüber. Er darf ja nicht. Er hat ja eine Allergie."

„Buhuuu!", macht Aurelius. „Du bist nicht mein Vater. Ich will keinen Frodo-Vater!"

„Bist du sein Vater?", will ich nun wissen.

Mein Mann rauft sich die Haare. „Herrje, NEIN!"

So geht das ungefähr eine Viertelstunde, zwischendurch schreibe ich Carlotta eine SMS und sie schreibt zurück, dass sie es nicht mehr schaffen würde, vorbeizukommen, und ich solle ihren Nachwuchs ohne frische Sachen in die Schule schaffen, was natürlich super ist, weil sich die blöde Schule in einem anderen Stadtteil befindet.

Aurelius verweigert den angebotenen Tee, will auch kein Scheißwurstbrot und sagt dauernd, dass ich ungeschminkt aussehe wie seine tote Oma.

Wir kommen natürlich zu spät („Weil dein Auto so lahm ist, warum hast du denn keinen Porsche?"), und die Lehrerin ist fast enttäuscht, dass Aurelius nun doch noch ins Klassenzimmer marschiert. („Ach, da ist er ja, wie dumm. Ich dachte, er sei krank.")

9 Uhr

Mein Mann ist nun auch weg, ich habe die Spülmaschine angestellt und drei Esslöffel Nutella inhaliert. Jetzt erst mal einen Kaffee. Dann hole ich Stift und Zettel und einen Taschenrechner und recherchiere Aurelius' Zeugungsdatum, um erleichtert festzustellen, dass mein Mann – er segelte damals beruflich und heute nur noch zum Zeitvertreib – zu dieser Zeit irgendwo ab Australien über mehrere Wochen an einer Nonstop-Regatta teilgenommen hatte, bei der definitiv keine Frauen an Bord waren. Und Carlotta war damals definitiv in Hamburg.

Beruhigt gehe ich in mein Arbeitszimmer, schalte meinen Laptop an, rufe mein Mail-Programm auf und gebe mein Passwort ein. Hab ich es nicht gesagt! Diese Scheißnägel. Ich bleibe natürlich zwischen den Tasten hängen. Aber: Bingo! Von der Post hat jemand geantwortet. Endlich kommt mal Schwung in die Sache. Die Haken auf der Liste werden mehr. Vielleicht bietet man mir nun bei der Post zur Versöhnung einen Stapel selbstklebende Sondermarken an?

Vielleicht die Antoine de Saint-Exupéry-Edition, die finde ich sehr süß, weil der kleine Prinz darauf zu sehen ist. So oder so – irgendwas werde ich als Wiedergutmachung schon bekommen.

„*Hallo Steffi*“ steht da, und das ist nun wirklich die Höhe. Habe ich mit dem Mitarbeiter einen Baum gepflanzt, oder warum duzt der mich einfach? Nicht mit mir. Gleich nachher wird die zweite Beschwerde-Mail losgeschickt. An den Vorgesetzten. So nicht. Aber jetzt lese ich erst mal, wie man sich bei mir entschuldigen wird:

Hier schreibt dir Martin Kröth. Du erinnerst dich vielleicht noch an mich. Wir waren von der 5. bis zur 8. in einer Klasse. Wenn du dich an mich erinnerst, dann weißt du auch noch, dass meine Eltern eine Metzgerei hatten und ich immer diesen Aufschnitt mit der Bärchenwurst auf dem Brot hatte. Du bekamst immer nur grobe Mettwurst (abgepackte, nicht frisch) und fandest es voll ätzend, dass die Stückchen immer zwischen deinen Zähnen festhingen. Zusammen mit deiner Freundin Nini – die mir glücklicherweise irgendwann mal erzählt hat, dass sie im Prinzip unschuldig an der ganzen Sache war, weil du sie gezwungen hast – hast du mir angedroht, mich in eine Mülltonne zu stopfen, wenn ich euch nicht regelmäßig Bärchenwurst mitbringe. Außerdem habt ihr mir immer meinen Kakao abgenommen, weil eure Eltern euch nur Wasser mitgegeben hatten. Von den Colafläschchen, die ich euch von meinem Taschengeld kaufen musste, will ich gar nicht sprechen. Auch nicht davon, dass ich eure Mathe-Hausaufgaben immer gemacht habe, weil Nini mir versprochen hat, dass ich dann mehrfach Küsse auf den Mund von ihr bekomme, was natürlich NIE passiert ist.

Ich weiß, das habt ihr natürlich alles nicht so gemeint und wir waren ja Kinder, und ich weiß auch, dass Andy dich später tatsächlich mal in eine Mülltonne gestopft hat, aber ich gebe zu, dass das immer noch an mir nagt. Dass du letztendlich allein Schuld hattest, spricht nicht gerade für deinen Charakter.

Machst du das heute immer noch so? Wenn man liest, was du da so schriftstellerisch fabrizierst, muss man ja sowieso denken, dass du einen an der Waffel hast.

Aber zurück zum Thema: Ich weiß, das hast du alles nur gemacht, um Bernd Leiterberg und eben diesem Andy Winter zu imponieren, aber es war total MIES! Ich war froh, dass ich dann ab der 9. Klasse nicht mehr mit euch allen zusammen zur Schule gehen musste, weil ich mit meinen Eltern nach Koblenz gezogen bin.

Mittlerweile wohne ich in Bonn und arbeite bei der Post in der Beschwerdeabteilung, bin glücklich verheiratet und guter Dinge. Und siehe da, ich bekomme eine E-Mail von dir und kann endlich mal alles loswerden. Denn du bist ein Teufel. Dein Leben scheint ja nicht gerade ausgefüllt zu sein, wenn du die Zeit hast, dich wegen einer angeblichen Bedrohung nach Benutzung unseres kundenorientierten Service-Angebots meinst beschweren zu müssen. Zu deiner Information: Es gibt auf dieser Welt tatsächlich so was wie Kriminelle oder lustige Leute, die es witzig finden, andere zu bescheißen oder zu erpressen – ob wegen Geld, Briefmarken oder Bärchenwurst.

Was die Portorückzahlung an den Briefmarkenautomaten angeht: Auch hier ist der, der ein Stück weiterdenkt, klar im Vorteil: Automaten, die Wechselgeld beinhalten, ziehen zu vorgerückter Stunde Menschen an, die dem Automaten dieses Wechselgeld gerne wegnehmen wollen. Diese Leute wiederum sind nicht interessiert an ausgedrucktem Porto. So viel also dazu.

Da du uns aber nun auch eine Rechnung über die Differenz der bislang von dir ausgedruckten Marken (statt Wechselgeld) sowie das fürs Ausdrucken der Internetmarken benötigte Papier plus Kosten für „Druckertinte anteilig“ erstellt hast, habe ich mir die Zeit genommen, selbst eine Rechnung zu erstellen, die wie folgt aussieht:

Verbale Demütigung über vier Jahre:	*EUR 8.000*
Colafläschchen Haribo:	*EUR 1.200*
Bärchenwurst (Einkaufspreis):	*EUR 9.400*
Kompensation für die Zeit, in der ich nachts wach im Bett gelegen und geweint habe:	*unbezahlbar*

Eine von Herzen kommende Entschuldigung wäre schön! Was du mir angetan hast, geht auf keine Kuhhaut.

Gruß,
Martin

Ich sitze da und merke, wie mir abwechselnd heiß und kalt wird. Ach je, ach je. Martin Kröth, den wir – was nun wirklich nicht um die Ecke gedacht war – natürlich Kröte nannten. Ich hatte damals eigentlich schon ein entsetzlich schlechtes Gewissen ihm gegenüber, habe mir das aber nicht anmerken lassen, weil ich so in diesen bekloppten Andy verknallt war so wie jedes Mädchen aus der Klasse. Und Andy war ein charakterloses Schwein, das ist uns dann irgendwann auch klar geworden. Zum Glück ist aus ihm nichts geworden, ich habe ihn bei Facebook gefunden. Er verkauft jetzt Dampfreiniger auf Provisionsbasis und wohnt in einem malerischen Örtchen im Fichtelgebirge. Möglicherweise haben die Einwohner ihn aber auch schon verjagt. Oh Gott, und jetzt schreibt mir Kröte.

Ich muss mich bei ihm entschuldigen, das scheint ja wirklich tief zu sitzen. Ich werde ihm schreiben. Oder ihm was schicken. Bärchenwurst und Cola-Fläschchen. Das mache ich. Kröte soll mich in guter Erinnerung behalten und nicht mehr schlecht über mich denken.

Und Nini werde ich auch schreiben. Zu ihr habe ich zwar seit längerer Zeit keinen Kontakt mehr, ich hab sie nur mal vor ein paar Jahren zufällig auf einem Geburtstag einer gemeinsamen Bekannten getroffen. Geredet hatten wir nicht miteinander, sie war schrecklich betrunken, und ich weiß noch, dass sie wild mit jemandem rumgeknutscht hatte und dann mit dem Mann im Garten des Gastgebers verschwunden war. Jemand sagte noch, sie sei verheiratet und würde ihren Mann ständig betrügen, und später hat man sie mit einem Typen auf der Terrasse ertappt, wo sie in einem Liegestuhl vögelten und leider war der Bewegungsmelder dauernd angegangen – aber egal, ich werde mich bei ihr melden. Gleich nachher oder morgen oder übermorgen. Davon aber mal ganz abgesehen: Kröte lügt. Es waren Nini und ich und nicht nur ich alleine. Da hat Nini sich ins gute Licht gerückt. Typisch für sie. Himmel, ich rege mich auf!

Da sehe ich, dass mir eine der DVD-Firmen auch geantwortet hat, aber ich traue mich nicht, die Mail zu öffnen. Wahrscheinlich ist es Wolfgang Stummelbrock, dessen Eltern einen Kiosk hatten und den wir immer gezwungen haben, uns weiße Mäuse und Mohrenkopfbrötchen und YPS-Hefte kostenlos mitzubringen. Ich glaube, Andy drohte damals, wir würden ihm sonst die Nase abschneiden oder so.

Ich möchte gar nicht wissen, wie viele Menschen aufgrund unserer sadistischen Phase heute traumatisiert sind. Mann, tut mir das leid. Ich bin doch eigentlich kein schlechter Mensch.

Nun brauche ich erst mal noch einen Kaffee und trotte deprimiert Richtung Küche. Ich bin doch ein schlechter Mensch. Ich muss irgendwas Ehrenamtliches machen. Alten Leuten Arztromane vorlesen oder im Sommer im Zoo die Elefanten mit kaltem Wasser abspritzen.

Meine Güte, im Flur steht ja noch das Paket für die Frau aus Wedel. Ich muss sie mal anrufen, hoffentlich finde ich sie im Telefonbuch.

Ja, nun schau einer an. Da stehen ja auch noch die Pakete für *mich*! Unter dem Tisch. Die habe ich ja ganz vergessen. Wie konnte das passieren? Wer hat denn da an mich gedacht? Ich liebe es ja, Geschenke zu bekommen. Ich nehme beide Pakete und will in die Küche gehen, um sie dort zu öffnen.

Es klingelt. Wahrscheinlich Herr Huber, der mir von dem Film berichten will und von Sigrid.

Ich reiße die Tür auf und blicke in die fast blutunterlaufenen Augen von Frau Schlosser.

„Ja, hab ich Ihnen denn nicht gesagt, dass Sie damit aufhören sollen!“, fährt sie mich an.

„Mit was denn?“ Ich weiche automatisch zurück. Sie wedelt mit einem dieser gelben Abholzettel vor meiner Nase herum.

„DIE PAKETE ANZUNEHMEN!“

„Aber Sie wohnen doch gar nicht in Wedel“, sage ich verwirrt.

„Mein GOTT!“, ruft sie. „Nein, ich wohne nicht in Wedel, ich wohne hier in diesem Haus. Ich bin Ihre Nachbarin.“

„Das weiß ich wohl.“ Mein Herzlein bummert ängstlich vor sich hin.

„Ich bin Frau Schlosser“, ruft sie. „Und Sie haben schon wieder für Schlosser angenommen. Wenn ich das meinem Mann erzähle!“

„Nein. Ich habe nichts für Sie angenommen.“

„Jetzt lügt sie auch noch“, regt Frau Schlosser sich auf. „Und was ist das da in Ihren Händen?“

„Oh nein, die sind für mich. Ich bekomme auch manchmal Post“, erkläre ich. „Es ist ja nicht so, dass ich keine sozialen Kontakte habe und nur ein Wunschnachbar bin. Ich habe sehr wohl …“

Frau Schlosser nimmt sich das obere Paket von meinen Armen und hält es mir vor die Nase. Da steht tatsächlich ihr Name: Ilse Schlosser.

Das darf ja wohl nicht wahr sein! Hinnerk Huber hat einfach nur behauptet, die Pakete seien für mich!

Ich will es Frau Schlosser erklären, auch weil es mir so peinlich ist, dass ich offenbar doch niemanden kenne außer einer frustrierten Freundin, einem antiautoritär erzogenen Patenkind und Tupperfrauen, die noch stillen, aber sie winkt ab. „Bei manchen Menschen ist eben Hopfen und Malz verloren“, sagt Frau Schlosser fast mitleidig, nimmt auch noch das andere Paket und stapft die Treppe hoch.

Und mein Mann hat noch gesagt, dass es vorangeht. Oh, oh, oh. Ich greife an meinen Kopf und habe das Gefühl, Fieber zu bekommen. Auf der Suche nach Ibuprofen finde ich zumindest den Nagelknipser und regle das mit den Nägeln. Irgendwie sieht es dann noch schlimmer aus als vorher, auch weil der Lack vorn abgeblättert ist, aber was soll ich tun? Ich habe keinen Nagellackentferner im Haus. Und diese Haare! Also wirklich, es ist zum Ausrasten. Dann klingelt das Telefon und meine Lektorin ist dran und fragt, wann sie denn mal wieder „einen Schwung“ gemailt bekommt. Ich behaupte, dass die Nachbarin über mir vor drei Monaten auf dem Parkett gestorben sei und nun durch die Decke tropft, und sie ist erst mal schockiert und sagt, ich solle das alles verdauen. Dann klingelt wieder das Telefon und Susi ist dran, die sagt, dass es aus welchen Gründen auch immer nichts wird mit dem Tupper-Gastgeschenk. Egal.

Dann schaue ich auf mein altes Handy und denke, dass es nun an der Zeit ist, zum Media Markt zu fahren. Vielleicht liegt alles nur an dem alten Nokia. Wahrscheinlich werde ich erst richtig ernst genommen, wenn ich in der U-Bahn sitze und in mein Smartphone brülle, dass ich in der U-Bahn sitze.

Mein Handy ist acht Jahre alt. Der Akku tut es immer noch. Er hält bis zu sechs Monate, was daran liegt, dass ich es hasse, mit dem Handy zu telefonieren. Habe eh keinen Empfang in der Wohnung, wie man weiß. Ich bin der Festnetz-Typ. Schon immer gewesen. Die Generation, die gerade geboren wird, wird die Ankündigung „Ich ruf dich auf dem Festnetz an" nicht mehr kennen.

Folgende Sätze kennen schon heute viele nicht mehr:

Kommst du raus spielen?

Wollen wir ein Baumhaus bauen?

Oh, ein Doppeltapedeck!

Ich hab Bandsalat.

Gibst du mir ein paar Treets ab?

Gibst du mir das Telefonbuch (im ursprünglichen Sinn)?

Gehst du auch in *Der weiße Hai*?

Heute Nachmittag kommt *Pan Tau*!

Willst du mit mir gehen?

Du sollst dir die Murmeln nicht in die Nase stecken.

Ihr kommt rein, wenn die Laternen angehen.

Ich muss erst mal SMS löschen, bevor ich neue kriegen kann, der Speicher ist voll.

Schreibst du in mein Poesiealbum?

Ich will ein Raider!

Und: Boah, das neue Nokia hat T9!

Ja, so ist das. Tut eigentlich nichts zur Sache, fällt mir nur gerade ein.

Ich kann einfach nicht arbeiten. Die Sache mit Kröte belastet mich sehr. Und ich muss Nini finden, dann werden wir uns gemeinsam bei Kröte entschuldigen. Für alles, was wir ihm in den gemeinsamen Schuljahren angetan haben. Ich werde Nini auch zwingen, ihm zu sagen, dass sie sehr wohl mitgemacht hat!

Und die Liste, die Liste. So. Ich werde jetzt losfahren. Media Markt, ich komme. Wenn ich nachher noch Zeit habe, fahre ich noch zu Ikea und erledige das auch gleich. Die umzutauschenden und zurückzugebenden Artikel packe ich ein und nehme sie mit, dann hab ich sie wenigstens schon im Kofferraum.

Auf dem Weg zum Auto ruft Carlotta mich auf dem Handy an.

„Ich hatte Sex!“, brüllt sie. „Ich erzähle dir alles später!“

„WAS? Sofort sagst du mir …“, aber sie hat schon aufgelegt.

10 Uhr 30

Der Jungspund, der im Media Markt vor mir steht, starrt auf mein altes Handy wie auf einen Tyrannosaurus Rex.

„Das Problem ist“, sage ich, „dass ich diese Dinger nicht empfangen kann, die mir andere Menschen von ihren Smartphones aus senden. Da kommen immer nur Dreiecke und Quadrate und ich weiß nie, was das bedeutet.“

„Na ja“, sagt er und schiebt meine kleine Gurke von sich weg. „Das liegt daran, dass diese ganzen Geräte natürlich ständig weiterentwickelt werden und Ihres hier dafür nicht ausgestattet ist.“

„Deswegen will ich ja auch ein neues.“

„Das ist gut“, er nickt und beugt sich vor. „Haben Sie da was im Auge?“

Ich blinzle. „Nein, wieso, ist es rot?"

Er räuspert sich. „Nein. Ich meinte, haben Sie schon überlegt, welches Sie wollen?"

„Äh, nein."

„Hm." Er kratzt sich am Kinn. „Ich überlege gerade, welche Flat für Sie infrage kommt."

„Ich mag das Wort nicht."

„Bitte?"

„Flat oder Flatrate. Ich mag es nicht. Ich bevorzuge das Wort Tarif. Und ich will keine Flat." Das stimmt. Ich hasse das, wenn Leute dauernd sagen, dass sie eine Flat haben. Keine Ahnung, warum, aber ich mag es nicht.

Der Berater tippt auf der Tastatur herum und schaut konzentriert auf den Monitor. „Tja, ohne Flat wird's teuer. Hier, was halten Sie davon: Telefon-Flatrate in alle Netze, SMS-Flatrate, Internet-Flatrate mit 50 MB, 3,6 MBit pro Sekunde, 50 Inklusiv-MB im EU-Ausland, Mailbox-Abfrage kostenlos, Home-Zone, Festnetznummer fürs Handy und eine Laufzeit von 24 Monaten. Sehen Sie, da haben Sie dann auch Festnetz. Das mögen Sie doch bestimmt."

„Bis auf die Tatsache, dass ich eben noch gesagt habe, dass ich keine Flat will, hört sich das prima an", sage ich, weil ich nicht weiß, was ich sonst sagen soll. Wenn ich nämlich zugebe, nichts zu verstehen, mache ich mich ja unglaubwürdig. Also nicke ich jovial und wissend und lächle dabei.

„Sie haben nichts verstanden, oder?", fragt er und ich denke darüber nach, einfach wieder zu gehen.

Der junge Mann kommt nun langsam in Fahrt. Er wittert einen Idioten, dem er sonst was verkaufen kann, und muss gut aufpassen, dass er sich da nicht vertut! „Dann suchen wir mal nach passendem Tarif und Gerät“, sagt er. Tarif. Sehr gut. Ich erfahre, dass es recht viele Mobilfunkanbieter gibt. Irgendwie sehr viele, fast vierzig oder so. Und überall ist alles anders.

„Bevorzugen Sie einen bestimmten Anbieter?“, fragt er, nachdem er alle runtergeleiert hat.

„Nein, ich weiß nur, dass ich nicht zur Telekom will.“ Das fehlt noch. Es reicht, das Festnetz bei der Telekom zu haben.

„Die haben aber gerade ein attraktives Angebot. Und wenn Sie auch Festnetz bei der Telekom haben, wird’s noch mal günstiger. Aber gut. Wie Sie wollen. Schade.“ Er tippt weiter, dann ist er zufrieden. „Aaalso, ich habe jetzt mal alles eingegeben, jetzt schaut der Computer nach einem maßgeschneiderten Tarif für Sie. Und nach Geräten. Ah, da ist es schon. Sehen Sie, diese Geräte kommen für Sie infrage. Brauchen Sie ein extra großes Display und eine größeres Bedienfeld? Dann schränkt sich das natürlich noch mal mehr ein.“

„Wieso das denn? So dick sind meine Finger jetzt auch nicht.“ Er muss jetzt *sehr gut* aufpassen.

„Nein, weil Sie ja schon ein bisschen älter sind und vielleicht eine Lesebrille brauchen. Wenn Sie die mal nicht zur Hand haben, ist das einfacher mit der Bedienung. Das hat auch viele Vorteile. Sie können den Touchscreen komfortabler bedienen und besser auf dem Handy arbeiten, weil Sie beispielsweise Multitasking effektiver nutzen können, verstehen Sie? Und Filme sind hochauflösend, genau wie Games, die durch die Größe außerdem noch besser gespielt werden können. Multitasking hat in diesem Fall Samsung bei einem Gerät, da können Sie mit dem großen Bildschirm annähernd so gut arbeiten wie am Computer.“

Er holt Luft. „Aber! Es ist ja so: Je größer das Display, desto größer ist zwangsläufig auch das Smartphone. Und mit einer Hand lassen sich solche Riesen-Smartphones auch umständlicher bedienen. Eins darf man auch nicht vergessen: Viele von denen sind schwerer als Handys mit Mini-Display. Und größere Bildschirme gehen oft auf Kosten der Akkulaufzeit.“

„Geben Sie mir irgendeins“, sage ich. „Irgendein günstiges. Ich will es ja einfach nur haben, damit ich keine Dreiecke mehr erhalte.“

„Wie jetzt?“

„Na ja, das hab ich Ihnen doch schon am Anfang unseres Gesprächs gesagt. Manchmal schicken mir Leute was auf mein altes Handy, das hängt dann hinten an den Nachrichten dran, wahrscheinlich so komische neue Smileys. Die kennt das Handy aber nicht. Das sind Drei- und Vierecke und andere komische Sachen. Und ich will eigentlich nur ernst genommen werden“, erkläre ich ihm und bringe ihn damit nun völlig aus der Fassung. „Ich will die Straße entlanggehen und in das Ding brüllen: ‚Bill Gates hat angerufen? Sag ihm, ich melde mich später!‘ Oder: ‚Barack, bist du das? Ja, ich bin gut wieder in Hamburg gelandet. Das Barbecue war wie immer wundervoll. Und Michelles Kartoffelsalat! Grüß mir die Mädels. Ja, wir sehen uns!‘ Ich würde auch gern mal irgendeinen Satz sagen, in denen die Ausdrücke ‚Win-Win-Situation‘, ‚da bin ich ganz bei dir' oder ,sind wir d'accord?' vorkommen. Kapieren Sie das?"

„Das kapiere ich nicht."

„Das müssen Sie auch nicht. Also, lassen Sie uns weitermachen."

Eine halbe Stunde später verlasse ich den Media Markt mit dem neuen iPhone 6, irgendwelchen hammerhaften Gratis-Klingeltönen, die der gute Mann mir extra noch geladen hat, obwohl ich das gar nicht wollte, und irgendeinem super Vertrag in der Tasche. Ich zahle jetzt gut 120 Euro im Monat, kann dafür aber auch pro Abrechnungszeitraum kostenfrei zehn Minuten aus dem Kongo in ein beliebiges Netz nach Dänemark telefonieren. Innerhalb Sydneys habe ich eine Flatrate in *alle* Festnetze und zahle nur 3 Cent pro SMS nach Italien, und mit der Antarktis hat der Anbieter, dessen Namen ich vergessen habe, sogar ein Sonderabkommen, da kostet das Telefonieren in der Packeiszone gar nichts. Und auf Malta zahle ich wochentags zwischen 12 und 14 Uhr nur 9 Cent pro Minute, wenn ich mit den Leuten telefoniere, die dort den Mobilfunkanbieter Go Mobile benutzen. Mailboxabfragen sind grundsätzlich kostenfrei, zumindest wenn ich mich in Wien aufhalte. Ich finde, das sind gute Konditionen.

Mit Abschluss des Vertrages bekomme ich außerdem einen 10 %-Gutschein von Blume 2000 und mache bei einem Preisausschreiben mit. Das war für mich letztendlich der Auslöser, diesen Tarif zu wählen. Mit etwas Glück gehöre ich nämlich nun bald zu den beseelten Menschen, die einen Thermomix besitzen. Der Thermomix von Vorwerk kann alles. Oben schüttet man alles rein, dann macht er Brot und

Risotto oder was auch immer und das ganz allein. Er kostet regulär über 1.000 Euro. Außerdem erhalte ich ein Jahresabo von „Wild und Hund" für nur 103 Euro 20. Das sind 25 Euro Ersparnis.

Ich finde, da kann man nicht meckern.

Die Sonne scheint, ich bin gut gelaunt und beschließe, auch noch zu Ikea zu fahren, um den Krempel endlich loszuwerden. Man muss gute Phasen nutzen. Ich denke an die Haken auf der Liste.

Es ist eine Premiere, dass ich an einem Donnerstag zu Ikea fahre. Normalerweise fahre ich nur samstags. Man mag mich für bekloppt halten, aber ich fahre da gern samstags hin. Ich rate allen werdenden Eltern, die über Babyvornamen grübeln, samstags zu Ikea zu fahren. Man hört alle Namen jeder Nationalität. Denn ständig wollen Kinder aus dem Småland-Kinderparadies abgeholt werden. Falls sich jemand schon mal gefragt hat, warum das Kinderparadies Småland heißt, die Antwort ist sehr einfach: Astrid Lindgrens Geschichten spielen größtenteils dort, das Dorf Lönneberga, in dem der kleine Michel wohnt, liegt beispielsweise da. Das Örtchen gibt es wirklich. Es hat ungefähr 180 Einwohner, mal mehr, mal weniger.

Also, die Kindernamen. Es ist herrlich. „Der kleine/die kleine Melf, Kjell, Sünje, Gesche, Agatangel, York, Clemente (und dann natürlich die derzeit angesagten wie Finn, Matteo, Johanna oder Leonie) will aus dem Småland-Kinderparadies abgeholt werden." Fündig wird man in jedem Fall.

Ich schaue auf die Uhr. Perfekt. Halb eins. Zeit für Köttbullar.

Ikea, so stelle ich gerade mal wieder fest, ist auch ein Zentrum für Eltern, die ein Geschiss um ihre Kinder machen, als würde es sich bei der Brut um launische, gelangweilte Könige handeln, denen man alles recht machen muss, weil sonst das Schafott winkt. Also ähnlich wie bei Heinrich VIII. Entweder die Kinder sind rotzfrech und können das Wort Benehmen nicht buchstabieren, oder sie machen einen anderweitig aggressiv. In diesem Fall handelt es sich um den ungefähr sechsjährigen Linus.

Ich stehe in der Schlange an der Essensausgabe und freue mich darauf, bald mit einem Teller Köttbullar plus Beilagen an einen Tisch zu gehen, aber Linus und seine Mutter sind vor mir und der kleine, süße Linus kann sich nicht so recht entscheiden.

„Linus, Liebling“, sagt die Mutter, eine zierliche, kleine Frau. „Schätzchen, nun sag doch mal. Was möchtest du? Die Hackfleischbällchen oder Schnitzelchen, hm? Und *Pommels* willst du doch auch bestimmt?“

Linus steckt einen Zeigefinger in seinen Mund und dreht den Oberkörper hin und her. „Weiß nich, will Pommels, aber nur mit Mayo oder Ketchup.“

„Aber Linus, mein kleiner Liebling, über Mayo und Ketchup haben wir doch schon gesprochen. Da ist viel zu viel Zucker drin. Du kriegst Pommels, mein Herz, und noch was dazu, aber kein Ketchup und Mayo. Vielleicht ein Schnitzelchen, hm?“

„Hmmmmmmmmm“, macht Linus und malt mit dem Fuß Kreise auf den Boden. Die Leute hinter mir in der Schlange räuspern sich schon.

„Geht es denn jetzt mal weiter?“, fragt der Mann hinter mir. Die zierliche Frau dreht sich langsam zu ihm um. „Mischen Sie sich bitte nicht in die Erziehung meines Sohnes ein“, sagt sie gestelzt. „Es dauert nun mal so lange, wie es dauert. Nur mit Konsequenz kann man Kinder zu Erwachsenen mit Vorbildfunktion führen. Mit Fäkalausdrücken kommt man da nicht weiter.“ Welche Fäkalausdrücke? Der Mann überlegt genau so wie ich und wir kommen zu keinem Schluss.

„Ich will gar nichts“, sagt Linus.

Spätestens jetzt hätte ich ihn gepackt und aus dem Restaurant gezogen, denn wer nicht will, der hat schon. Aber nein.

„Spatz, aber du musst doch was essen.“

„Mmmmmmmm, nur Pommels mit Mayo oder Ketchup oder beides.“

„Nein, Zwerglein, nein, denk an den Zucker.“

„Mmmmmmmmmm … weiß nich … mmmmmmm. Will Fleischbällchen.“

„Wirklich?“ Die Mutter freut sich.

„Mmmmmmmmm, mit Pommels und Mayo und Ketchup.“

So geht das noch fünf Minuten und man darf raten, was letztendlich auf Linus’ Teller liegt. Richtig.

Fast vermisse ich Aurelius.

Ich habe natürlich eine *große* Portion Köttbullar gegessen, nicht mit Salzkartoffeln, sondern ebenfalls mit Pommes und ganz viel Preiselbeeren und einem Extralöffel Soße. Bin nun so vollgefressen, dass ich freiwillig auf ein Stück Mandeltorte verzichte, und das soll was heißen.

Es gibt doch einfach nichts Schöneres, als die Pommes mit der Soße zu zermatschen und dann noch Preiselbeeren draufzuschaufeln, herrlich, einfach herrlich!

Dann mache ich erst mal einen Ausstellungsrundgang. Es gibt so viele schöne Sachen hier. In der Kinderabteilung bleibe ich kurz stehen. Was ist das denn? Ein ungefähr vierjähriger Junge röchelt und gibt quiekende Laute vor sich, die an ein Ferkel erinnern. Er steckt in einem grünen Kriechtunnel fest, der eine Raupe sein soll. Die Kinder müssen nach dem Durchkriechen des Tunnels aus dem Maul der Raupe klettern, und natürlich gibt es auch ein Loch am Ende der Raupe, und das sieht dann logischerweise so aus, als würden die Kinder der Raupe entweder in den Hintern kriechen oder sie würden gerade rausgepresst. Leider ist der Ausgang viel zu eng und die Kinder bleiben stecken und bekommen Platzangst. Da hat mal wieder jemand super mitgedacht. Nun ja.

Ich gehe weiter. Eigentlich ist Ikea ein Prüfstein für jede Beziehung. Will man wissen, ob man zusammenpasst, sollte man einen Tag bei Ikea verbringen. Gern zu Stoßzeiten. Am Anfang finden die Männer es noch okay, sich auf jedes Sofa und jedes Bett zu setzen und zu legen, aber nach drei Stunden sind sie zermürbt und können die Worte „Mischbatterie“, „Kissen“, „Oh! Guck mal!“ und „Dekoration“ nicht mehr hören. Ikea ist wie ein Schuhgeschäft in groß. Die Frauen werden von Minute zu Minute agiler und kein bisschen müde. Auch nicht, nachdem sie den zehnten Küchenschrank geöffnet und „Das ist ja gut durchdacht“ gesagt haben.

Aus den Lautsprechern tönt die Werbestimme von Ikea, dieser Mann mit schwedischem Akzent, dem ich ununterbrochen eins auf die Zwölf schlagen möchte, weil ich diese vorgespielte gute Laune nicht ertragen kann. Und dann dieses Geduze. Ganz ehrlich, was soll das? In echt duzen die einen nämlich nicht. Ich habe es noch nie erlebt, dass ein Kunde zu einem Mitarbeiter gegangen ist und gesagt hat: „Du Lasse, sag mal, wo steh'n denn die Schlafsofas?"

Eine Bekannte von mir hat sich mal so über die Duzerei aufgeregt, dass sie in der Hofheimer Zentrale angerufen hat, um sich dort mit der Geschäftsleitung verbinden zu lassen. Sie hat von Anfang an alle am Telefon geduzt, was irritierte, und die Sekretärin des Chefs wurde richtig pampig und meinte, man sei hier nicht bei den Hottentotten. Und der Chef war natürlich nicht zu sprechen, so ist das ja immer.

Aber schlau sind sie bei Ikea. Wenn man nämlich mit dem Rundgang durch die Möbelausstellung fertig ist, geht man eine schicke Treppe runter – falls die nicht von Eltern mit Kleinkindern, die das Trepperuntergehen üben müssen, versperrt ist –, und schon glotzt man auf supergünstige Bettwäsche, die an die Wand gehängt wurde. Das Set für 9 Euro! Florales Design in hübschen Frühlingsfarben. Leichte Baumwolle, herrlich.

Unten nehme ich mir natürlich einen Wagen, obwohl ich gar nichts brauche, aber man weiß ja nie.

Und dann passiert das, was immer passiert: Ich kaufe lauter Dinge, die ich nicht benötige oder sogar schon *habe*. Beispielsweise brauche ich nicht noch eine Wasserkaraffe und Tassen haben wir auch genug. Wir haben auch Schneidebretter aus Bambus und Papierservietten, wir könnten mit den Servietten die komplette „Titanic“ eindecken. Leider kann man aus den Papierservietten nicht so schöne Tiere falten wie aus Stoffservietten.

Ich wollte eigentlich auch noch nie diese kleinen Wasserpflanzen haben, die komplett im Wasser stehen, da guckt nix oben raus, zumal ich dafür auch noch extra Glasvasen kaufen muss, weil ich keine Vasen aus Glas habe, und in eine Tonvase kann ich die Dinger ja schlecht stellen, da kommt ja kein Licht ran und dann kann ich sie auch gleich wegschmeißen. Die Bettwäsche, die an der Treppe hing, kaufe ich natürlich auch und so Nackenwürste plus Bezüge, damit man abends im Bett besser lesen kann. Natürlich sind das alles sehr schöne Dinge, aber ich brauche sie nicht. Gut, die Nackenwürste, die brauch ich, also die sind sinnvoll.

Alles in allem bezahle ich über 80 Euro und schiebe den Wagen Richtung Auto. Meine Güte, stinkt das nach Rauch, wenn man aus dem Laden kommt. Warum müssen die eigentlich diese Riesen-Aschenbecher immer DIREKT vor Ein- und Ausgänge stellen? Man will die Nichtraucher doch angeblich schützen, aber wir müssen erst mal durch Rauchschwaden, bevor wir irgendwo rein- und rausgehen können. Und warum können Raucher ihre Zigaretten nicht richtig ausdrücken? Gerade wenn es regnet, stinkt das noch mal mehr zum Gotterbarmen! Kann da mal jemand mitdenken?

Ich tausche die Sachen aus dem Kofferraum, die ich ja noch zurückbringen muss, mit den Sachen, die ich gekauft habe. Eigentlich, so wird mir klar, hätte ich die ja auch vorhin mitnehmen können, dann hätte ich mir den doppelten Weg erspart und müsste jetzt nicht alles aus dem Kofferraum holen. Die neuen Sachen lagere ich auf dem Autodach zwischen, bis ich die umzutauschenden Dinge im Wagen habe. Mein Gott. Kann ich einfach einmal nachdenken?

Jetzt fängt es auch noch an zu regnen und endlich habe ich den ganzen Kram im Einkaufswagen und zerre ihn zurück zu dieser Umtausch- und Rückgabe-Abteilung, um eine verdammte Nummer zu ziehen. Vor mir sind immer Leute, bei denen es lange dauert. Und heute habe ich besonders viel Glück, denn es gab eine Rückrufaktion wegen irgendeines Babyspielzeugs. Jetzt stehen hier viele Jungfamilien, geben das Spielzeug zurück und unterhalten sich lautstark darüber, dass man froh sein könne, dem Tod noch mal von der Schippe gesprungen zu sein. Die Mitarbeiter sind völlig überfordert. Bei einem ist natürlich auch irgendwas defekt und da er neu ist, weiß er noch nicht, wie er das löst; irgendwas klemmt. Daraufhin muss natürlich ein Kollege helfen, was zur Folge hat, dass seine Kasse auch eine Zeit lang nicht besetzt ist.

Gefühlte acht Jahre später, und nachdem noch ein Personalwechsel wegen der gesetzlich vorgeschriebenen Pause vollzogen wurde – was auch ewig dauert, weil ein Kassenschlüssel nicht gefunden wurde – wird meine Nummer 627 aufgerufen, und eine kleine, wie eine Grundschülerin aussehende Mitarbeiterin fragt nach meinen Wünschen. Sie kann kaum über den Tresen schauen, so winzig ist sie.

„Ich möchte das hier", ich lege eine Wok-Pfanne, vier Zierkissen, drei Bilderrahmen mit den für uns falschen Maßen und noch anderen Kram auf den Tresen.

„Kein Problem. Ich brauche nur den Kassenzettel“, sagt das Mädel.

„Das ist mir klar.“ Ich habe an alles gedacht und lege den Zettel lässig vor sie.

„Das ist ein Kassenbon von Lidl“, sagt die Kleine.

„Nein, von hier.“

„Nein, von Lidl. Hier steht’s doch.“ Sie deutet auf den Schriftzug. Es stimmt.

„Ach“, sage ich. „Das hab ich dann verwechselt, weil das ja auch vier Buchstaben sind. Ikea. Lidl. So was kann passieren. Und nicht nur mir.“

Sie zögert kurz, nickt aber dann. „Klar. Aber ich brauche trotzdem den richtigen Bon.“ Sie zuckt mit den Schultern.

„Ja, Moment, ich hab ihn ja.“ Ich hole nacheinander Kassenzettel von Edeka, dem Dänischen Bettenlager, TK Maxx, Thalia und Tchibo aus meiner Tasche, aber nicht den von Ikea.

„Tja“, sage ich. „Zum Glück seid ihr hier ja so kulant und du tauschst mir das auch so um.“ Ich duze sie, weil ich sauer auf mich bin. Möglicherweise will ich einen Streit provozieren.

„Sie sind ja nett, dass Sie ‚du‘ sagen“, sagt das Mädchen. „Wissen Sie, es ist immer toll, wenn man noch für so jung gehalten wird. Mir passiert das oft, ich bin schon über dreißig, aber ich freue mich jedes Mal. Mit über fünfzig passiert einem das aber nicht mehr, oder?“

Was soll man daraufhin sagen? „Ich glaube, der Zettel ist im Auto.“

„Den brauche ich. Ohne Zettel geht das leider wirklich nicht.“

„Aber eigentlich sieht man doch, dass die Sachen von hier sind.“

„Ohne Zettel geht das leider nicht.“ Sie wirkt jetzt genervt.

„Wissen Sie was?“ Ich habe nun keine Lust mehr, sie zu duzen. „Ich lasse die Sachen kurz hier, ich habe keine Lust, wieder alles zum Parkplatz und zurückzuschieben.“

„Okay“, sagt sie und ich kann den Wagen so hinstellen, dass sie noch einen Blick draufhat.

„Danke schön. Ich beeile mich auch.“

„Kein Problem. Ich passe auf.“

Ich sause zum Auto zurück und suche den verdammten Zettel. Er ist nirgendwo, auch nicht unter den Sitzen, auch nicht unter den Fußmatten. Der Scheißzettel ist weg. Mittlerweile regnet es richtig heftig. Meine Laune befindet sich auf dem Nullpunkt. Auf dem Weg zurück zum Umtauschschalter werde ich natürlich klatschnass, und die Mitarbeiterin ist jetzt auch nicht mehr am Platz, gibt es das denn?

Ich gehe zu einem anderen Angestellten. „Ich möchte nur meine Sachen holen, ich wollte im Auto nach dem …“

„Erst eine Nummer ziehen, bitte.“

„Nein, nein, ich …“

„Sie müssen bitte eine Nummer ziehen.“

„Ej Alte, ich bin dran“, sagt ein junger Mann, der einen Stuhl so hält, als sei er eine Waffe.

„Okay, ich ziehe eine Nummer.“

Eine weitere halbe Stunde später ist die Kleine immer noch nicht da, und ich komme dran und erzähle die Geschichte.

„Haha“, sagt die Mitarbeiterin. „Das ist ja ein guter Trick, den merke ich mir.“

„Das sind wirklich meine Sachen.“

„Da brauch ich den Kassenbon.“

„Darum geht es ja“, ich werde verzweifeln, bald schon. „Ihre Kollegin hat gesagt, sie passt kurz auf und jetzt ist sie weg.“

„Sie hat auch mal Feierabend.“

„Aber sie hat gesagt ...“

„Wir können jetzt noch ein Jahr diskutieren, aber ich brauche den Bon“, sagt die Mitarbeiterin jetzt streng. „So sind die Vorgaben.“

„Da fährt jemand den Einkaufswagen mit meinen Sachen weg.“

„Ja sicher, die Waren werden wieder einsortiert oder entsorgt, je nachdem.“

Letztendlich tappe ich im strömenden Regen zu meinem Auto zurück. Verdammt noch mal. Ich fahre nach Hause und denke: ‚Ach, was soll's. Wenigstens hab ich neue, schöne Sachen, auch wenn ich sie nicht brauche‘, öffne den Kofferraum und sehe, dass er leer ist. Wie kann das sein? Dann fällt es mir ein: Ich habe die neuen Dinge vorhin auf dem Autodach stehen lassen. Leute, die sich jetzt ins Fäustchen lachen, haben sie mitgenommen. Ohne Bon.

Es reicht. Ich brauche jetzt sofort Alkohol.

Danke, Ikea.

Kurze Zeit später sitze ich am Rechner, lösche Ikea einfach von der Liste, das geht ja auch, wer braucht ständig diese Haken, und erstelle wütend ein neues Bullshit-Bingo:

Ich will ja nur mal gucken.	Wo steht denn das Auto?	Schau mal, die Bettwäsche ist runtergesetzt!	Ich nehm die Köttbullar aber mit Pommes!	Die Bilderrahmen sind aber schön!
Ich lass mich scheiden!	Teelichte braucht man immer.	Das kriegen wir nie in den Wagen!	Ich hab die Family-Card vergessen.	Billy ist ja zeitlos.
Wir nehmen aber noch eine Mandeltorte mit!	Guck mal, die geblümten Stoffe.	IKEA-Bullshit-Bingo	So günstig wie das ist, kann das ja nur Kinderarbeit sein.	Jetzt überleg doch mal, wo das Auto stehen könnte?
Ob's an der Selbst-Scan-Kasse schneller geht?	Die Überdecke ist ja kuschelig.	Torben, nicht auf die Sofas springen.	Wo ist denn der Durchgang nach unten?	So ein Hochbett für Kinder hat ja was.
Vormittags ist es ja nie so voll.	Bettwäsche für 9 Euro!	Warum duzen die einen eigentlich einfach?	Das Topfset muss ich haben.	Ein Glas nur 1 Euro.

Für heute bin ich am Ende mit meinen Nerven.

Für heute ist Schluss!

Da ist Wein. Sehr gut.

Wenn ich um diese Uhrzeit die Vorhänge zuziehe, den Fernseher anstelle und mir eine Soap über Menschen mit gestörtem Essverhalten anschaue, bin ich auf dem besten Weg, eine Asoziale zu werden. Aber das ist mir egal.

„Sie ist so wundervoll." Hinnerk Huber sitzt wie so oft in meiner Küche und hat leuchtende Augen. „Genau so, wie ich es wollte und mir erhofft hatte. Keine Altlasten, keine Kinder. Sie ist ja Staatsanwältin, sagte ich das schon? Ich finde das so wundervoll."

„Ja, Sie sagten es. Wundervoll. Wie heißt sie denn mit Nachnamen?" Ich werde die Frau googeln.

„Ich weiß es nicht." Aha.

Ich habe Hinnerk böse angeschnauzt, als er klingelte. Wegen der Pakete natürlich. Und auch, weil er mich beim Dösen gestört hatte.

„Das mit den Paketen war eine Notsituation. Weil ich so aufgeregt war wegen Sigrid. Ich musste mich ja noch auf den Abend vorbereiten. Oh, er war himmlisch. Wir sind seelenverwandt."

„Das geht trotzdem nicht, Herr Huber. Sie können meine Freundlichkeit nicht so ausnutzen. Und dann noch behaupten, Sie würden scherzen. Und dann steht Frau Schlosser vor mir wie ein Racheengel und fragt mich, ob ich es immer noch nicht gelernt habe. Weil ich …"

„Ihr Haar", erklärt mir Hinnerk. „Es glitzerte in der Sonne wie fließender, süßer … ach jetzt komm ich nicht auf das Wort … mmpf … Zuckerrübensirup?"

„Honig", helfe ich ihm. Ich bekomme Kopfschmerzen von seinem Gesülze. „Schön, dass es nett war. Aber wieso denn Sonne? Sie haben sich doch abends mit ihr getroffen?"

„Bis um acht Uhr heute Morgen sind wir zusammen gewesen", erklärt er. „Wir waren am Hafen, und haben geredet und geredet."

„Zu mehr kam es nicht?“ Warum frage ich das? Ich will es doch gar nicht wissen.

„Doch, doch, aber darüber spreche ich nicht.“

Danke. DANKE!

Er überlegt. „Oder doch, weil Sie es sind. Sigrid ist eine wunderbare …“

NEIN!

„Herr Huber, ich muss mal weitermachen.“

Er schnuppert. „Haben Sie gesoffen? Um diese Zeit?“

„Ich habe nicht gesoffen, ich habe *ein* Glas Wein getrunken. Manchmal gibt's ja was zu feiern.“

„Ach, was denn?“

„Egal. Wie gesagt, ich muss weitermachen.“

„Schade, ich hätte Ihnen noch so gern was von Sigrid erzählt. Allein wie sie lacht. Als würde ein Vöglein tschilpen.“

Da fällt mir etwas ein. „Falls es mit Sigrid nicht klappt – meine beste Freundin ist auch Single und ist an einer neuen Partnerschaft sehr interessiert. Wenn, also nur wenn es nicht zu einer Verpartnerung mit Sigrid kommt …“ Wieso sage ich Verpartnerung, wie dämlich ist denn bitte dieses Wort!

„Oh, ich bin nicht mehr Single und so, wie es aussieht, werde ich auch nie wieder Single sein. Mit Sigrid habe ich die Frau für die Ewigkeit gefunden. Und dann Staatsanwältin! Das heißt, sie verdient ihr eigenes Geld und ich kann vielleicht sogar über neues Laminat nachdenken. Wenn wir unser Geld zusammenwerfen.“

„Das ist prima.“ Ich stehe auf und bringe ihn zur Tür.

Dann trinke ich noch ein Glas Wein und schreibe eine halbe Seite, damit das Lektorat nicht durchdreht.

Um sieben kommt mein Mann nach Hause.

„Du weißt, dass meine Mutter uns am Wochenende besucht?“, fragt er. „Das hast du nicht vergessen, oder?“

Ach je. Natürlich hab ich es zwischendurch wieder vergessen. Ich wollte ja heute noch putzen. Das Bad, das Bad. Der Klempner hat nur alles notdürftig weggewischt und Frodo sieht Schmutz grundsätzlich nicht, das muss am Geschlecht liegen. Er sagt aber oft (wahrscheinlich, um sein schlechtes Gewissen zu beruhigen): „Am Wochenende müssen wir saugen“ und „Gewischt werden muss auch mal wieder“ oder „Die Fenster würden auch gern mal wieder ein Fensterleder sehen, das müssen wir mal machen“. Er ist da raffiniert und verwendet nie das Wort „ich“. Und „wir“ kann ja auch ich, also *ich* bedeuten. Man kann es so oder so sehen.

Frodo deckt den Tisch und wir essen Abendbrot. Ich esse gern Abendbrot, das erinnert mich an meine Großeltern. Schlag sieben gab es Essen, da konnte man die Uhr nach stellen.

Graubrot, Margarine (Butter nur am Wochenende), Jagdwurst, Kalbsleberwurst, Schmelzkäse, Tomaten und Gürkchen. Und Hagebuttentee. Viele Leute mögen keinen Hagebuttentee, weil er sie an Krankenhäuser erinnert, mich erinnert Hagebuttentee an gemütliche Abende mit meinen Großeltern.

„Apropos Liste“, sage ich. „Ich bin wirklich weitergekommen. Ich habe sogar was erledigt, was gar nicht draufstand.“

„Aha“, er schaut mich an. „Was denn?“

„Du hast doch immer gemeckert, dass der Dachboden so vollsteht“, sage ich stolz. „Das stand zwar nicht auf der Liste, aber …“

„Also du mit der Liste, wirklich. Ich finde es ja süß von dir, dass du das so durchziehst. Aber wegen mir musst du das nicht machen, echt nicht."

„Ich will aber. Du sollst dir nicht mehr die Zehen stoßen."

„Das ist doch schon erledigt, aber stimmt, ohne die Liste wären meine Füße bald amputiert."

„Also der Dachboden", fange ich an.

Frodo sagt: „Lustig, darüber wollte ich auch mit dir sprechen. Da oben lagern ja die schönsten Antiquitäten, und eigentlich ist es doch ein Jammer, dass wir die nicht benutzen. Allein der schöne Schrank von deinem Opa."

Der ist wirklich schön! Rokoko! Ein Erbstück.

„Aber wohin denn? Hier unten stehen doch die ganzen Sachen von dir." Auch sehr schöne Stücke, Biedermeier, Jugendstil und so. Aber für alles ist nun mal kein Platz.

„Ja, aber findest du nicht, dass man mal tauschen sollte? Meine Möbel hoch und einen Teil von deinen runter. Es ist doch ein Jammer. Lass uns doch nach dem Essen mal hochgehen und schauen."

„Das brauchen wir nicht." Ich lache stolz. „Ich habe die Sachen einlagern lassen, damit wir endlich mal Platz haben da oben."

„Echt? Wieso denn?"

„Das sagte ich doch gerade. Wegen Platz."

„Das ist doch totaler Quatsch. Wir haben doch momentan gar nichts für den Dachboden. Das Geld kann man sparen. Du kommst vielleicht auf Ideen. Was kostet das denn überhaupt?"

„Ich hab erst mal für drei Monate gemietet. Monatlich sind das 300 Euro."

„HÄ?“

„Na ja, das sind ja viele Quadratmeter. Allein die drei wuchtigen Schränke. Das ist ja nicht nur der eine von Opa.“

„Nein, da ist ja auch noch der von Kaiser Wilhelm.“

„Wieso haben wir den eigentlich nie aufgestellt?“, frage ich mich selbst.

„Weil du ihn nicht mehr sehen konntest. Du brauchtest eine Auszeit von diesem Schrank.“

„Eigentlich sind die Schränke ja sehr schön.“

„Ach was! Echt? Jetzt warte mal. 300 Euro pro Monat – das heißt, du hast 900 Euro im Voraus bezahlt?“

„Ja.“

„Das ist bestimmt Wucher. Du bist wieder auf einen Wucherer reingefallen.“ Er rauft sich die Haare. „Wie damals, als du das Auto gekauft hast, in dem ein falscher Tacho eingebaut war!“

„Dafür konnte ich nichts.“ Ich schmiere so eifrig Leberwurst auf mein Brot, als sei das meine letzte Mahlzeit.

„Jeder, ich wiederhole, jeder normale Mensch weiß, dass es unmöglich ist, für ein scheckheftgepflegtes Volvo Cabrio, das 20.000 Kilometer auf der Uhr hat, 1.500 Euro zu bezahlen.“

„Der Verkäufer meinte aber, das würde stimmen.“ Ich töte mit der Gabel eine Tomate.

„Steffi! Das ist *immer* so bei dir. Du bist so gutgläubig, dass es einen schon aggressiv macht. Gib mir mal die Nummer von diesem Einlagerungsunternehmen. Ich rufe da an und lasse die Sachen wieder herbringen. So ein Unfug. 300 Euro im Monat, wenn der Dachboden hier dann leer steht. Holst du bitte die Nummer?“

Ich stehe auf und hole die Nummer. „Wo sitzen die denn?“

„Irgendwo in einem Industriegebiet. Pjotr, also der Besitzer, hat gesagt, wir können die Möbel jederzeit besuchen.“

„Pjotr. Der Mann heißt Pjotr? Der handelt bestimmt auch mit Waffen. Das wird ja alles von Satz zu Satz schlimmer. Meine Güte.“ Er wählt schon die Handynummer von Pjotr, und kurze Zeit später höre ich Pjotrs Stimme. Hoffentlich macht er keine Schwierigkeiten, bringt die Sachen und gibt uns auch das Geld zurück. Natürlich zahlen wir ihm die Fahrt und die Arbeitsstunden. Aber er war ja so nett. Das wird schon klappen. Ansonsten werde ich ihn noch mal heimlich anrufen und sagen, dass meine Ehe auf dem Spiel steht und er, Pjotr, die Verantwortung für ein mögliches Zerwürfnis trägt.

„Was heißt das?“, höre ich Frodo. „*Wie bitte?*“ Ich höre Pjotr weiterreden, eigentlich schreit er jetzt, und dann sagt mein Mann: „Ich zeige Sie an. *Ich zeige Sie an zeig ich Sie!*“ Und Pjotr scheint dann einfach aufzulegen, denn Frodo brüllt: „HALLO, HALLO?“

Er ist krebsrot vor Zorn, während ich eine Silberzwiebel auf dem Teller hin- und herschiebe. „Zeig mir mal den Vertrag. Den mach ich fertig! Der muss doch irgendwas unterschrieben haben.“

Ich sage: „Nein, hat er nicht“, und gebe dann zu, dass *ich* was unterschrieben habe.

Frodo sieht jetzt aus wie dieses HB-Männchen aus der alten Zigarettenfernsehwerbung, das sich immer so aufregt und dabei herumspringt, und dann sagt der Sprecher aus dem Off: „Wer wird denn gleich in die Luft gehen?“

Frodo schreit: „Was denn? *Was* hast du denn unterschrieben? Und wo ist die Kopie?"

Ich flüstere, dass ich keine Kopie habe, und letztendlich stellt sich heraus, dass ich wirklich dumm bin wie ein Rind. Frodo dreht komplett durch. „Die Schränke! Die eine Kommode! Der Kronleuchter, der 300 Jahre alt ist. Schlimm genug, dass du überhaupt auf so eine blöde Idee mit dem Einlagern kommst, aber jetzt sehen wir das Zeug nie wieder. Das darf doch alles nicht wahr sein! Ganz ehrlich, WIE ist es möglich, dass dir solche Dinge passieren? Warum machst du das?"

„Ich weiß es nicht." Ich weiß es wirklich nicht und verschränke unruhig dauernd meine Hände. Wie gern hätte ich jetzt eine Stoffserviette, um ein Wombat oder so zu falten.

„Du tust mir fast leid", sagt Frodo. „Aber du gehörst in eine geschlossene Anstalt, damit du nicht noch mehr Schaden anrichtest."

Ich starre ihn an.

„So meine ich das natürlich nicht", sagt er. „Aber ich begreif das einfach nicht. Einerseits bist du schlagfertig und fit und warst beim Radio und kannst Interviews führen und hältst Lesungen, dass die Bude wackelt, weil die Leute so lachen, und andererseits bist du so ein kleiner Trottel. Wir müssen einen Mittelweg finden. Keinen goldenen. Einen aus Platin oder so."

„Es ist doch gar nichts passiert", sage ich. „Außer dass ich keine Unterschrift und keine Kopie habe."

„Dieser Verbrecher behauptet, du hättest ihm unterschrieben, dass er die Sachen zum Recyclinghof fahren soll."

„Habe ich nicht." Ich brauche Rotwein.

„Doch."

„Nein. Ich habe unterschrieben, dass ich sie ihm zum Einlagern ausgehändigt habe."

„Was ist denn das für ein Schwachsinn? Man lässt sich doch quittieren, wenn man jemandem Wertgegenstände mitgibt. Du hast ihm quittiert, dass er quasi damit machen kann, was er will. Du hast nichts Schriftliches *von ihm*."

„Letztendlich sind es doch nur Möbel."

„*Nur Möbel?* Erinnerst du dich daran, als Ben das Zeug mal geschätzt hat? Wir haben damals auf sein Anraten hin die Hausratversicherung aufgestockt."

Ben ist Frodos Freund und Antiquitätenhändler.

„Er hätte die Sachen so gewinnbringend für uns verkaufen können, dass du dir Gott weiß was hättest dafür leisten können. Auch ein Volvo Cabrio ohne falschen Tacho."

„Aber es sind doch Erbstücke."

So geht das hin und her und wir streiten uns fürchterlich. Ich kann auch sehr rechthaberisch sein und werde bockig. Frodo versucht zwischendurch immer mal wieder, die Wogen zu glätten, aber ich lenke nicht mehr ein, weil ich nicht zugeben will, eine Idiotin zu sein. Ich keife zurück und verdrehe Tatsachen und Frodo nennt mein Verhalten „unterste Taschenspielerrhetorik". Dann sage ich gar nichts mehr und das macht ihn irre.

Irgendwann nimmt er seine Jacke und verlässt die Wohnung, weil er Abstand von mir braucht. Ich trinke immer mehr Wein und bekomme dann Kopfschmerzen. Dann klingelt es, und da steht Herr Schlosser. Er lächelt. Der Mann kann lächeln! Ist es denn die Möglichkeit!

„Ich habe vorhin zufällig gesehen, dass Sie Ihren Dachboden gar nicht nutzen", sagt er freundlich. Ich nicke und schiele ihn an.

„Tja, und da wollte ich fragen, ob *wir* ihn vielleicht nutzen können. Unser Keller platzt aus allen Nähten und unser Dachboden auch, also das wäre sehr praktisch. Meine Frau, Sie kennen ja meine Frau, sagt schon, dass ich mich von einigen Dingen trennen soll, aber das will ich nicht."

Ich sage einfach Ja und Herr Schlosser springt jubelnd davon, um kurze Zeit später irgendwelche Sachen aus dem Keller hochzutragen. Mir ist alles egal. Eigentlich müsste er mir ja dann auch Miete zahlen, denn wir bezahlen den Dachboden ja mit, aber ich habe jetzt nicht die Kraft, darüber zu diskutieren und Quadratmeter anteilig auszurechnen.

Dann will ich anfangen zu putzen, weil ja meine Schwiegermutter am Wochenende kommt, aber ich stelle fest, dass ich kaum noch Putzmittel habe. Also muss ich noch mal los zu meinem geliebten Edeka.

Es ist kurz vor Ladenschluss. Vor mir will eine alte Frau nicht wahrhaben, dass sie Parkinson hat, und entwickelt den Ehrgeiz, 17 Euro 48 mit Kleingeld bezahlen zu wollen – was nicht gut funktioniert, weil die Münzen dauernd aus ihrer Hand fallen und einige sogar in diesen Schlitz des Förderbandes, was dazu führt, dass das Förderband streikt und wieder der kleine Vorgesetzte im Stechschritt anmarschiert, um zu helfen. Dann, beim Versuch der Kassiererin, eine Münzrolle mit 2-Cent-Stücken am Kassenrand aufzuschlagen, springt die Hälfte auf dieses beknackte Förderband und vermischt sich mit den Münzen der alten Dame. Ich kann gleich nicht mehr.

Hinter mir machen die Leute schon „ts, ts, ts" und verdrehen genervt die Augen. Ich beginne zu schwitzen.

„Was soll ich denn machen, ich brauch doch Milch und Butter!“, klagt die alte Frau. „Und jetzt ist hier alles durcheinander. Jetzt haben sich die Münzen vermischt. Ach, ach, ach. Ich will mein Geld zurück. Ich weiß ja gar nicht mehr, wie viel runtergefallen ist. Das Kupfergeld, das Kupfergeld.“ Gleich weint sie.

„Wir klären das sofort“, sagt der Kleine hektisch, schaut aber so, als habe er die Situation wie immer im Griff. „Wir kassieren nur noch die Leute in der Schlange ab, dann machst du zu, Frau Brauer, und wir zählen.“ Die Kassiererin nickt mechanisch.

„Ich muss doch heim, der Bubi muss doch noch mal raus, der Bubi, der Bubi, das ist mein Dackel“, jammert die Frau und die Kassiererin sagt: „Meine Bonrolle ist alle. Ich muss sie erst mal wechseln.“ Ich möchte die Kassenschlange wechseln, aber dann müsste ich mich an den Leuten hinter mir vorbeischieben, und dann gucken die wieder so abwertend.

Das Förderband streikt immer noch. Die Kassiererin stellt ein Schild auf das Förderband. „Geschlossen. Wir bedienen Sie gern an einer anderen Kasse.“

„Moment mal“, sage ich. „Meine Sachen liegen hier doch schon drauf.“

„Dann müssen Sie die bitte wieder runternehmen, ich mach hier jetzt zu. Wir müssen hier jetzt erst mal die Münzen wieder rausholen. Das klemmt ja alles. Da geht ja nichts mehr. Dann muss ich das Geld zählen. Das dauert.“ Sie schaut den Vorgesetzten an und der nickt und dann beachtet mich niemand mehr.

Also nehme ich mein Meister Proper und Glasreiniger und Parkettpflege und Kloreiniger und stampfe zur anderen

Kasse, an der ich selbstverständlich auch warten muss, weil natürlich die Leute, die *hinter* mir standen, jetzt die *Ersten* an der *neuen* Kasse sind, und weil da nämlich *zusätzlich* das EC-Gerät nicht funktioniert. Wenn jetzt noch irgendwas passiert, fange ich an zu schreien.

Was ist eigentlich in mich gefahren? Warum habe ich mir selbst diese Scheißliste auferlegt? Bin ich eigentlich bekloppt?

21 Uhr

Frodo ist wieder da und sitzt schweigend im Wohnzimmer. Ich weiß nicht, was ich zu ihm sagen soll, also sage ich nichts. Carlotta ruft an.

„Also, ich hatte dir doch von Ingmar erzählt."

„Wer ist das?" Ich kann nicht mehr denken. Der Streit mit Frodo nimmt mich arg mit. Ich bin ja auch wirklich manchmal eine Zicke und eine Klugscheißerin. Das muss mal gesagt werden.

„Der Mann aus dem Internet, der *nicht* auf der Suche ist. Den ich bei ‚Singelingeling' kennengelernt habe."

Scheint wieder ein neues Portal zu sein. So langsam muss sie doch alle durchhaben.

„Und?"

„Ich wollte es dir eigentlich gar nicht sagen, wegen der Sache mit Simon …" Sie macht eine Kunstpause, um mir die Gelegenheit zu geben, mich reuevoll zu entschuldigen, wahrscheinlich muss ich das noch hundert Jahre tun. Also sage ich automatisch: „Das tut mir ja so leid mit dem Abend, so leid tut mir das."

„Jedenfalls habe ich mich mit Ingmar getroffen."
„Wann?"
„Gestern Abend, als Aurelius bei dir war."
„Deswegen wolltest du, dass er hier schläft!"
„Natürlich, was denn sonst. Ich bin nach Hause gerast und hab mich aufgebrezelt wie sonst was. Wir waren ja eigentlich schon viel früher verabredet, ich musste mich voll beeilen. Dieser verdammte Elternabend ging ja so lange, was ja eigentlich auch nur an dir lag. Ich hatte wieder das schicke Kleid an."
„Du hast dir hoffentlich nichts vorne reingesteckt."
„ACH UNSINN! WAS REDEST DU DENN DA?", ruft Carlotta, als sei das aber *so was von abwegig*.
„Ingmar ist ein Wahnsinns-Kavalier und liest mir jeden Wunsch von den Augen ab."
Das kann ich von meinem Mann gerade nicht behaupten. „Was habt ihr gemacht?"
„Wir waren schick essen, unten am Hafen, in einem dieser teuren Restaurants. Die hatten da tatsächlich noch geöffnet. Ich sagte noch: Ingmar, sagte ich, das muss nicht sein, eine Currywurst mit Pommes rot-weiß tut es auch, aber er wollte *unbedingt*. Weil ich es wert bin." Sie kichert.
„Was, wenn er ein Blender ist?" Ich bin halt vorsichtig.
„Alsowasduschonwiederdenkst!", leiert sie hinunter. „Es muss doch nicht *jeder* ein Blender sein. Denk doch mal an Simon! Der war auch kein Blender. Aber leider warst du dabei. Denk mal an den Abend, denk einfach dran." Kunstpause. „Im Prinzip hast du mein Leben zerstört. Noch mal passiert das nicht. Ich werde ihn dir erst vorstellen, wenn nichts mehr geschehen kann. Wenn das Hochzeitsdatum feststeht. Sonst machst du mit Frodo wieder alles kaputt."

„Von mir aus." Ich gähne. „Aber jetzt erzähl mal vom Sex."

Sie wird leise: „Also, wir waren so scharf aufeinander, dass wir im Restaurant in einen Nebenraum gegangen sind, der nicht benutzt wurde. Er ist ein wundervoll einfühlsamer Liebhaber. Auf dem Tisch haben wir …"

„Du redest so leise, ich versteh kaum was."

„Das geht jetzt nicht lauter. Aurelius ist noch wach. Was ganz anderes. Jetzt rätst du, welchen Beruf er hat! Er ist … na, was ist er?"

„Anwalt." Mir fällt auf Anhieb nichts anderes ein. Vielleicht weil Hinnerk erzählt hat, dass seine Auserwählte Staatsanwältin ist.

„Er hat ein *Bauunternehmen*", sagt Carlotta so stolz, als hätte sie es aus dem Nichts nach dem Krieg mit aufgebaut und nebenbei noch sechs Kinder großgezogen. Sofort stürze ich mit zwischen Ohr und Schulter eingeklemmtem Telefon an meinen Laptop. Ich komme am Wohnzimmer vorbei. Frodo sitzt da und starrt auf den Fernseher. Es läuft eine Dokumentation über antike Schränke und deren Wert. Frodo hat, glaub ich, Tränen in den Augen.

Ich googele „Ingmar", „Bauunternehmen" und „Hamburg" und bekomme gleich Treffer. „Heißt er van Behrendorf?"

„Woher weißt du das denn schon wieder?", regt Carlotta sich auf. „Googelst du etwa, während wir telefonieren?"

„Na sicher." Dafür gibt es Google ja. Dann weiß man gleich, was Sache ist, auch während eines Telefonats.

„Aber es gibt kein Foto."

„Ingmar hasst Internet. Er ist auch nicht bei Facebook oder so. Er sagt, einmal im Netz, immer im Netz."

Da hat er recht.

„Er kann sich tagsüber auch mal freinehmen“, erzählt Carlotta. „Und ich hab ja auch an zwei Nachmittagen Zeit, also dann, wenn ich nicht arbeiten muss. Morgen sehen wir uns gleich wieder. Wir wollen ein Picknick im Stadtpark machen.“

„Äh, es ist doch noch viel zu kalt.“ Dieser März ist definitiv sehr kühl, und so wie es aussieht, wird sich das bis morgen auch nicht ändern.

„Die Liebe hält mich warm. Mit diesem Mann werde ich den Rest meines Lebens verbringen.“

„Nimmst du Aurelius mit?“

„Nein, eine Nachbarin passt auf ihn auf. Mir ist das noch zu früh. Man sollte da nichts überstürzen.“

„Ich denke, das ist für den Rest deines Lebens?“

„Musst du eigentlich immer meckern und alles kaputt reden?“

„Aber ich …“ Mein Kopf, mein Kopf. „Ach, egal. Ich bin müde.“

„Na dann, einen schönen Abend.“ Beleidigt legt sie auf. Ich rufe sie noch mal an, aber sie schmollt und geht nicht ran.

Mittlerweile habe ich so viel Wein getrunken, dass ich permanent schiele. Trotzdem putze ich das Bad. Ich liebe ja Meister Proper. Ich finde, Meister Proper hat so was Wohltuendes. Man fühlt sich nach der Benutzung selber frisch und rein. Vielleicht weil er so nach Bergfrühling riecht. Vielleicht aber auch, weil es ein Putzmittel ist.

Meine Schwiegermutter – ich erwähnte ja schon, dass sie mal Hausdame war und Gusti heißt – ist jetzt kein Drachen oder so, aber sie schaut schon genau hin. Ganz am Anfang fragte sie meinen Mann doch im Ernst, ob ich auch „gut für ihn sorge". Als sei ich eine Bauersfrau aus dem 19. Jahrhundert und müsse dafür „sorgen", dass der hart arbeitende Mann abends sein Kesselfleisch kriegt, wenn er vom Feld zurückkommt, auf dem ich wohlgemerkt auch den ganzen Tag Kartoffeln geerntet oder Spargel gestochen und ganz nebenbei noch Zwillinge zur Welt gebracht habe.

Ich mag Gusti, aber sie ist sehr penibel. Sie beleidigt einen auch nicht wirklich, sondern macht das eher subtil. Also zum Beispiel würde Gusti nie sagen: „Deine Haare sehen unordentlich aus", sondern: „Du hast es wohl nicht mehr zum Friseur geschafft". Oder: „Hier ist es aber nicht aufgeräumt", sondern: „Mit dem Putzen hattest du es ja noch nie so".

Gusti nennt Frodo „Schnäuzchen". Kann man das glauben? Sie liebt es, davon zu erzählen, dass er „immer so ein Schnäuzchen gezogen hat, wenn es pürierte Möhrchen gab, weil er die nicht mochte. So ein süßes kleines Schnäuzchen." Und: „Wenn er was wollte, hat er auch so ein Schnäuzchen gezogen. Ach, mein Schnäuzchen." Oft macht sie dann den Gesichtsausdruck des jungen Frodos nach und zieht die Oberlippe Richtung Nase, und Frodo ist das unendlich peinlich. Manchmal, wenn Gusti bei uns ist, frage ich Gusti, wie das damals mit den Möhrchen war, und Gusti fängt sofort an, die Schnäuzchen-Geschichte, und nicht nur die, zu erzählen. Es gibt noch weitere hammerharte Geschichten vom kleinen Frodo, zum Beispiel die, wie er mit dem Roller in einen Ameisenhaufen gefahren ist, oder die, als er eine Zeit lang nachts nicht einschlafen konnte, weil ihn die Handlung von „Peterchens Mondfahrt" so aufgeregt hatte.

Frodo ist dann immer sehr sauer auf mich. Einmal, da hatten wir uns kurz vor Gustis Besuch wegen irgendwas in der Wolle gehabt und noch nicht wieder richtig vertragen, da habe ich, nur um meinen Mann zu ärgern, Gusti so weit gebracht, dass sie ihn während ihres Besuchs die ganze Zeit Schnäuzchen genannt hat, auch als abends Gäste da waren. Ich hatte immer gesagt: „Ach, das klingt sooo süß, wenn du das sagst, Gusti", und sie hat sich gefreut. Auch die Gäste mussten sich die Möhrchen-Geschichte anhören und Frodo hat mir dauernd unter dem Tisch fest gegen die Kniescheiben getreten. Erst als ich auch nach einer halben Stunde nicht reagiert hatte, merkte er, dass es ein Tischbein war.

Ich kann ihn ja verstehen. Frodo isst mittlerweile gar keine pürierten Möhrchen mehr und ist über fünfzig. Auch das Trauma mit Peterchens Mondfahrt hat er überwunden. Ich bin sogar sicher, mit einem Roller würde er klarkommen, aber Gusti wird nie aufhören, ihn Schnäuzchen zu nennen. Das mit diesen Kosenamen habe ich noch nie verstanden. Die meisten sind schlicht eine Beleidigung. Ehrlich jetzt. Zum Beispiel: *Meine kleine, süße Ratte.*

Fehler. Eine Ratte ist nicht *süß*. Ja, es gibt kleine Kuscheltiere, die süße Knopfäuglein haben, aber ich kenne niemanden, der sagt: „Oh, Ratten! Wie toll!" Ich kenne eine Geschichte von einem kleinen Mädchen, das beim Spielen am Ufer eines kleinen Flüsschens von einer Wasserratte (einer sehr großen!) angefallen und totgebissen worden sein soll. Ich selbst habe mal eine Reportage über eine Kanalisation (warum eigentlich???) gemacht und unter Tage in Hunderte kleiner roter Augen geschaut. Rattenaugen. Mit denen sei nicht immer zu spaßen, hatte der nette Mitarbeiter gesagt, während wir durch eine Art Tropfsteinhöhle liefen. Und ich glaubte ihm. Die können nämlich ganz schön aggressiv werden. Die meisten Ratten sind Allesfresser. Und irgendwie sind sie überall, auch wenn man sie nicht immer sieht. Als ich noch beim Radio gearbeitet habe und nach der Nachtmoderation mit dem Fahrrad nach Hause gefahren bin, habe ich mich im Februar morgens um kurz nach sechs Uhr schon darüber gewundert, was da dauernd auf den Straßen hin- und herhuschte. Es waren ganz viele Ratten. Furchtbar. Ratten übertragen Krankheiten und sind einfach eklig. Ich kann Menschen auch nicht verstehen, die sich Ratten als Haustiere halten.

Ich will jedenfalls nicht Ratte genannt werden. Eine Ratte hat keine schöne Farbe, keine Augenbrauen, keine, zumindest keine sichtbaren, Wimpern, einen langen dünnen Schwanz und einen komischen Körper. Und dann diese kleinen trippelnden Füße! So will man doch nicht sein und aussehen.

Oder: *Mein Bärchen.*

Hallo? Bären sind gefährlich, haben Zähne in der Größe eines Brotmessers und greifen aufgrund von Hunger oder Aggression oder weil sie von mir aus auch ihre Jungen schützen wollen, alles an, was nicht bei zehn auf den Bäumen ist – und selbst da können sie noch hinterher.

Ein ausgewachsener Kodiakbär hat eine Kopf-Rumpf-Länge von bis zu 3 Metern und kann bis zu 800 Kilo wiegen! Und ist neben dem Eis- und dem Kamtschatkabären das größte auf der Erde lebende Raubtier! Wenn so ein Vieh auf den Hinterbeinen vor mir steht, sag ich bestimmt nicht: „Hallo, mein Bärchen." Davon abgesehen sind Bären wie Ratten haarig und putzen sich auch nicht die Zähne. Also ich möchte nicht mit einem Raubtier verglichen werden. Ja klar, Knut, der kleine Eisbär damals, der war sooo süß. Aber würden Knut und der nette Mann im Zoo, der sich immer um ihn gekümmert hat, heute noch leben, wäre der nette Mann bestimmt schon von ihm totgebissen worden, weil ein Bär eben ein Raubtier ist.

Auch nicht schön: *Mein kleiner Kobold.*

Entweder man wird mit dem Staubsauger der Firma Vorwerk verglichen oder als ein gnomenhafter, nicht besonders attraktiver Troll bezeichnet. Beides ist, wie ich finde, nicht wirklich erstrebenswert. Okay, Kobolde sind per se nicht böse, es sind kleine Hausgeister, die die Bewohner necken, ohne ihnen wirklichen Schaden zuzufügen. Aber will man das? Will man so ein öder kleiner Hausgeist sein? Heißt „Mein kleiner Kobold" dann übersetzt nicht so was wie: „Du kleiner hässlicher Langweiler, hast du nix Besseres zu tun, als Leute zu erschrecken und dann noch nicht mal die Eier in der Hose, mal was Verbotenes zu tun?"

Und so weiter und so weiter.

Ich habe keine Lust mehr, zu putzen. Es ist bei mir nämlich leider nicht so, dass ich, wenn ich einmal mit was angefangen habe, es gern weitermache. Plötzlich sehe ich überall neuen Schmutz und habe das Gefühl, egal, wo ich anfange, ich werde sowieso nie fertig. Bei den Frauen in der Werbung sieht das immer einfach aus. Ruck, zuck ist alles blitzblank und man kann sich wieder den schönen Seiten des Lebens widmen, während Meister Proper einem zuzwinkert.

Frodo kommt ins Bad, während ich gerade den Spiegel mit einem Mikrofasertuch wienere, und fragt sinnfrei: „Was machst du denn da?"

„Ich knete Hefeteig, das sieht man doch", antworte ich. Ich bin sauer auf meinen Mann, obwohl er sauer auf mich sein könnte oder auch ist. Was gehen ihn meine Möbel eigentlich an? Ich kann doch mit dem alten Kram machen, was ich will, Kaiser Wilhelm hin, Kronleuchter her.

„Frau Schlosser ist da und will dich sprechen. Sie will sich scheiden lassen."

Ich schaue ihn durch den Spiegel an. „Ja und?" Ich habe die Klingel gar nicht gehört.

„Sie sagt, *das* sei alles *deine* Schuld."

Langsam, ganz langsam, wird mir alles ein bisschen viel. Nur so ein bisschen.

„Schuld? Warum? Wegen der Pakete? Ich nehme doch gar keine mehr für sie an. Nur noch einmal aus Versehen hab ich das gemacht, weil Herr Huber gelogen hat."

Da steht Frau Schlosser schon in der Tür. „Sie haben meine Ehe zerstört", keift sie los. „Wie kommen Sie dazu, meinem Mann zu erlauben, Ihren Dachboden zu benutzen?"

„Was?", fragt Frodo. „Wieso das denn?"

„Wir brauchen den Platz ja nicht", sage ich und spüre die Bockigkeit von vorhin zurückkehren. „Aber warum habe ich die Ehe zerstört?"

„Aber ich werde doch noch da hinfahren und alles zurück…", fängt Frodo an, wird aber von unserer bösen Nachbarin rigoros unterbrochen.

„Weil ich ihn schon mehrfach vor das Ultimatum gestellt habe, welches da heißt: ich oder die Märklin-Eisenbahn plus Zubehör. Wissen Sie, wie viele Figürchen er besitzt? Ich rede von diesen Figürchen, die mit Miniaturmäntelchen und -hütchen an Miniaturbahnsteigen stehen und den Abreisenden mit Miniaturtaschentüchern winken. Wissen Sie, wie viele kleine Koffer er hat, wie viele kleine Tannen, Rehe, Kühe und schneebedeckte Fachwerkhäuser? Wie viele Schaffner mit einer Trillerpfeife im Mund?“

Sie wird immer lauter. „Wie viele Ausgleichsmuffen in Kartons gestapelt sind? Wissen Sie das? Nein, das wissen Sie nicht.“

„Ihr Mann hat eine Märklin-Eisenbahn?“ Frodos Augen leuchten.

„Oooooh!“, ruft Frau Schlosser. „Nein. Nicht. Diesen. Blick. Nicht diesen ‚Oh wie toll, eine Märklin, lass uns damit spielen‘-Blick. Das lasse ich nicht zu! Das Zeug kommt weg. Ich wollte es morgen in ein Kinderheim bringen. Oder auf die Intensivstation eines Krankenhauses. Oder …“

„Also ich glaube nicht, dass Leute, die auf der Intensivstation liegen, mit einer Eisenbahn spielen können“, wage ich zu sagen und bemerke, dass mir alles Stück für Stück über den Kopf wächst.

„Sie benutzen keinen Glasreiniger von Frosch?“, wechselt Frau Schlosser das Thema und deutet auf die Flasche.

„Nein“, sage ich.

„DAS sehe ich. Das ist schädlich für die Umwelt. WIR benutzen nur Frosch.“

„Also eine Märklin-Eisenbahn, wie herrlich“, sagt mein Mann und verlässt das Bad, weil es wieder geklingelt hat.

Eine Minute später kommt er zurück. „Da steht ein Mann, der dich sprechen will.“

„Ich kenne keinen Mann, der mich sprechen will.“ Was für ein Armutszeugnis.

„Doch. Komm doch bitte mal.“

Ich folge ihm, und Frau Schlosser kommt natürlich auch mit, und da steht Pjotr.

„Han isch vorhin mit Ihr Mann gesprog“, fängt er an. „An Telefon. War Mann sär bos! Han isch gesagt, nix Möbel sorug bring. Aber war mein Mutter bei mir und hat gesagt, hab ig dig nigt großgezog, dass du wirst Betruger, deshalb all Möbel sorug. Is Mustafa un Sindbad schon Mobel getrag hog auf Dagboden. War Tur unten off. Is aber kein Platz oben wo Mobel war. Was soll Sindbad un Mustafa jetzt mag?“

„Da steht jetzt wahrscheinlich eine Eisenbahn“, sage ich und halte die Flasche mit dem Glasreiniger so fest, als suchte ich Halt.

„So“, sagt mein Mann. „Ich möchte, dass du die Liste wegwirfst. Hörst du? Wir zerreißen sie jetzt gemeinsam. Lass uns einfach ruhig und friedlich weiterleben. Der fehlende Lampenschirm stört mich nicht. Von mir aus kann dein komischer Paketbote auch wieder den Flur vollstellen, hörst du, und von mir aus kann Carlotta …“

„Ich …“ Mein Kopf, mein Kopf.

„Ich gehe mal auf den Dachboden und schau mal, was da los ist“, sagt Frodo jetzt. „Irgendjemand muss den Anfang machen.“ Ich hege den Verdacht, dass die Märklin-Eisenbahn ihn magisch anzieht.

„Wohin Mobel?“ Sindbad und Mustafa stehen da.

„Erst mal hier rein“, sage ich.

„Ich werde verrückt“, sagt Frau Schlosser. „Verrückt werde ich.“

Da steht wie aus dem Boden gestampft eine neue Frau in der Tür.

„Unten war offen“, sagt sie. Das weiß ich ja schon von Pjotr. Und die Wohnungstür steht auch offen.

„Was jetzt mit Mobel?“ Pjotr hebt hilflos beide Arme.

„Ich bin Frau Brugenstedt“, sagt die Frau und sieht mich auffordernd an.

„Guten Abend.“ Vielleicht eine Vertreterin für Psychopharmaka. Sehr gut.

„Sie haben ein Paket für mich angenommen“, sagt sie. „Das ist ja wohl das Allerletzte.“

Ich werde mich damit abfinden müssen – ich bin ein Schwein. Ich nehme Pakete für die Nachbarschaft an und werde dafür beschimpft.

„Ist Pjotr kein Betruger“, regt Pjotr sich auf. Er fühlt sich nicht genügend gewürdigt. „Muss Frau sag, kein Betruger. Hat Pjotr Ehre in Leib, hat er. Hat Mutter gesagt, Pjotr, du bist nigt …“

„Nein, Sie sind ein grundguter Mensch“, sage ich. „Wieso ist es das Allerletzte, dass ich Ihr Paket angenommen habe?“, frage ich dann Frau Brugenstedt, und da fällt es mir ein. Ach du Schreck. Das ist die Frau aus … aus … irgendwo aus Schleswig-Holstein, und der Inhalt des Pakets ist kaputt.

„Ich wohne in Wedel, herrje, wissen Sie, wie lang die Fahrt hierher dauert? Die dauert ewig, wenn dann auch noch Straßen gesperrt sind und eine Baustelle nach der anderen kommt. Schönen Dank auch.“

„Ich … Kommen Sie doch bitte mal rein.“

„Ig auch“, sagt Pjotr. „Ist hier viel kalt Luft in Trepphaus, nigt gut fur mein Aug. Sind sisch immer entzund.“

Ich schließe die Tür.

„Jetzt spielen unsere Männer bestimmt oben mit der Eisenbahn“, sagt Frau Schlosser wütend. „Es gibt ja leider in den Dachbodenräumen Strom. Gleich werden wir zusätzlich Trillerpfeifen hören.“

Von oben ertönt in diesem Moment tatsächlich das Geräusch von Trillerpfeifen, dann ruft jemand: „Zurückbleiben bitte.“

„Also das Paket“, sage ich. „Es ist so, dass …“ In diesem Moment ertönen aus der Küche Schreie. Es sind diese Art Schreie, die man *nie* in seinem ganzen Leben hören möchte und nur aus Filmen kennt. Schreie, die durch Mark und Bein gehen. Schreie, die klar und deutlich kundtun: Hier stirbt gerade ein Mensch in Todesangst, in diesem Fall, der Stimme nach zu urteilen, höchstwahrscheinlich eine Frau. Wir klammern uns im Affekt alle vier aneinander und keiner rührt sich. Die Schreie werden immer lauter, immer lauter und Pjotr sagt flüsternd: „Heilig Maria Mutter Gott“, und bekreuzigt sich. Frau Schlosser ist kalkweiß, und diese Frau Brugenstedt zittert. „Himmel, da wird jemand getötet, so tun Sie doch was!“

„Ja was denn? Was soll ich denn tun?“, wispere ich verzweifelt.

Die Schreie verebben, und fast bin ich erleichtert, dass der arme Mensch nun erlöst ist, auch wenn das alles in meiner Küche stattfindet, und merkwürdigerweise denke ich auch daran, dass ich dann alles mit Meister Proper sauber machen muss und meine Schwiegermutter kommt … ach je, und da fangen die Schreie wieder an. Und wieder und wieder. Lauter und lauter. Es ist zum Wahnsinnigwerden.

Plötzlich sagt die Frau aus Wedel: „Ich glaube, die Schreie kenne ich.“

„Was, was?“, fragen wir alle. Sie nickt und geht langsam zur Küchentür, die nur angelehnt ist. Sie stößt sie auf und weicht zurück. Wir können den Küchentisch vom Flur aus sehen. Etwas Flaches fährt darauf herum. Und daraus ertönen die Schreie.

Ich begreife gar nichts, aber nun, da nichts mehr passieren kann, geht Pjotr mit festem, mutigem Schritt auf den Tisch zu und hebt das flache Teil in die Höhe.

„Is sisch Smartphone“, sagt er und wedelt mit meinem neuen Telefon herum. „Han isch jetzt aug erkannt.“ Er nickt Frau Brugenstedt zu. „Is sisch gruselisch Klingelton von Film *Psycho*. Sie kenn all Norman Bates, wo in abgelegen Hotel Frau in Brause magt tot mit scharf Messer wo immer stigt durg Vorhang.“

„Ich sagte doch, ich kenne die Schreie“, sagt Frau Brugenstedt.

Der Mann im Media Markt war das. Er hat mir ja noch lustige Klingeltöne einprogrammiert. Er muss aufpassen, dass es mit ihm nicht so endet wie im Film. Ich nehme das Smartphone und wundere mich, denn ich habe doch hier mit dem Handy gar keinen Empfang. Offenbar habe ich aber einen neuen Anbieter. Der Empfang ist wunderbar. Irgendwie muss der Verkäufer den Wecker programmiert haben, warum auch immer, und natürlich hat er mir die Rufnummern und auch alles andere sonst übertragen. Er hat mich auch gefragt, ob er das alte Handy in ein Museum geben soll, aber ich wollte es behalten.

Frodo hat so recht. Hätte ich doch bloß diese Liste nicht gemacht. Dann hätte ich jetzt kein Smartphone, ach was, all diese Situationen wären nicht eingetreten und Schnäuzchen würde jetzt auch nicht grenzdebil auf unserem Dachboden hocken und mit einer Eisenbahn spielen.

Das Telefon klingelt, also das Festnetz. Eine Frau ist dran, die mich zu meinen Fernsehgewohnheiten befragen will. Ich behaupte freundlich mit letzter Kraft, im Sterben zu liegen, woraufhin sie mich zu Bestattungswünschen befragen möchte. Ich tue so, als würde ich in diesem Moment das Zeitliche segnen, und rase dann zu meiner Liste. Das war ein schneller Punkt. Warum kann nicht alles so einfach sein? Die Liste ist mir wieder ein wenig sympathischer.

Nun muss ich mich wieder Frau Brugenstedt widmen. Ich hole das Paket, sie nimmt es, drinnen klirrt es, sie schüttelt es und sagt mit rotem Kopf: „Der Inhalt ist kaputt. Kaputt. Sie haben das kaputt gemacht. Das ist ein Geburtstagsgeschenk von meiner Tante."

„Wie leid mir das tut", sage ich.

„Vielleicht kam es ja schon kaputt an, das passiert", ist Frau Schlossers Meinung.

„Nein, es ist mir runtergefallen", sage ich.

„Sie ganz schön dumm, wenn ig das darf mal sag", mischt Pjotr sich nun ein, während seine Mitarbeiter im Hausflur herumpoltern und was auch immer hoch und runter schleppen. „Warum nigt sag, war kaputt?" Er schüttelt den Kopf und sieht Frau Schlosser und Frau Brugenstedt an. „Dumm wie Sdroh ist Frau. Hab ig gleig gewusst. Wegen Mobel."

„Ich bin eben ehrlich", sage ich und denke kurz darüber nach, den Glasreiniger wie ein Pfefferspray zu benutzen, damit sich alle schreiend die Augen reiben und mich nicht mehr zutexten können.

„Das werden Sie mir büßen“, sagt Frau Brugenstedt. „Aber wie Sie mir das büßen werden.“

„Jetzt mal Obacht“, regt sich Frau Schlosser auf. „Dass sie Ihre Post angenommen hat, ist nur freundlich, mal einen anderen Ton, ja!“

„Wer ist denn so dämlich und nimmt hier in Hamburg Post aus Wedel an?“, fragt Frau Brugenstedt zornig.

Ich.

„Was ist in Paket?“, will Pjotr wissen.

„Eine scheußliche, riesige Glasvase in Form eines Marders“, sagt Frau Brugenstedt.

„Es war eine“, korrigiere ich.

„Woher wissen Sie das?“, fragt Frau Schlosser.

„Weil meine Tante Alzheimer hat. Sie schickt mir immer das Gleiche. Immer einen Glasvasenmarder. Ich entsorge die Sachen grundsätzlich direkt.“

Jetzt begreife ich überhaupt nichts mehr. „Aber warum motzen Sie mich denn dann an? Sie können doch froh sein. Wir können gleich gemeinsam alles in den Müll werfen.“

Ein Kappe tragender Frodo kommt in die Wohnung und rast in sein Arbeitszimmer, um seine Lesebrille zu holen. „Ich bestelle mit Bert Weichen“, erklärt er. „Die haben bei eBay momentan super Auktionen. Und wir ersteigern auch gerade eine Signalanlage. Bert hat sein iPad mit oben. Da ist auch WLAN.“

Aha. Bert. Schon ist mein Mann wieder entschwunden.

„Wenn Sie nigt gut find Mardervas, dann aug nigt slimm, dass kaputt“, stellt Pjotr richtig fest. Seine Männer wollen gerade mit dem einen alten, wuchtigen Schrank herein.

„Halt“, sage ich. „Der kann hier nicht stehen. Wir müssen umdisponieren.“

„Die Vase ist von meiner Tante, sie ist kaputt und ich verlange Schadenersatz.“ Frau Brugenstedt tut ja gerade so, als seien wir im Mittelalter und ich müsste wegen irgendeinem Vergehen aufs Rad gespannt werden.

„Aber warum?“ Frau Schlosser will es einfach nicht verstehen und ist jetzt richtig auf Krawall gebürstet.

Nun schwimmen in Frau Brugenstedts Augen Tränen. „Mein Therapeut sagt, ich soll mir nichts mehr gefallen lassen“, sagt sie. Fast will ich sie nach der Nummer des Mannes fragen.

„Und dann fangen Sie mit der Mardervase an?“ Frau Schlosser kann es nicht fassen. Dauernd schüttelt sie den Kopf.

„Ja. Ich will das Geld für den Marder. Und Sie“, sie deutet auf mich, „hören auf, mich so frech zu behandeln.“

„Ich mache doch gar nichts.“

„Genau das meine ich. Impertinent ist das.“

Frau Schlosser wird es nun zu bunt. „Sie nehmen jetzt Ihren vermaledeiten Marder …“ (sie sagt wirklich *vermaledeit*) „… und hauen ab. Lassen Sie meine Nachbarin in Ruhe.“

„Nagbarin dumm“, sagt Pjotr in meine Richtung. „Aber meine Mutter hat gesagt, hab ig kein …“

„Raus!“, rufe ich. „Alle raus! SOFORT!“

FREITAG

7 Uhr

Das Telefon klingelt und eine fröhliche Frau von Thermomix Deutschland ist dran, die mir aber so was von herzlich gratuliert. Ich habe nämlich einen Thermomix gewonnen (man mag sich erinnern: Media Markt, Smartphone-Vertrag) und ich bin in einer Habachtstellung, weil ich es nicht glauben kann. Ich gehöre nicht zu der Gattung Mensch, der „einfach so“ was gewinnt außer der Art von Lebenserfahrung, auf die man auch gut verzichten kann. Die Frau beteuert aber, dass ich gewonnen habe, und dass ich mich doch mal freuen soll, also freue ich mich und sage: „Oh wie toll, ein Thermomix. Das ist ja super.“ Nachdem sie mich allerdings darüber informiert hat, dass ich den Thermomix erst nach Teilnahme einer Kaffeefahrt in den Teutoburger Wald – Mittagessen und Präsentkorb mit Dosenwurst und Thermomix-Zubehör-Verkaufsveranstaltung inklusive („Wahnsinnig günstige Produkte!“) – ausgehändigt bekomme, lege ich fast ein wenig stolz auf. Ich habe die Masche durchschaut, jawohl.

Gestern Abend sind übrigens tatsächlich alle gegangen. Mein „SOFORT!“ hat gewirkt.

Mustafa und Sindbad haben die Möbel tatsächlich alle in unsere Wohnung geschafft, weil Frodo und Herr Schlosser sich geweigert hatten, die Dachböden zu räumen. Jetzt ist der Flur wieder so voll wie vorher, nein, schlimmer, man kann jetzt nur noch im Krebsgang durch den Flur und zwischen den Möbeln durchgehen, was die Sache erschwert. Es darf auch niemand zunehmen. Und dann waren Pjotr und seine Männer weg. Endlich weg. Pjotr wollte mir auch die 900 Euro zurückgeben, aber ich habe das Geld nicht angenommen, weil ich Angst hatte, dass das neue Probleme hervorrufen könnte. Es wäre mir einfach zu glatt gegangen, zu einfach wäre es gewesen. Pjotr will es jetzt irgendeinem Verein spenden, der ehrenamtlich Hornhauthobel für finanziell nicht so gut betuchte Senioren herstellt oder so was Ähnliches.

Frodo habe ich gesagt, Pjotr habe mir das Geld natürlich zurückgegeben, und er hat zum Glück nicht gefragt, wo denn die Scheine seien. Ich habe auf irgendeinem Zettel einen Haken gemacht, obwohl nichts von dieser Aktion auf meiner Liste gestanden hatte, aber ich brauchte das einfach für mein geschundenes Ich.

Frau Brugenstedt und Frau Schlosser sind letztendlich tatsächlich auch gegangen und haben sich im Flur weiter gestritten. Irgendwann, ich hörte es durch die geschlossene Tür, fing Frau Brugenstedt an zu weinen und Frau Schlosser war der Meinung, sie bräuchte psychologischen Beistand. Daraufhin wurde Herr Schlosser vom Dachboden geholt, und eine Grundsatzdiskussion über Selbstwertgefühle, Grenzen setzen und alzheimerkranke Tanten begann. Ein Termin mit Herrn Schlosser wurde ausgemacht und dann kehrte Ruhe im Treppenhaus ein.

Frodo kam irgendwann pfeifend in unsere Wohnung zurück und hatte die beste Laune seines Lebens. Er trug immer noch die Schaffnermütze.

„Eigentlich ist das mit der Liste doch nicht so schlecht", sagte er. „Sonst hätte ich nie mit Bert ein gemeinsames Hobby entdeckt. Was wir alles bestellt haben. Sitzende Reisende, ein 10er-Set Modellautos und eine neue Diesel-Lokomotive. Und einige Auktionen laufen noch. Man darf gespannt sein."

„Wie schön", erwiderte ich. Dann fasste ich meine momentane Gefühlssituation zusammen: „Mich macht das alles ganz irre."

„Ach Unfug", sagte Frodo. „Lass dich einfach nicht verrückt machen. Nach dieser Woche werden wir wahrscheinlich feststellen, dass *nichts* uns auseinanderbringen kann. Nichts. Dass wir einfach zusammengehören. Auf Biegen und Brechen, Gedeih und Verderb. So jedenfalls empfinde ich es jetzt schon."

„Heißt das, vorher war dir das gar nicht klar?"

„Natürlich. Aber es ist noch mal was anderes. Weißt du, wenn zum Beispiel Ehepaare zusammen tauchen, und nehmen wir an, die Frau wird von einer Muräne gebissen und der Mann schwimmt nicht weg, sondern hilft ihr, gut an die Wasseroberfläche zu kommen, schweißt das auch zusammen."

„Was ist denn das für ein Vergleich? Das ist ja wohl normal."

„Jetzt mach es doch nicht so kompliziert. Was steht denn noch auf der Liste? Steht da vielleicht auch was, das mich betrifft? Das können wir doch morgen erledigen, dann werden wir feststellen, wie gut wir harmonieren."

Ich zwängte mich im Krebsgang durch den Flur ins Arbeitszimmer und holte die Liste.

„Putzen für Gusti", las ich vor.

„Das ist ja nichts für mich", sagte Frodo schnell. „Und du hast ja auch schon damit angefangen. Zu viele Köche verderben den Brei. Sonst noch was?"

„Ja“, sagte ich. „Da ist etwas, was ich dir schon die ganze Zeit sagen will und da muss sich wirklich was ändern.“

„Ich höre“, sagte mein Mann fröhlich.

„Du machst mich fertig mit deinem Gemecker, wenn ich Auto fahre“, erklärte ich ihm ernst. „Ich möchte, dass wir eine Stunde bei einem Fahrlehrer nehmen. Erst fährst du, dann ich, oder umgekehrt, und dann soll der Fahrlehrer uns beurteilen.“

Frodo hatte sich mit der Hand gegen seine Stirn geschlagen. „Du musst übergeschnappt sein.“

„Nein. Ich meine es ernst. Carlotta hat mir sogar die Telefonnummer eines Fahrlehrers gegeben, der bei ihr im Haus wohnt.“

„Nur über meine Leiche“, hatte Frodo gemeint.

„Du hast gesagt, auf Biegen und Brechen, auf Gedeih und Verderb. Denk an die Muräne!“

Da hatte er sich nicht mehr aus der Nummer rausreden können.

8 Uhr

Habe einen Kater von gestern und, während Frodo geduscht hat, den Fahrlehrer, diesen Ingo Schacher, erreicht, der mich erst gefragt hat, ob ich einen Knall hätte, morgens vor acht Uhr bei ihm anzurufen. Dann, nachdem er sich beruhigt hatte, und ich ihm, warum auch immer, von dieser Liste und den ganzen Problemen erzählt habe, haben wir uns tatsächlich für heute verabredet. Wahrscheinlich hat er suizidale Schwingungen meinerseits durch die Leitung bemerkt. Frodo hat beim Frühstück natürlich über den kurzfristigen

Termin rumgemeckert, aber sich letztendlich drauf eingelassen, weil „eh klar ist, dass ich der bessere Fahrer bin".

„Ja, ja, wir werden sehen", hatte ich gesagt. „Aber 40 Euro für eine Dreiviertelstunde ist ganz schön teuer. Als ich den Führerschein gemacht habe, war das billiger."

„In der Zeit, in der wir den Führerschein gemacht haben, gab es noch die Reichsmark als Zahlungsmittel", hatte Frodo erwidert und mich liebevoll angelächelt. Um 15 Uhr wird Ingo Schacher uns abholen und bittet uns, pünktlich zu sein, was ich nicht ganz verstehe, weil *er uns* ja abholt, aber egal. Frodo kann freitags immer früher Schluss machen, das kommt uns in diesem Fall sehr entgegen.

Und nun rufe ich endlich beim Arzt an, um einen Termin für ein großes Blutbild auszumachen.

Diese Wartemelodien sind eine Zumutung. Die schlimmste Wartemelodie überhaupt ist für mich die von notebooksbilliger.de. Ich hatte da mal einen Monitor gekauft und er war kaputt, und ich musste ständig da anrufen. Da hört man doch tatsächlich ein Stück aus der Zeit der Neuen Deutschen Welle: Paso Doble mit „Die Module spiel'n verrückt". Das fängt an mit den Worten: „Erste Regel für den Notfall am Computer: Null Emotionen". Da es immer länger in der Warteschleife dauert, wird man irgendwann so aggressiv, dass man wem auch immer eine klatschen könnte. Mir fällt gerade ein, dass der kaputte Monitor immer noch hinter meinem Schreibtisch steht, weil ich damals keine Kraft mehr für die Warteschleife hatte. Es ging ja auch nie jemand ans Telefon.

Aber hier und heute geht jemand ran: „Praxis Doktor Schörner, Sie sprechen mit Elvira Stein, guten Tag."

Ich erkläre, wer ich bin und was ich will. Sie fragt mich

alles, was man vor so einem Termin halt so fragt, und was alles untersucht werden soll, weil nicht alles von der Kasse übernommen wird.

„Alles eben“, sage ich.

Sie erzählt mir was von Thrombozyten und Hämoglobin und Leukozyten und Cholesterin und Erythrozyten und Hämatokrit und Leberwerten und was weiß ich.

„Das wird da alles getestet?“, frage ich und sie sagt: „Ja, sicher.“

„Das heißt“, fasse ich zusammen, „wenn ich die Ergebnisse habe, weiß ich ganz sicher, ob ich gesund bin, das heißt im Klartext, ich weiß dann auch, ob ich zu fett esse und zu viel Alkohol trinke, Sport treiben muss, viel Wasser zu mir nehmen soll und so?“ Ich bin total verkatert, mir dröhnt der Schädel.

„Genau so ist es“, erklärt die Dame am Telefon.

„Dann kann ich mich also gleich erschießen.“

„Wie meinen Sie das?“ Elvira Stein ist verwirrt.

„Angenommen, da ist was mit den Werten nicht in Ordnung, was dann?“

„Dann gibt es eine medikamentöse Behandlung“, sagt sie. „Oder eine Ernährungsumstellung oder beides oder was auch immer. Das ist ja von Mensch zu Mensch unterschiedlich.“

Ich bekomme Angst. „Das heißt, es könnte sich herausstellen, dass ich zu viele Chips oder Sahnesoßen oder Nutella esse und zu viel Wein und Gin-Tonic trinke und mich zu wenig bewege?“

„Sicher“, sagt sie. „Auch.“

„Und dann würde mir der Arzt empfehlen, Salat, rohe Kohlrabi und Äpfel zu essen, aber kurzkettige Kohlenhydrate, die beispielsweise in Croissants, Nudeln oder Laugenbrezeln stecken, zu meiden und mir Smoothies und grünen

Tee ans Herz legen?“

„Äh … wenn da was im Argen liegt, möglicherweise ja.“ Sie muss mich für eine Irre halten und sie hat recht. „Wollen wir jetzt mal einen Termin ausmachen? Sie müssen nüchtern kommen.“

Natürlich muss ich das.

„Ich überlege mir das noch mal mit dem Blutbild.“

10 Uhr

Meine Lektorin ruft an. Ob das mit der durch die Decke tropfenden Nachbarin jetzt erledigt sei? Ich rufe „Hallo, hallo, haaaallooooooo?“, lege auf und schalte die Handgeräte einfach aus. Sie geht noch davon aus, dass mein Handy keinen Empfang in der Wohnung hat, sie weiß noch nichts von einem Smartphone und ruft deswegen auch gar nicht erst darauf an. Dann schaue ich auf meine Liste. Da steht auch noch „endlich schwimmen gehen“. Und genau das mache ich jetzt. Schwimmen macht den Kopf frei, das Element Wasser ist ursprünglich, wir alle lagen mal darin. Ich finde sogar meine alte Schwimmbrille.

Schwimmen ist viel besser, als in so einer muffigen Muckibude herumzumachen. Wie gut, dass ich den Vertrag gekündigt habe. Die Tatsache mit dem neuen Vertrag verdränge ich. Ich freue mich jetzt richtig aufs Schwimmbad. Schade, dass noch keine Freibadsaison ist, dann könnte ich mir einen schattigen Baum suchen und in einem guten Buch blättern, hin und wieder ins Wasser gehen und was für meine Gesundheit tun. Während ich zum Schwimmbad radle, denke ich an früher und ans Freibad. Und erstelle natürlich wieder ein Bullshit-Bingo, das wird ja noch ein richtiges Hobby von mir:

Da unter dem Baum ist ein schöner Platz.	Nicht ins Wasser pinkeln!	Nein, Lisa, jetzt gibt's noch kein Eis.	Ich geh noch mal rein.	Pass auf, die Wespe.
Von hier unten sieht das Dreimeterbrett gar nicht hoch aus.	Wenn man erst mal drin ist, ist es super!	Das Becken ist so voll, da sieht man ja gar nicht, wenn jemand ertrinkt.	Nicht in die Mayo treten.	Du warst viel zu lange im Wasser, jetzt bist du ganz blau.
Iiih, hier sind ja Ameisen.	Cremst du mir den Rücken ein?	Das Schwimmbad-Bullshit-Bingo	Zieh dir die nassen Sachen aus.	Ja, wir gehen gleich zur Rutsche.
Direkt nach dem Essen geht's nicht ins Wasser.	Passen Sie kurz auf unsere Sachen auf?	Nicht vom Rand springen!	Jetzt wird's aber ganz schön voll hier.	Wer will Pommes?
Wollen wir langsam mal zusammenpacken?	Die Kinder fallen nachher ins Bett.	Nina, zeig mal, wie gut du schwimmen kannst.	Was war das eben für eine Durchsage?	Marco, nicht die Mädchen schubsen!
Noch eine Viertelstunde.	Du hast richtig Farbe bekommen.	Erst duschen.	Erst wird der Apfel gegessen.	Jetzt fahren wir aber wirklich.

Es ist wirklich ein Jammer, dass es Rentner und Kinder gibt. Ich will damit nicht sagen, dass ich diese Spezies nicht mag, aber beide behindern mich hier und heute. War erst kurz in der Innenhalle, aber da schalten die alle halbe Stunde das Wellenbad an, und das hat mich gegen den einen Beckenrand und lauter kreischende Kinder geschleudert. Außerdem war das Geschrei hier einfach zu groß. Der Mensch ist nur bedingt belastbar. Zu warm ist es da auch. Schwül. Auch wenn man im Wasser ist. Finde ich.

Eigentlich ist dieses Schwimmbad hier der totale Stress. Wer einen Herzinfarkt möchte, sollte herkommen. Bis man erst mal im Wasser ist, kann schon so viel passieren! Erst mal stand ich Ewigkeiten an der Kasse, weil ein Kindergeburtstag hier im Schwimmbad gefeiert wird, zwölf Kinder herumschrien und der Angestellten, die das mit den Umkleidekabinen erklärte, gar nicht richtig zuhörten. Genervte Väter, die sich extra einen Tag freinehmen mussten, weil die Mutter mit den fünfjährigen Blagen allein überfordert ist, versuchten, die Bande in den Griff zu kriegen, und natürlich rempelten sich alle an. Dann hieß es: Immer zwei Kinder teilen sich eine Umkleide und dann gingen die Diskussionen los, wer mit wem, weil Lara nicht mit Mia und Emil nicht mit Tristan und so weiter. Die Schlange hinter mir wurde länger und länger und ich schwitzte natürlich schon total, weil ich eine dicke Jacke und einen Schal trug und es auch hier schon sehr warm war. Draußen war es halt kalt, sonst hätte ich natürlich eine leichtere Jacke angezogen.

Ich war lange nicht hier in diesem Bad, und einiges hat sich verändert, zum Beispiel die Sache mit den Kabinenschlüsseln. Das sind keine Schlüssel mehr mit Nummern dran, sondern so Magnetdinger an Armbändern, die man vor den Drehknopf der gewählten Umkleidekabine halten muss. Im Idealfall blinkt es dann grün auf und man muss einfach den Schlüssel umdrehen und schon ist alles zu. Manchmal funktioniert es nicht, wie ich an zwei Frauen sah, die in Badeanzügen hochkamen und genervt andere Schlüssel verlangten, was natürlich seine Zeit dauerte und weshalb ich noch länger warten musste.

So. Also leere Kabine suchen, umziehen, dann alles in den Schrank stopfen und das blöde Magnetteil davorhalten. Selbstredend hatte ich das Pech, dass an meiner Kabine jemand das Ding rausgerissen hatte. Also musste ich alles in einen freien Schrank umräumen. Das geht natürlich auch alles von der Zeit ab, denn man hat – in meinem Fall – nur eineinhalb Stunden. Was auch sehr lustig ist – man muss sich die Kabinennummer merken. Die steht nämlich nicht auf dem Magnetknopf drauf.

Schon bevor ich also überhaupt nur ansatzweise im Wasser war, hatte ich bereits mathematischen Stress: Den mit der Kabine und jetzt noch die Tatsache, dass ich mir die Nummer 289 merken muss. Außerdem habe ich keine Flip-Flops dabei und rutsche dauernd aus, nun gehe ich entsprechend langsam Richtung Außenbecken. Eine Frau kommt mir mit ihrer Tochter entgegen und sagt: „Wir gehen, hier ist es ja total nass." Ich muss mir die Nummer 289 merken. Ach, wie gut, hier sind ja Haken für die Handtücher.

Und nun bin ich auf der Treppe im Außenbecken und

setze meine Schwimmbrille auf. Wirke wahrscheinlich damit wie ein Hochleistungssportler.

Nummer 289.

Nun will ich schwimmen, einfach nur meine Bahnen ziehen. Leider weiß ich nicht mehr, wann ich ins Schwimmbad rein bin, das heißt, ich habe mir die Uhrzeit nicht gemerkt, dafür aber die 289. Das heißt, ich weiß nun gar nicht, wie lange ich schwimmen kann, ohne nachzahlen zu müssen. Wenigstens gibt es hier draußen eine Uhr. Ich rechne zurück und addiere die Zeit hinzu, die ich zum Umziehen brauche. Ich hatte, glaube ich, ungefähr 15 Minuten von Kasse zu Wasser gebraucht. Würde man annehmen, dass das Rauskommen etwas schneller geht, sagen wir zehn Minuten, sind das 25 Minuten, die ich fürs Umziehen einplanen muss. Das heißt, ich kann ungefähr eine Stunde und fünf Minuten schwimmen. Es ist jetzt 11 Uhr 27. Das heißt, ich muss um 12 Uhr 32 aus dem Wasser. Nein, etwas früher, ich rechne hier ja schon eine Zeit lang herum. Sagen wir also um 12 Uhr 29, besser 12 Uhr 27, dann habe ich doch genau eine Stunde. Also 12 Uhr 27. Das muss ich mir merken. Und die Nummer 298.

Nun fange ich aber endlich mit dem Schwimmen an, wenn man so lang im Wasser steht, wird es ganz schön kalt. Ich schwimme los.

Also wirklich, dass ich nicht eher schwimmen gegangen bin, das ist ja herrlich. Und durch die Schwimmbrille kommt kein Wasser in meine Augen, das ist nämlich immer doof wegen der Kontaktlinsen. Aber die könnten den Boden auch mal sauber machen. Da liegen lauter Blätter und Pflaster. Das begreife ich nicht. Jeder Depp weiß doch, dass sich Pflaster im Wasser von der Haut lösen, sogar wasserfeste.

Es ist trotzdem gut, dass ich die Schwimmbrille habe, so kann ich wunderbar mit dem Kopf unter Wasser tauchen und bekomme keinen steifen Nacken beim Brustschwimmen.

Ich lege richtig los und es ist für sechs Sekunden wirklich toll, aber dann stoße ich in der Mitte der Bahn gegen eine Frau, die einfach so dasteht und sich mit einer anderen Frau unterhält. Die beiden tragen diese Badekappen, die mal in den 60er Jahren modern waren. Mit aufgesteckten Blumen. Vor Schreck schlucke ich Chlorwasser.

„Ja können Sie denn nicht aufpassen!“, werde ich angeherrscht.

„Tut mir leid, ich bin halt geschwommen“, entschuldige ich mich.

„Wir schwimmen hier auch, das Schwimmbad gehört niemandem alleine, da kann man auch mal Rücksicht nehmen.“

„Sie schwimmen doch gar nicht.“

„Natürlich schwimmen wir.“

„Sie stehen im Wasser.“

„Das ist auch Schwimmen.“

Ich gebe es auf und paddele ein Stück von ihnen weg, um dann weiter meine Bahnen zu ziehen. Zum Glück ist es noch so kalt, dass keine Kinder hier draußen sind und vom Beckenrand springen.

Natürlich kommt genau jetzt ein Mann mit zwei Jungs raus. Sie schwimmen in meine Richtung und die Jungs schreien laut herum. Einer von ihnen ist so kohlrabenschwarz, so was habe ich vorher noch nicht gesehen. Also er ist wirklich schwarz. So wie der Sarotti-Mohr, falls den noch jemand kennt, und das meine ich jetzt nicht rassistisch, ich stelle nur fest. Ich muss dauernd dahinstarren, weil ich so fasziniert bin. Er sieht aus wie Zartbitterschokolade mit mindestens 80 Prozent Kakaogehalt. Und er schreit.

Ich beschließe, nun an diesem Trennding aus Plastik, das die „echten“ Schwimmer von den Versagern trennt, entlangzuschwimmen, dann hab ich wenigstens auf einer Seite niemanden, den ich anrempeln kann. Dann kann ich endlich anfangen und will Bahnen mitzählen. Eine Bahn hat 25 Meter, und ich schaue auf die große Uhr und stoppe die Zeit. Ich werde die Bahnen zählen, die Uhrzeit messen, muss mir merken, wann ich das Becken verlassen muss und die Schranknummer.

928.

Eigentlich ist so ein Schwimmbadbesuch doch ein prima Gedächtnistraining für Senioren. So. Bahn frei. Ich schwimme! Endlich!

Und da kommen natürlich die beiden Jungs und paddeln wie verspielte Fische um mich herum, um dann auf dieses Plastiktrennding zu klettern, auf dem man auch schön balancieren und sich dann ins Wasser fallen lassen kann. Der Zartbitter-Junge kreischt erneut und findet es total klasse, exakt in *dem Moment* in die Luft und dann ins Wasser zu springen, in dem ich an ihm vorbeischwimme. Es ist Bahn zwei, gleich hätte ich 50 Meter geschafft.

Er knallt in meinen Rücken und ich schreie unter Wasser auf, schlucke wieder die Chlorbrühe und natürlich – was auch sonst – reißt meine Schwimmbrille.

„Verdammt, pass doch auf!“, schreie ich den Jungen an, während sein Freund blöde im Wasser herumdümpelt und vor sich hin keckert.

„Ich hab doch gar nix gemacht“, jammert der Bub. „Ich bin doch bloß gesprungen.“

„Das ist es ja, du bist auf meinen Rücken geknallt. Mit voller Wucht! Das tut doch weh! Hicks!“ Jetzt bekomme ich auch noch einen Schluckauf.

„Mir tut nix weh!“, kreischt der Junge.

Der Vater kommt wie ein aggressiver Schwan mit langem Hals angepaddelt. „Was ist die Situation?“, fragt er. Er ist so kurzsichtig, dass er auch im Wasser eine Brille tragen muss, und damit die keine Tröpfchen abkriegt, reckt er den Hals so weit aus dem Wasser raus. Die Gläser der Sehhilfe sind so dick, dass man seine Augen kaum erkennen kann.

„Die Frau hat mich voll angemeckert“, sagt der Übeltäter. „Die hat mich gefragt, ob ich nicht aufpassen kann. Die mag mich nicht.“ Seine Unterlippe zittert.

Der Vater steht nun böse im Wasser vor mir. „Aha. So so. Sie haben Meffe also angemeckert.“

„Er ist auf meinen Rücken gesprungen, da wird man ja wohl noch was sagen dürfen, ich habe vielleicht einen Rückenschaden, hicks“, rechtfertige ich mich wütend.

„Und den Lukas haben Sie also *nicht* angemeckert, sehe ich das richtig?“ Der Vater deutet auf den anderen Jungen und bebt richtig vor Zorn.

„Der hat mich ja auch nicht angesprungen.“

Der Vater holt Luft. „Sie diskriminieren! SIE DISKRIMINIEREN!“

„Wie jetzt? Hicks.“

„Nur weil Meffe *schwarz* ist, haben Sie ihn angeschnauzt. Nur deshalb!“

„Nein.“ Nun wird es mir zu bunt. „Ich habe ihn angeschnauzt, weil …“

„Die mag mich nicht, die Frau, weil ich nicht weiß bin“, wiederholt Meffe mechanisch und fast heulend die Anschuldigung.

„Das ist Unfug.“

Der Vater brüllt: „Das ist rassistisch. Ich möchte, dass Sie Lukas auch beschimpfen.“

Seit ein paar Tagen, genau genommen seit Montag, ist mein Leben ein Irrenhaus. Alles läuft aus dem Ruder.

„Aber Ihr Lukas hat doch gar nichts gemacht.“

„Gleiches Recht für alle!“, schreit der Vater. Die Leute schauen im Vorbeischwimmen schon zu uns. Sie müssen auch um uns herumeiern, wir behindern den ganzen Badeablauf. „Mein Meffe wird hier nicht allein blöd von der Seite angemacht. Der Lukas muss auch bestraft werden!“

„Können Sie das vielleicht woanders miteinander ausfechten?“, bittet ein Mann. „Sie stehen wirklich mitten in der Schwimmzone.“

„Ich habe Meffe nicht adoptiert, um mir von Ihnen sagen zu lassen, was ich zu tun habe“, blafft der Vater den Mann an und der krault schnell davon.

Mir ist es so peinlich, dass ich im Weg stehe, ich kann es nicht leiden, außerdem habe ich mich vorhin bei den Damen ja über exakt das beschwert. Und der blöde Vater soll mich respektieren. Aber ich möchte das nicht im Schwimmbecken diskutieren. Ich möchte das in Ruhe ohne Zuhörer besprechen.

„Also, also was ist jetzt?“, blökt der Vater.

„Ich finde, wir beide sollten das mal draußen klären“, sage ich mit fester Stimme.

„Was? Ich versteh Sie nicht!“ Wie auch, wenn zwei Bademeister sich von Beckenrand zu Beckenrand was zuschreien. Vielleicht will mich der Vater von Meffe und Lukas aber auch nur provozieren.

„Wir können DAS AUCH DRAUSSEN KLÄREN!“, schreie ich nun, und er weicht erschrocken zurück. Ich folge ihm durchs Wasser und er dreht sich um und schwimmt immer schneller, Meffe und Lukas folgen ihm. Dann sind sie verschwunden.

Ich begreife gar nichts mehr.

„Oha“, sagt der Mann, der eben noch meinte, man könne das am Beckenrand ausfechten, und mittlerweile wieder hergekrault ist. „Dem haben Sie es aber gegeben. Bravo, bravo! Das hätte sich auch nicht jeder getraut.“

„Was denn?“ Ich begreife immer noch nichts. Wenigstens ist der Schluckauf vorbei.

„Na, weil Sie gesagt haben, dass man das auch draußen klären kann.“

Und da kapiere ich es. Der Typ dachte, ich will mich draußen mit ihm kloppen. Und obwohl es mir ein bisschen peinlich ist, bin ich auch fast ein wenig stolz.

Ohne Schwimmbrille macht das Schwimmen gar nicht mehr so viel Spaß, weil ja der Nacken schnell schmerzt, und ich habe sowieso durch das viele Arbeiten am Computer (okay, momentan nicht sooo viel) Probleme mit Nacken und Schultern und Rücken. Dafür ist aber Rückenschwimmen gut, also lege ich die kaputte Schwimmbrille an den Beckenrand und schwimme Rücken, und es passiert, was jedem passiert: Ich knalle mit dem Kopf entweder an den Beckenrand oder schwimme quer und stoße gegen Mitschwimmer und auch noch mal gegen die Frauen, die in der Mitte stehen, was ja auch Schwimmen ist.

Ich weiß nicht mehr, wie viele Bahnen es bislang waren, bin mir aber sicher, dass ich die Schranknummer 389 habe. Und ich muss um … wann muss ich denn aus dem Wasser? Und wann muss ich spätestens an der Kasse stehen? Ich weiß es nicht mehr. Es fängt an zu regnen. Die beiden Frauen, die sich im Wasser stehend unterhalten, ducken sich und sagen: „Ui, ui, ui."

Mir ist die Lust vergangen, ich schwimme zum Ausgang. Die Rechnerei hat mir zugesetzt, mir brummt der Schädel. Jedenfalls werde ich rechtzeitig das Schwimmbad verlassen. Ich bin gut in der Zeit.

Mein Handtuch hängt nicht mehr da. Es ist geklaut worden. Vielen Dank.

Ein paar Minuten später habe ich alle Spindtüren durch, die eine 2, eine 3, 8 und eine 9 beinhalten. Ich bin mir nicht mehr sicher, ob 289, 298 oder 389. Nirgendwo ploppt es, nirgendwo geht eine Tür auf. Und ich habe kein Handtuch. Ich gehe noch mal in die zu warme Schwimmhalle zu einem Bademeister und der sagt, ich müsse hoch an die Kasse. An der Kasse ist es voll und ich muss warten. Ich friere und niemand sagt mal, dass ich vor kann.

Die Frau an der Kasse sagt, sie hole eine Kollegin, und dann kommt die Kollegin mit einem Riesenschlüsselbund an der Hüfte und ich schildere ihr mein Problem ausführlich. Währenddessen kommt das Trio Infernale Vater, Meffe und

Lukas vorbei und beschimpft mich als Rassistin. Die Leute an der Kasse gucken komisch.

„Aber es ist doch klar, dass keiner der Schränke aufging“, sagt die Schlüsselfrau, nachdem ich ihr ein paarmal vorgemacht habe, wie ich versucht habe, die Schränke zum Aufgehen zu bringen.

„Wahrscheinlich wegen der falschen Nummer. Aber irgendeine Nummer muss doch stimmen, ich hatte ja letztendlich ALLE Schränke durch“, sage ich. „Sogar Nummern, die es gar nicht gab.“ Ich war sogar heimlich in der Herrenumkleide, obwohl das total schwachsinnig war.

„Nein.“ Sie deutet mit einem Finger auf mein Handgelenk und hebt dann wiederum einen Schlüssel in der anderen Hand hoch. „Sie haben gar keinen Magnetschlüssel getragen. Der hier wurde vorhin abgegeben. Er lag auf dem Boden vom Außenbecken. Sie haben ohne Schlüssel versucht, die Spinde zu öffnen.“

13 Uhr 30

Ich hätte noch massig Zeit zum Schwimmen gehabt und musste trotzdem nachzahlen, die Gründe kann ich nicht nachvollziehen, obwohl sie mir erklärt wurden, egal.

Am meisten ärgert mich das mit dem Handtuch, das ich natürlich als gestohlen gemeldet habe. „Es war eins von Pierre Cardin“, hatte ich zu der Frau mit dem Schlüsselbund gesagt. Das stimmt. Es war das teuerste Handtuch, das ich je besessen habe. Mir wurde es mal zum Geburtstag geschenkt.

Sie hatte die Stirn gerunzelt: „Ich denke, es war *Ihr* Handtuch? Was denn nun?“ Ich habe es dann gelassen, obwohl ich noch von Haftpflichtversicherung etcetera anfangen wollte, aber die Diskussion habe ich mir gespart.

Ich musste mich mit meinen Klamotten abtrocknen und bin dann wütend nach Hause gefahren. Das mit dem Schwimmen werde ich endgültig abhaken, nicht nur auf der Liste.

Bin so auf 180, dass ich beschließe, nun Nini zu googeln, um die Sache mit Kröte von der Post zu regeln. Es kann wirklich nicht sein, dass ich hier alleine abgewatscht werde. Nicht nur ich habe mich mit Bärchenwurst vollgestopft. Nini auch. Nini war auch böse zu ihm. Bekomme Schnappatmung, als der Laptop nicht gleich hochfährt, um dann beruhigt zu merken, dass schlicht der Akku leer ist. Und Strom gibt es hier in unserer Wohnung, Strom gibt es. Meine Augen brennen vom Chlor, trotzdem will ich die Sache erledigen. Ich will das nicht auf mir sitzen lassen. Aber ich finde Nini nicht. Gut, sie heißt mit Nachnamen Wagner, das gibt's oft, Nini ist ein eher seltener Name. Aber vielleicht finde ich sie unter Annette. Aber auch unter dem Namen finde ich zwar viele, aber niemanden, der auch nur ansatzweise Nini sein könnte.

Ich werde giftig, weil ich sauer auf Nini bin. Und auf Kröte. Wie kommt er bitte dazu, Nini einfach alles zu glauben? Ich lese mir noch mal seine Antwort durch. Als Teufel, als Teufel, als Teufel werde ich hingestellt. Ich steigere mich so in diese Ungerechtigkeit rein, dass ich wütend auf „Antworten" klicke und Kröte mal schreibe, dass Nini ganz sicher kein Engel ist und ich nicht alleine böse bin. Dass Nini sehr wohl mitgemacht hat! Mir fällt auch die Sache mit der Feier damals ein, das schreibe ich auch, und dass Nini bestimmt Alkoholikerin sei und davon mal abgesehen auf Geburtstagsfeiern rumvögelt, das wüsste ich genau, denn damals bei Susannes auf ihrem 45. … Susanne Hellberg, jetzt fällt mir sogar ihr Name wieder ein. In Hildesheim war das. Und ich schreibe, dass er, Kröte, sich nächstes Mal ein bisschen besser überlegen soll, wen er hier angreift. Ohne noch mal nachzudenken drücke ich auf „Senden“ und habe sofort ein furchtbar schlechtes Gewissen, weil ich das Gefühl habe, eine Freundin verraten zu haben. Aber sie ist ja gar keine Freundin mehr. Sie hat mich auf diesem Geburtstag damals noch nicht mal erkannt! Und war ganz schön arrogant. Sie hat dauernd ihr Haar so provokativ nach hinten geworfen und alle Männer angemacht, das weiß ich jetzt alles wieder. Jedenfalls bin ich, was Kröte betrifft, definitiv nicht alleine die Blöde, das muss jetzt mal klargestellt werden.

Es ist lächerlich, was ich tue, das weiß ich unterbewusst, aber ich kann es jetzt nicht mehr ändern.

Es klingelt und zwei Menschen kommen die Treppe hoch. Es sind Hinnerk Huber und Gusti. Wollte Gusti nicht erst am Wochenende kommen? Mir fällt ein, dass wir Freitag haben und sozusagen Wochenende *ist*, wenn auch noch nicht richtig.

Und was will Hinnerk? Er hat keine Pakete dabei.

„Ja Kind, wie schaust du denn aus?“ Gusti schüttelt den Kopf. „Was ist denn mit deinen Haaren und deinen Augen passiert?“

„Haben Sie sich geprügelt?“, will Hinnerk wissen, und ich schaue zum ersten Mal seit dem Nachhausekommen in den Spiegel. Ach du Scheiße. Die Schwimmbrille muss viel zu eng gesessen haben und hat um meine Augen rote Abdrücke hinterlassen, meine Augen selbst sind ebenfalls rot und meine Haare sehen aus, als hätte jemand halbherzig versucht, Filz einzuflechten.

„Ich war schwimmen“, sage ich. „Und mein bestes Handtuch wurde mir geklaut.“

„Hören Sie mal“, sagt Hinnerk. „Können Sie mir morgen Abend Ihre Wohnung leihen?“

„Meine Wohnung? Warum, Sie haben doch eine.“

Gusti runzelt die Stirn. „Wer sind Sie?“, fragt sie Hinnerk.

„Ich bin der Paketbote und habe die Liebe gefunden“, erklärt Hinnerk euphorisch. „Aber ich kann die Liebe nicht in eine Einraumwohnung mit aufgewölbtem Laminat bringen. Das geht nicht. Und ich will doch für Sigrid kochen.“

„Und wo sollen *wir* dann hin?“ Das ist eine berechtigte Frage, wie ich finde.

„Das weiß ich doch nicht. Das müssen Sie doch wissen.“ Hinnerk zuckt mit den Schultern.

„Wir sind doch im Musical“, sagt Gusti. Auch das hatte ich verdrängt. Meine Schwiegermutter hatte sich einen gemeinsamen Musicalbesuch zum Geburtstag gewünscht.

Gusti freut sich. „Das wird so schön morgen! Und weißt du was: Das Würmchen kommt auch mit! Ich dachte, sie sei noch beim Überwintern auf Teneriffa wegen ihrem Rheuma, aber sie ist schon wieder da. Nächste Woche feiert ihre Tochter ihren Fünfzigsten. Du wirst ja auch bald fünfzig, da feiern wir auch, dann beginnt das letzte Lebensdrittel! Jedenfalls hat das Würmchen mich angerufen und gesagt, dass sie schon früher nach Hamburg zurückfliegt. Sie ist also morgen dabei. Ich habe ihr schon eine Karte besorgt. Ach wird das schön!“

Ja. Wir gehen in den „König der Löwen“. Jetzt fällt mir alles wieder ein. Ich könnte ja nun Gusti fragen, warum sie nicht beim Würmchen wohnen kann, immerhin hat es eine große Wohnung und sogar ein Gästezimmer, aber das wäre ja auch unhöflich. Sie hätte aber auch selbst mal auf die Idee kommen können. Aber wahrscheinlich hat Gusti sich nicht getraut zu fragen, weil das Würmchen ziemlich egoistisch ist und eigentlich immer nur an sich selbst denkt.

Das Telefon klingelt. Es ist Carlotta. „Aurelius fragte, wann du mit ihm in den Heide-Park fährst. Er sagte, er habe sich deswegen extra wegen der Mathearbeit angestrengt, weil du es ihm versprochen hast.“

„Äh …“

„Was ist denn jetzt mit der Wohnung?“, unterbricht Hinnerk, was sehr unhöflich ist. Immerhin telefoniere ich gerade.

„Sie sind also verliebt?“, fragt Gusti ihn und Hinnerk lächelt selig. „Das muss man unterstützen. Sind Sie ein enger Freund der Familie?“

Hinnerk nickt einfach. „Ihre Schwiegertochter nimmt sehr oft Pa…“

„Ja, ja, Freundschaft ist ein Geben und Nehmen“, sagt Gusti. „Aber jetzt will ich mich erst mal einrichten. Ich muss länger bleiben. Bei mir war heute Morgen noch ein Wasserrohrbruch. Zum Glück habe ich treusorgende Kinder. Hast du das Bett schon gerichtet, Kind? Sonst mach ich das. Ach, bestimmt hat sie die Bettwäsche wieder nicht gebügelt“, sagt sie dann zu Hinnerk, und der nickt auch noch.

Ich halte mir das freie Ohr zu. „Hör mal, Carlotta. Ich kann jetzt nicht. Und über den Freizeitpark sprechen wir noch mal."

„Aurelius sagte dann zu mir, du könntest ihm stattdessen auch das Geld geben."

„Wie jetzt?"

„Wer trägt denn meine Koffer?", fragt Gusti laut, und ich kann sie trotz des Ohrzuhaltens hören.

Hat sie gerade wirklich die Mehrzahl benutzt?

„Aurelius sagte, als Ausgleich. Eintritt, Pommes, Cola und so weiter."

„Ich kümmere mich um die Koffer", sagt Hinnerk hilfsbereit, und dann natürlich: „Ach je, sind die schwer, mein Rücken, meine Bandscheibe."

„Aurelius sagte, er wolle 100 Euro. Und ich möchte mich nun bei dir bedanken."

„So", sage ich. „Weißt du was, du kannst mich echt mal kreuzweise. Was bist du denn für eine Freundin? Kannst du dem kleinen Drecksack nicht mal sagen, was sich gehört?"

„Das ist es ja, das hab ich ja!", kreischt Carlotta. „Und weißt du, was er gesagt hat, als ich ihn zum ersten, wirklich ersten Mal in seinem Leben so richtig zusammengestaucht habe?"

Was weiß denn ich.

„Er sagte DANKE, MAMA! Zum ersten Mal sagte er ‚danke'. Kannst du das glauben?"

„Das glaube ich unter gar keinen Umständen, es sei denn, er steht unter Alkohol- oder Drogeneinfluss oder er wird wegen irgendwas erpresst oder ihm wird mit dem elektrischen Stuhl gedroht."

„Was du immer redest", jubelt Carlotta.

„Ich denke, Aurelius ist so ein Wunderknabe und macht nichts falsch."

„Sind da Wackersteine im Koffer?", fragt Hinnerk ächzend, und Gusti sagt: „Nun machen Sie mal nicht schlapp, junger Mann. Sie haben Ihr Leben ja noch vor sich."

Carlottas Stimme kippt fast. „Weißt du, was für ein wunderbares Gefühl es ist, sich mal *durchzusetzen*?"

Nein.

„Weißt du, wie schön es ist, wenn man endlich, endlich ernst genommen wird?"

Nein.

„Ich war rigoros zu meinem Sohn, weil du ja meine Freundin bist. Er hat sich richtig erschrocken."

„Das glaube ich."

„Ich sagte: ‚Aurelius, so geht das nicht. Du kannst kein Geld von deiner Patentante verlangen. Das ist ungehörig, was habe ich da für einen Jungen großgezogen. Schäm dich, pfui, schäm dich'."

„Das hast du gesagt?"

„O ja. Aurelius wurde ganz schön wütend, und ich dachte schon: ‚Oha! Wie wird das enden? Wird er gleich durchdrehen?' Deswegen habe ich ihm rasch ein neues Spiel für die Playstation versprochen. Und schon hat er sich bedankt, ach, und wie er sich bedankt hat."

Ich. Mag. Nichts. Mehr. Hören. Von. Dem. Scheiß.

„Dann ist ja alles in Butter." Der Stinker wird sich nie ändern.

„Heute Abend mache ich ja mit Ingmar ein Picknick im Stadtpark. Ich freue mich schon so. Er sagte, er holt mich dann zu Hause ab. Ach ich bin so aufgeregt. Manchmal schaue ich ihn einfach nur an und höre gar nicht richtig, was er sagt. Weil ich sooo verliebt bin.“ Ich schaue aus dem Fenster. Regen, Regen, Regen.

„Also so was Reizendes. Was wird sie sich freuen“, höre ich Hinnerk rufen, gefolgt von „Nicht wahr, nicht wahr“-Rufen meiner Schwiegermutter.

„Ich habe zum ersten Mal das Gefühl, eine richtige Mutter zu sein“, sagt Carlotta. „Ich glaube, Aurelius sieht das auch so.“

„Bestimmt. Du, ich muss Schluss machen, Gusti und der Paketbote sind da.“

„Dieser Irre mit dem aufgequollenen Laminatboden, der keine Datteln mag?“

„Er ist allergisch.“

„Ich mag auch keine Datteln“, sagt Carlotta. „Wenn es mit Ingmar nichts werden sollte, schau ich mir deinen Paketboten mal an. Hihihi.“

„Er heiratet bald“, sage ich schnell. Wie konnte ich jemals darüber nachdenken, dass es gut wäre, wenn die beiden zusammenkommen? Ich habe keine Kraft mehr. Dann hocken die immer hier.

„Ich rufe morgen an und berichte! Ach, ist das schön, eine richtige Mutter zu sein! Und deine Schwiegermutter ist da? Sag mal einen schönen Gruß.“ Im Hintergrund blökt Aurelius herum, und ich lege auf.

Dann schaue ich auf die Uhr. Gut. Frodo muss bald zu Hause sein. Und ich muss jetzt erst mal so tun, als würde ich mich über die Mitbringsel von Gusti freuen. Ich weiß, ohne dass ich sie gesehen habe, dass es einen Schal für mich und Socken fürs Schnäuzchen geben wird. Gusti ist mit so einer Frau befreundet, die sich nach einer gescheiterten Ehe selbst verwirklicht hat und nun einen Ökoladen betreibt, Honig schleudert und alles selbst batikt und strickt. Ich benutze die kratzigen Schals, die nach Schaf stinken, als Wintermantel für die Terrakottatöpfe der Balkonpflanzen. Aber das darf Gusti natürlich niemals erfahren.

Irgendwann wird auch dieser Tag zu Ende gehen!

15 Uhr 10

„Na, das wurde aber auch Zeit“, erklärt uns Ingo Schacher und schaut auf seine Armbanduhr. Wir warten schon seit einer Viertelstunde und ich verstehe nicht ganz, was er meint. Aber vielleicht führt er ja auch Selbstgespräche. Frodo ist natürlich die ganze Zeit nur am Meckern: „Jetzt steh’n wir hier wie bestellt und nicht abgeholt, außerdem denken die Nachbarn, wir machen gerade den Führerschein, und sowieso, du immer mit deinen Einfällen! Mann, ist das kalt, wieso hast du denn gesagt, eine Übergangsjacke genügt?“

„Weil ich nicht wusste, dass wir so lange auf der Straße stehen würden.“

„Was ist das überhaupt für ein blödes Wort, Übergangsjacke“, nörgelt Frodo. „An normalen Freitagen würde ich jetzt schön Kaffee trinken und die Füße hochlegen. Heute wollte ich eigentlich zu Tchibo Prozente, da gibt es dieses Teil aus Porzellan, auf das man Brathähnchen setzen kann, und einen Silikonbackpinsel brauchen wir auch.“

Frodo liebt Küchenzubehör. Und Gewürze. Wir haben beispielsweise kein Salz, sondern eine Saline zu Hause. Und ganz viele Chilischoten aus Sri Lanka, über die mal Kakerlaken spaziert sind. Und so viele Holzbretter, dass man mit Fug und Recht behaupten kann: Wir tragen immense Mitschuld daran, dass der tropische Regenwald Probleme hat.

Aber nun ist Herr Schacher endlich da.

„Das ist Herr Baumgarten", sagt er, nachdem er und ein hagerer, großer, ernster Mann ausgestiegen sind. „Wir hatten gerade noch eine Prüfungsfahrt."

Aus dem Wageninnern höre ich leises Schluchzen. Fragend schaue ich die beiden an.

„Das ist der Fahrschüler", sagt Herr Baumgarten und hätte vom Tonfall her auch „Das ist der Feind" sagen können. „Und das wird Moritz auch erst mal bleiben." Das Schluchzen wird lauter.

„Ach je, der Arme", sage ich, weil der Fahrschüler mir leidtut.

„Was soll man machen?", fragt Herr Baumgarten streng. „Wenn der junge Mann seine Computerspiele mit dem echten Leben verwechselt, kann ich ihm auch nicht helfen."

„Das verstehe ich nicht", sagt Frodo.

„Was würden *Sie* an meiner Stelle tun, wenn Folgendes passiert", erklärt Herr Baumgarten. „Wir fahren auf einen Zebrastreifen zu, den gerade eine alte Dame mit ihrem Rollator überqueren will. Wie reagieren wir da?"

„Wir bremsen!", rufen Frodo und ich im Chor und sehen uns stolz an, weil wir beide die richtige Antwort wissen. So etwas schweißt zusammen.

„Das würde wohl jeder normale Mensch tun." Herr Baumgarten nickt. „Unser Führerscheinanwärter jedoch hat aufs Gaspedal gedrückt wie ein Irrer, weil, so hat er uns später erklärt, er „ein zusätzliches Leben erhält", wenn er die Frau mit dem Rollator erwischt. So ähnlich wie in seinen Computerspielen, er hat da wohl was durcheinandergebracht mit Gaspedal und Controller."

„Buhuuu", kommt es aus dem Auto.

Ich kann das gar nicht glauben.

Herr Baumgarten schüttelt den Kopf. „Nun ja. Für heute ist es genug. Wenn Sie", er nickt Herrn Schacher zu, „mich nun bitte nach Hause fahren würden. Ich werde zum Kaffeetrinken erwartet. Und den jungen Mann setzen wir an der Fahrschule ab, wo sein Rad steht. Das wird er noch einige Zeit brauchen."

„Natürlich", sagt Herr Schacher und schaut uns dann an. „Wer will denn zuerst fahren?" Weil Ingo Schacher recht klein ist, wippt er dauernd im Stehen mit den Füßen hoch und runter, um immer für eine Sekunde etwas größer zu wirken.

Frodo sagt: „Fahr du nur zuerst."

Ich sage: „Nein, du." Offenbar will keiner von uns beiden dann fahren, wenn der Prüfer mit im Auto sitzt.

„Also ich würde jetzt gern heim. Es ist wie gesagt Kaffeetrinkzeit", sagt Herr Baumgarten, der langsam ungeduldig wird, klettert umständlich in den Wagen und setzt sich auf die Rückbank neben den armen Sünder, der doch nur ein zusätzliches Leben wollte.

„Ladies first", sagt Ingo Schacher, geht ums Auto und hält mir galant die Fahrertür auf. „Et voilà", sagt er und nun bleibt mir nichts anderes übrig, als einzusteigen.

17 Uhr 30

Frodo und ich stehen vor unserem Haus und sagen nichts. Wir schauen nur dem Fahrschulauto hinterher, das nicht von Ingo Schacher gefahren wird. Ingo Schacher sitzt mit Herrn Baumgarten, Moritz und einem aufgerissenen Kuchenpaket auf der Rückbank und ist klein mit Hut.

Dabei hatte alles so schön angefangen.

Die Sonne war rausgekommen, nachdem ich den Motor gestartet hatte, und es gab einen Regenbogen, den man trotz der Häuser teilweise gut erkennen konnte. Ich war frohgemut losgefahren und Ingo Schacher hatte mich darauf aufmerksam gemacht, dass seit dem 1. Januar 1976 die Anschnallpflicht auf Vordersitzen gelte.

„Ich schnalle mich sonst immer an, es war nur wegen dem Regenbogen, er ist so schön“, rechtfertigte ich mich.

„Fahren Sie doch jetzt bitte einfach weiter“, sagte er dann, nachdem ich den Gurt festgeschnallt hatte.

„Wer ist denn überhaupt auf diese Idee mit der Fahrstunde gekommen?“, wollte Herr Baumgarten vom Rücksitz aus wissen.

„Ich“, sagte ich stolz.

Herr Baumgarten sagte: „Ach! Ich finde das gar nicht mal so schlecht, sich von Fachleuten sagen zu lassen, wer der bessere Fahrer ist. Apropos Fahrer, *fahren* Sie doch mal.“

„Ich fahre doch.“

„Sie kriechen.“ Herr Baumgarten war genervt. „Sie fahren langsamer als eine Schnecke.“

„Nun gib doch Gas. Die Ampel da ist grün“, meckerte Frodo. „Die schaffst du noch. Los, fahr!“

„Einen Moment mal, bitte“, sagte Herr Baumgarten. „Hier ist nur Tempo 30 erlaubt. Und Sie mischen sich nicht ein.“

„Sie haben doch selbst gesagt …“

„Ich hatte angeregt, schneller als 5 km/h zu fahren, weil hier eine 30-km/h-Zone ist, aber ich wollte Ihre Frau nicht dazu anstiften, eine Verkehrswidrigkeit zu begehen. Das wollte ich sicher nicht. *Ganz* sicher nicht.“

„Genau“, sagte ich und die Ampel wurde rot und blieb es lange.

„Meine Güte“, sagte Frodo dann nach einiger Zeit. „Siehst du nicht, dass es grün ist? Jetzt FAHR DOCH!“

Ich gab rasch Gas und fand den Schleifpunkt nicht gleich, das Auto jaulte auf, dann sauste ich los und Herr Schacher trat neben mir auf seine eingebaute Bremse. „Sind Sie wahnsinnig?“

„Aber mein Mann hat doch gesagt …“

„Das war die Fußgängerampel. Die war grün.“ Herr Schacher drehte sich zu Frodo um. „Sie sind jetzt bitte still.“

„Man sieht ja von hier hinten gar nicht, was das für eine Ampel ist“, sagte Frodo wütend. „Ich habe nur grün gesehen.“

„Und ich sehe gleich rot.“ Herr Baumgarten holte umständlich ein Taschentuch aus seiner Jacke. „Die Pollen. Jetzt fängt das wieder an.“

„Soll ich weiter geradeaus fahren?“, fragte ich.

„Nein, erst mal warten Sie, bis grün ist. Haaaaaatschi!“

„Das ist mir auch klar. Ich bin ja nicht blöd.“

„Nein, natürlich nicht.“ Frodo.

Ich sparte mir eine Antwort, weil ich keinen Streit vom Zaun brechen wollte. Nicht in diesem Auto. „Der Regenbogen ist aber schön." Ich deutete Richtung Himmel.

„Grüner wird's nicht." Frodo. Ich begann ihn zu hassen. Langsam zwar, aber ich begann.

„Ist was mit dem Auto?", wollte Herr Schacher wissen.

„Ich kann das besser", sagte der Fahrschüler.

Ich fragte: „Was soll denn mit dem Auto sein?"

„Fahren Sie doch bitte los."

„Es ist doch rot."

Herr Schacher lehnte sich zurück. „Ja, jetzt *wieder*."

Dann wurde es wieder grün und ich zuckelte los. „Ja, wen sehe ich denn da?", fragte Herr Baumgarten. „Wer überholt uns denn da auf dem Bürgersteig?" Er lachte auf. Wir alle schauten hin. „Das ist die Frau mit dem Rollator, die von vorhin", sagte Moritz. „Sie ist schneller als wir." Seine Stimme klang fassungslos.

„Hoffentlich treffen wir niemanden, der uns kennt", sagte Frodo.

„Ich bin eben eine defensive Fahrerin", erklärte ich hoheitsvoll, während das Auto vor sich hin rollte. Ich gab ein wenig mehr Gas, und da kam wieder ein Zebrastreifen und die Dame steuerte drauf zu. Ich wollte einen kleinen Scherz machen und tat so, als würde ich aufs Gas treten, woraufhin alle „Nein!" schrien, nur nicht Moritz, der schrie: „JA!"

„Hatschi, Hatschi, Sie sind mein Untergang", sagte Herr Baumgarten, nachdem ich den Scherz erklärt hatte. „Himmel, ich glaube, ich bekomme einen Allergieschock. Die Pollen."

Meine Güte. Kranke Männer beziehungsweise angeblich kranke Männer. Was Schlimmeres gibt's nicht.

Mit Frodo ist es teilweise auch schlimm. Da hat er plötzlich dieses komische Kratzen im Hals, die Nase läuft, und jeder Knochen tut ihm weh, und er behauptet, sein letztes Stündlein habe geschlagen. Er hat dann eine Erkältung, wenn überhaupt. So wie Millionen von Menschen auch hin und wieder. Bei ihm ist es allerdings „was ganz anderes“. Innerhalb von Sekunden ist er todkrank. Alles ist sinnlos geworden. Warum noch morgens aufstehen, warum überhaupt noch irgendetwas tun, das Leben ist doch sowieso bald vorbei. Manchmal wage ich es, zu sagen: „Lass dich nicht so hängen“, und ernte vorwurfsvolle Blicke. Herrje. Ich hatte auch schon mal eine Erkältung. Deswegen habe ich mich aber nicht mit Medikamenten für eine Bundeswehrkompanie aufs Sofa gelegt und mich selbst bemitleidet. Aber natürlich habe ich Frodo Suppe gekocht und Tee gebracht und was weiß ich. Er war das auch „von zu Hause aus“ gewohnt, dass man das bei Krankheit machte. Manchmal gehört Gusti geschlagen.

Abends konnte er allerdings mit einem Freund eine Kneipentour machen, da war die Erkältung wie durch Zauberhand plötzlich weg. Sie kam aber am nächsten Morgen wieder, als es darum ging, wer von uns beiden Brötchen holt. Ist das zu fassen?

Kürzlich telefonierte ich mit einer Bekannten, das fällt mir gerade ein. Sie redete so leise, dass man annehmen könnte, der Geheimdienst sei ihr auf den Fersen. Weit gefehlt, lediglich war ihrem Mann im Büro eine Klarsichthülle auf den Kopf gefallen und nun war er der Annahme, er habe einen Schädelbasisbruch. Und um ihm die letzten Lebensminuten nicht mit lauten Telefonaten zu vermiesen, nahm sie eben Rücksicht.

Wenn Männer glauben, krank zu sein, mutieren sie zu Säuglingen. Teilt das Großhirn dem Kleinhirn dann irgendetwas mit, was sie zu solchen Verhaltensmustern treibt? Ich weiß es nicht und werde es wahrscheinlich auch nie herausfinden.

Aber ich schweife ab. Herr Baumgarten musste dauernd niesen.

„Die Straße ist größtenteils frei", sagte Herr Schacher dann und hatte recht. Ich nickte also zustimmend. „Das ist wirklich selten um diese Zeit."

„Ich behaupte einfach mal, es liegt daran, dass Sie recht langsam fahren. Vor Ihnen befindet sich kein Auto mehr. Sie könnten, also ich erwähne das nur so am Rande, Sie *könnten* in den zweiten Gang schalten. So ein Auto ist ja kein Kinderwagen. Es hat fünf Gänge."

„Gut." Ich schaltete in den zweiten Gang, und zehn Sekunden später ging der Motor aus. Abgewürgt.

„Oha", sagte Frodo sarkastisch. „Da ist aber jemand viel zu schnell gefahren."

Hinter uns hupte es, und ich startete den Motor erneut. „Wo wollen wir denn eigentlich hin?"

„Richtung Autobahn."

„Aha. Können Sie das ins Navi eingeben?"

„Dieses Auto hat kein Navi. Ich finde, jeder sollte auch ohne Navi im Straßenverkehr klarkommen. Es gibt ja Karten." Herr Schacher grinste selbstgefällig.

„Wofür gibt es denn dann die Navis?" Ich bekam Angst. Ich war einer der glücklichsten Menschen, als das Navi erfunden wurde. Ich bin nämlich sehr orientierungslos.

Es gibt ja Leute, die setzen sich einfach in ihr Auto, um von Frankfurt aus zu entfernten Verwandten nach Mecklenburg-Vorpommern zu fahren, ohne a) einmal anzuhalten und b) auch nur ein einziges Mal in eine Straßenkarte zu schauen. Vor diesen Menschen habe ich schlicht Angst. Sie sind mir unheimlich. Als es noch keine Navigationsgeräte gab, druckte ich mir grundsätzlich die Wegbeschreibung in vergrößerter Schrift (damit man beim Fahren gut lesen kann) mindestens zehnmal aus (weil ja einzelne Blätter vom Fahrtwind durchs runtergelassene Scheibenfenster weggeweht werden können).

Ich verfahre mich auch heute noch ohne Navi immer. Vielleicht liegt das daran, dass ich in Panik rechts mit links verwechsle oder Straßenschilder grundsätzlich nicht lesen kann. Ich meine, wenn auf der Autobahn ein Schild mit der Aufschrift Schwerin-Ortsmitte, 500 Meter, steht, ist es doch normal, dass man weiterfährt, wenn man ins Zentrum möchte. Wenn man ins Zentrum möchte, muss da doch „Zentrum" stehen und nicht „Ortsmitte".

Das Schlimmste ist das Verfahren in einer Stadt selbst. Ich bevorzuge das Fragen bei Nachbarautos an roten Ampeln. Es könnte so einfach sein. Auf die Frage: „Wo ist denn die Leipziger Straße?" könnte der hilfsbereite Mensch im Auto neben mir doch einfach antworten: „Die nächste rechts, dann nach hundert Metern links und dann wieder rechts."

Aber nein. Ich gerate immer an Menschen, die mir erklären, warum ich jetzt erst mal geradeaus fahren soll („Da ist nämlich seit letzter Woche eine Baustelle, da war ein Wasserrohrbruch, da war was los, die sind da Tag und Nacht am Arbeiten!") oder in welche Straße ich dann irgendwann einbiegen soll und warum („Das ist nämlich eine verkehrsberuhigte Zone, aber erst seit Oktober letzten Jahres, weil der Hund, ein Dobermann, von Ortwin Richter, der ist hier ein angesehener Mann, weil er ehrenamtlich den Kaninchenzuchtverein leitet, angefahren wurde und die rechte Vorderpforte zum Teil angebrochen war!"). Noch bevor ich erfahren kann, ob der Dobermann von Ortwin Richter zwischenzeitlich wieder gesund ist, wird die Ampel natürlich grün und hinter mir fangen alle Autos an, wie wild zu hupen. Ich habe leider nicht die Nerven, das zu ignorieren, und fahre dann notgedrungen weiter, um in irgendeiner Sackgasse zu landen, in der man noch nicht mal wenden kann.

Ich kann machen, was ich will, es wird nicht besser mit meiner Orientierungslosigkeit.

Selbst mein alter Kollege Tim aus Hessen, der alle Straßennamen in Deutschland auswendig weiß und auch, wie man dort hinkommt, verzweifelt langsam an mir. Weil ich grundsätzlich immer „über Frankfurt, die Strecke kenn ich" gefahren bin, selbst wenn es in die entgegengesetzte Richtung gehen sollte.

Wie gesagt, ich bewundere Menschen, die ihren Weg sofort finden.

Und ich musste den Weg zur Autobahn finden.

„Früher hatten die Leute auch kein Navi", sagte Frodo, der sich gut orientieren kann.

„Früher mussten die Leute sich aber auch nicht anschnallen", erwiderte ich, als ob das was damit zu tun hätte.

„Ich muss auch bald mal nach Hause", meckerte Moritz.

„Wir setzen dich an der Fahrschule ab", sagte Ingo Schacher.

„Nein, das wird zu spät. Lassen Sie mich doch bitte hier an der Ecke raus."

„Nein, an der Fahrschule. So war es abgemacht. Es wird hier nicht im fließenden Verkehr ausgestiegen, Moritz."

„Aber es ist Nacht, wenn wir da ankommen", blökte Moritz.

„Ich bin noch nie gern schnell gefahren", erklärte ich. „Die schlimmsten Unfälle passieren durch zu schnelles Fahren."

„Das ist gut möglich", sagte Herr Schacher. „Ich hörte allerdings auch schon von Unfällen mit Todesfolge, denen Amokläufe vorangegangen sind. Amokläufe von Autofahrern, die hinter einem sehr langsam fahrenden Auto herzuckeln mussten, obwohl die Straße frei war. Aber so was von frei. Schauen Sie bei Gelegenheit doch mal in den Rückspiegel."

Ich tat es und sah, dass sich ein langer Stau, möglicherweise sogar wegen meines Fahrstils, gebildet hatte. Der Mensch im Fahrzeug hinter mir schlug dauernd auf sein Lenkrad ein. Es sah lustig aus, weil man es ja nicht hören konnte.

„Soll ich aussteigen und schieben?", fragte Frodo. „Dann geht's vielleicht schneller."

„Ich fahr ja schon." Ich gab Gas. Und da war auch das Autobahnschild.

„Hatschi! Es wird immer schlimmer." Herr Baumgarten schnaubte in sein Taschentuch. „Da vorn ist eine Bäckerei, ich brauche noch Kuchen. Hier", er fummelte einen Geldschein aus seiner Hosentasche und drückte ihn Moritz in die Hand. „Lauf da mal rüber und hol verschiedene Kuchen."

„Ich kann hier schlecht parken", warf ich ein.

„Hahaha! Du parkst doch die ganze Zeit." Frodo.

„Ich denke, ich soll nicht im fließenden Verkehr aussteigen", beschwerte sich Moritz.

„Ich hör nur fließender Verkehr", sagte Ingo. „Nun geh schon."

Moritz stieg grummelnd aus.

„Ich muss mich für meine Frau entschuldigen", bemerkte Frodo. „Sie meint es nicht böse. Sie ist einfach so."

„Wie schön. Das ändert zwar nichts, aber schön", schmunzelte Herr Baumgarten. „Ich finde das auch gar nicht so schlimm. So weiß ich, wie sich die Menschen im 18. Jahrhundert gefühlt haben."

„Wie?", fragte ich.

„Ich meine die Menschen in Kutschen, die von lahmenden Pferden gezogen wurden. Ach, da ist ja Moritz. Lauf nicht so schnell, Moritz, langsam, hier sind wir schon, langsam … da hat er doch tatsächlich gedacht, wir wären bereits da vorn. Hahahahaha!"

Moritz stieg wieder ein und hatte auch Kuchen dabei.

„Ich schreibe meiner Frau mal eine SMS", murmelte Herr Baumgarten dann. „Ich komme so selten nach einer mittäglichen Fahrprüfung erst im Morgengrauen nach Hause. Sie soll sich keine Sorgen machen. Eigentlich brauche ich den Kuchen auch nicht mehr. Zum Kaffeetrinken komme ich erst morgen wieder."

Ich fragte: „Ist der Regenbogen nicht schön?", und dann blinkte ich ordnungsgemäß, weil ich auf den Beschleunigungsstreifen fuhr.

„Jetzt fahre ich schneller", sagte ich und schaltete in den dritten Gang. Fast hätten die Insassen applaudiert.

„Also darauf einen Schnaps.“ Herr Baumgarten holte einen Flachmann aus der Tasche. „Normalerweise genehmige ich mir immer einen, wenn ein Prüfling …“, kurzer Blick zu Moritz, „… bestanden hat. Aber heute mache ich eine Ausnahme.“ Er schraubte die Flasche auf und nahm einen Schluck. „Herrlich. Ein guter Malt. Ich war ja kürzlich mit meiner Frau in Schottland. Die haben da wirklich guten Whisky.“

„Krieg ich auch einen Schluck?“, fragte Moritz.

„Heut will ich mal nicht so sein“, sagte Herr Baumgarten und reichte ihm die Flasche.

„Also ich würde auch nicht Nein sagen.“ War ja klar, Frodo.

„Überholen Sie doch bitte mal den Lkw“, sagte Herr Schacher. „Ob ich wohl ein Stücklein von dem leckeren Kuchen bekomme? Trinken kann ich ja nichts – wegen ihr.“ Ich fühlte mich schuldig, obwohl ich unschuldig war. So muss Anne Boleyn sich damals auch gefühlt haben, als Heinrich sie wegen Hochverrats hinrichten ließ.

„Ich mach mal das Radio an.“ Ich fummelte an dem Ding rum, und es fing an zu dudeln.

„Das Lied passt ja“, rief Frodo. „Vom Alter mal abgesehen. Lasst uns alle mitsingen.“

„Das Lied kenn ich nicht.“

„Dann sei du ruhig. Aber die anderen alle.“

Es lief „Im Wagen vor mir fährt ein junges Mädchen“, dieses alte Lied, in dem ein Mann hinter einem Auto herfährt, in dem ein junges Mädchen sitzt, und er überlegt sich die ganze Zeit, wie dieses Mädchen wohl so ist. Ein absolut schwachsinniger Text, den aber alle bis auf Moritz auswendig mitsingen konnten: „Im Wagen vor mir fährt ein junges Mädchen. Sie fährt allein und sie scheint hübsch zu sein. Ich weiß nicht ihren Namen und ich kenne nicht ihr Ziel, ich merke nur, sie fährt mit viel Gefühl."

„Wie schade, dass ich nicht auch was trinken kann, das ist ja so gemütlich. Wenigstens hab ich Kuchen", sagte Herr Schacher und sah mich wieder wehleidig an. „Wobei, Sie *haben* ja den Führerschein, da wird wohl nicht allzu viel passieren, wenn man diese Tatsache mit der, dass Sie nicht über 50 fahren, kombiniert." Wir wurden nun schon vom vierten Lkw mit Lichthupe und normaler Hupe überholt. Die Fahrer hörten bestimmt auch das Lied und freuten sich, weil bis eben noch ein Wagen mit einem jungen Mädchen vor ihnen herfuhr. Aber dann mussten Prioritäten gesetzt werden.

„Von mir aus trinken Sie ruhig", sagte ich. „Ich habe die Situation im Griff."

„Hat jemand ein Diktiergerät dabei?", fragte Frodo. „Das ist ein Satz für die Ewigkeit."

„Nur ein Schlückchen", sagte Herr Schacher und kicherte. „Nicht viel. Ich bekomme von Alkohol manchmal Muskelkrämpfe. Keine Sorge, keine Sorge, es wird schon nichts passieren." Er nahm einen Schluck, und noch einen, der Flachmann kreiste, und wie aus dem Nichts tauchte ein zweiter auf. Ich griff rüber zum Kuchenpaket, stopfte ein Stück Mandelhörnchen in mich rein und konzentrierte mich, während der Rest der Belegschaft fröhlich sang. Jetzt trällerten sie das Lied mit, in dem eine Frau dem Zuhörer erklärt, dass ihr Liebster Besitzer eines knallroten Gummiboots ist.

Und dann, ich werde es nie vergessen, machte Herr Schacher: „Ah, ah, au, au!", und schlug mit beiden Händen auf seine Beine ein, die hin- und herzuckten. Wie von Geisterhand beschleunigte das Fahrschulauto und ich drückte geistesgegenwärtig auf die Bremse, aber es tat sich nichts. Ich ließ das Mandelhörnchen fallen und schrie: „Zieht ihn da weg!“, weil Herr Schacher nämlich offenbar einen Krampf bekommen hatte und die ganze Zeit mit einem Fuß das Gaspedal auf seiner Seite durchtrat. Bei Fahrschulautos hat der Fahrlehrer ja auch einen kompletten Satz Kupplung, Gas und Bremse.

Herr Baumgarten hatte allen Ernstes die Nerven, erst noch den Flachmann zuzuschrauben, dann zog er Herrn Schacher gemeinsam mit Frodo nach hinten, irgendwie schafften sie es, den Sitz umzuklappen.

Und während ich noch dachte *Ach guck mal, ist ja doch ganz schön, mal schnell zu fahren*, sah ich im Rückspiegel das Blaulicht.

Und nun stehen wir hier.

„Zum Glück verlieren Herr Schacher und Herr Baumgarten nicht ihre Führerscheine“, sage ich.

„Es war ja eigentlich eine Privatfahrt“, meint Frodo. „Und du warst ja ausnahmsweise mal nüchtern.“

Ist es zu glauben?

Wir waren der Zivilstreife schon die ganze Zeit aufgefallen, weil das Auto so langsam fuhr, sogar unter den gesetzlich vorgeschriebenen 60 km/h auf der Autobahn, und dann ist es ja plötzlich schneller geworden. Ich habe dann natürlich angehalten, und die Beamten waren schon ein bisschen verwundert, weil das ja sichtbar ein Fahrschulauto war. Selbstredend roch es nach Alkohol und dann noch die laute

Musik. Kurzum: Alle mussten pusten, ich auch, obwohl ich zugegeben hatte, nicht getrunken zu haben. Dann musste ich hinter dem Zivilfahrzeug herfahren und das übliche Prozedere bei der Polizei über mich ergehen lassen, Personalien und so weiter. Danach konnten wir gehen, und die anderen werden jetzt auch heimgefahren.

„Jedenfalls steht jetzt fest, dass ich der bessere Fahrer bin", sage ich.

„Wieso das denn?" Frodo wirkt fassungslos.

„Weil du nicht gefahren bist. Ganz einfach."

Frodo schaut mich an. „Jetzt kannst du wieder einen Haken machen", sagt er. „Und ich bringe einen an der Wohnzimmerdecke an. Wenn das so weitergeht, werde ich mich aufhängen."

18 Uhr

Gusti war zwischenzeitlich schon beim Edeka und macht jetzt eins der Lieblingsessen vom Schnäuzchen: Hühnerfrikassee mit Reis und danach Zitronencreme. Da hat er früher nämlich auch immer so ein süßes Schnäuzchen gezogen, wenn er die Creme gegessen hat. „Weil Zitronen ja per se säuerlich schmecken", erklärte mir Gusti zum achttausendsten Mal in über zehn Jahren.

„Ein Nachbar war da", erzählt sie, während sie in der Küche herumfuhrwerkt und die Sachen in den Schubladen „mal übersichtlich und sinnvoll" sortiert. Da liege ja „einiges im Argen".

„Er sagte, dein lieber Mann soll nicht vergessen, dass er heute Abend mit ihm, also dem Nachbarn, das Gleisstellwerk reparieren wird." Sie schaut zu Frodo. „Ich wusste gar nicht, dass du einer Nebentätigkeit nachgehst, Schnäuzchen."

„Nein", sagt Frodo. „Das ist ein Hobby."

„Aha. Ein Gleisstellwerk als Hobby, nun gut. Ach so, und er sagte noch, er habe den Zuschlag bei zwei Auktionen bekommen."

„Bei welchen, bei welchen?", fragt Frodo nun aufgeregt.

„Ich habe es aufgeschrieben." Gusti setzt ihre Lesebrille auf, die immer an einer Kette um ihren Hals hängt, und holt einen Zettel aus ihrer Schürzentasche. „Einen europäischen Transitzug ‚Rollende Landstraße' sowie den schweren Erzzug ‚Langer Heinrich'. Nun heißt es noch Daumen drücken für ein gerades Gleis in Betonschwellenoptik. Das ist dann ein Geburtstagsgeschenk für einen Freund."

„Wann gibt es denn Essen?", frage ich. Ich habe entsetzlichen Hunger. Außer dem Frühstück und einem halben Mandelhörnchen habe ich heute nichts zu mir genommen. Nicht dass es mir schaden würde, aber hungrig bin ich trotzdem.

Gusti liebt es, gebraucht zu werden. „Oh ja, die Kinder haben Hunger! Hier, meine Liebe, nimm den Reis, alles ist fertig, schaffst du auch noch die Schüssel mit dem Frikassee? Nein, nicht du, Schnäuzchen, du sollst nicht so schwer tragen! Deine Frau kann das schon alleine."

„Mama!", ruft Frodo.

„Setz dich nur schon hin, Liebster", trällere ich. „Deine dünnen Streichholzärmchen sollen eine solche Last nicht heben. Und die zarten Fingerchen müssen ja nachher noch Gleise reparieren."

Ich stolziere mit den beiden Schüsseln an ihm vorbei. Böse stapft er mir hinterher. Gusti ist wirklich lustig. In ihren Augen ist Frodo immer noch ein kleiner Junge, der nicht schwer heben darf, weil er sich als Kind mal einen Wirbel angeknackst hat, was aber natürlich längst verheilt ist. Mittlerweile macht Frodo seit Jahren viermal pro Woche Sport, ist groß und sehr muskulös. Aber so was sieht Gusti nicht. Sie hat – und ich schwöre, ich schreibe die Wahrheit – einmal beim Essen ihren Daumen mit der Zunge angefeuchtet und hat ihrem Schnäuzchen ein Stück Lauch von der Wange entfernt.

20 Uhr 15

Gusti schaut *Wer wird Millionär* und regt sich darüber auf, dass Günther Jauch zu den Kandidaten, die er nicht mag, arrogant und überheblich ist. Sie sagt, gleiches Recht für alle. Und denen, die er mag, hilft er, sagt sie, das sei doch nicht richtig, die anderen schon bei der 50-Euro-Frage ins offene Messer rennen zu lassen. Ich wiederum finde, wer im Eingangsgespräch großkotzig erzählt, dass er sowieso und ohne einen einzigen Joker die Million abgreifen wird, da könne man aber Gift drauf nehmen, und dann schon die erste Frage versemmelt, weil man nicht weiß, dass das fehlende Wort bei „Hals über …“ Kopf ist und nicht Kropf, Topf oder Zopf, hat es nicht besser verdient.

Gusti sagt immer, die Allgemeinbildung von heute sei mit der von früher nicht zu vergleichen. Damals hätten die Leute noch nachdenken müssen, heute, mit dem Internet, würden alle verblöden. Damit hat sie ja nicht ganz unrecht. Aber

Gusti kann keine einzige Frage richtig beantworten, weil sie fast nie auf die Fragen guckt und auch nicht zuhört, sie regt sich nur über Günther Jauch auf.

„Ist die Erkältung vom Schnäuzchen eigentlich weggegangen?“, fragt sie nun.

Hallo? Ganz offenbar ist das Schnäuzchen gesund, also ist sie wohl weg, die Erkältung!

„Ja klar.“

„Hat er Pfefferminztee getrunken? Ich sag ja immer, man soll nicht gleich Anabolika nehmen oder so, das ist meistens gar nicht nötig.“

Himmel, jetzt geht das wieder los. Gusti hat's hin und wieder nicht so mit Fremdwörtern, wenn sie ein Schnäpschen intus hat, so wie jetzt. Sie verwechselt dann alles. Ein Fläschlein mit Kirschlikör steht neben ihr und natürlich ein Gläslein.

„Er ist gesund und brauchte keine Medikamente.“

„Gut.“ Sie ist zufrieden. „Also nun hör dir den Günther Jauch an. Da fragt er die Frau ganz abfällig, was sie beruflich macht.“

„Er fragt ganz normal, Gusti.“

„Nein, tut er nicht.“ Sie stellt den Fernseher lauter. „Hör doch mal. Die arme Frau.“

Himmel.

„Eigentlich ist es ein Jammer, dass ich damals ins Hotelfach gegangen bin“, erklärt mir Gusti. „Ich hätte Medizin studieren sollen. Ich wäre sicher eine gute Ärztin geworden, ich mit meinem Gerechtigkeitssinn und meiner Auffassung, dass niemand schuldig ist, solange die Schuld nicht bewiesen ist.“

„Dann hättest du Jura studieren müssen." Also ehrlich, warum muss ich hier eigentlich meine Schwiegermutter bespaßen?

„Ist das nicht ein und dasselbe?"

Nein.

„Oder Krankenschwesterin." Sie nimmt noch ein Schlücklein. „Das wäre auch schön gewesen. Ach übrigens, du darfst nicht vergessen, Würmchens Tochter zum Geburtstag zu kondolieren. Das ist sehr wichtig. Der fünfzigste. Aber sie hat sich gut gehalten. Bei der einen sieht man das Alter mehr, bei der anderen weniger." Wie sie das wohl meint?

Ich schaue nicht mit, sondern lese noch mal Mails. Frodo ist zu Bert Schlosser nach oben gegangen und hat „keine Ahnung, wie lange das mit der Reparatur dauern wird". Neben mir liegt das blöde neue Smartphone, auf dem sowieso nie jemand anrufen wird, weil alle denken, ich habe hier keinen Empfang, und ich nehme es sowieso nie mit, wenn ich weggehe.

Warum habe ich überhaupt jemals ein Handy besessen? Ich hasse es, mit den Dingern zu telefonieren, das ist schon immer so gewesen. Carlotta hat früher immer über mich gelacht und gesagt, ich hätte einen Spleen, was das betrifft. Ich würde mich Neuerungen verweigern. Aber sie selbst weigert sich zum Beispiel, eine Mailbox auf ihrem Handy einzurichten, weil ihr das zu teuer ist, und sie geht nie ran, wenn jemand mit Rufnummernunterdrückung anruft. „Keiner, den ich kenne, hat Rufnummernunterdrückung, selbst Marktforschungsunternehmen müssen laut Gesetz mittlerweile ihre Nummer anzeigen", sagt sie. „Außerdem können die auf die Mailbox sprechen."

„Du hast doch keine."

„Das merken die dann auch, die Anrufer. Und wer was will, ruft noch mal an."

„Aber du gehst doch *nie* ran, wenn die Nummer nicht zu erkennen ist."

„Das merken die dann auch, die Anrufer."

Das zum Thema Spleen.

Ach, diese Handys!

Am Anfang waren die Menschen froh, kehlige Laute auszustoßen und wilde Tiere zu erlegen, um ihr Überleben zu sichern. Sie waren mit wenig glücklich und hatten nicht diesen Mitteilungsdrang, allen Menschen eine E-Mail oder eine SMS oder WhatsApp zu schicken. Auch etwas später, im Zeitalter der Postkutschen, war man damit zufrieden, dass ein Brief von Lübeck nach Travemünde ungefähr acht Monate brauchte.

Heutzutage müssen die Leute ihren Hintern noch nicht mal mehr zum Briefkasten schwingen, um sich mitzuteilen. Denn es gibt ja E-Mails. Und wer das nicht hat, hat bestimmt ein Handy und kann *simsen*. Und ich stelle mir gerade die Frage: Telefoniert eigentlich noch irgendjemand mit den Dingern außer Drogenhändler oder Broker? Ach, diese Mails. Seit es E-Mails gibt, bewirbt man sich per Mail, per Mail gratuliert man zum Geburtstag, und per Mail wird einem geantwortet. Und wenn man sich zufällig trifft, ruft man nicht: „Wir telefonieren", sondern: „Wir mailen!" Oder es wird gerufen: „Ich adde dich nachher bei Facebook." Schon irgendwie erschreckend.

Ich meine, es ist doch wirklich kein Wunder mehr, dass die Menschen immer fetter werden. Alles kann per Mail geordert werden, ob nun Pizza oder Ohrenstäbchen. Sogar Särge, wie ich letztens feststellen musste. Wenn man also weiß, dass man bald den Löffel abgeben muss, bestellt man einfach per Mail eine Holzkiste und muss sich keinen Zentimeter bewegen, um sie zu kriegen.

Was mich auch nervt: Wenn ich mittags gegen 13 Uhr zufällig an einer Schule vorbeikomme, sehe ich von den Schülern nur die Haare, nicht die Gesichter. Weil die sich über ihren Smartphones befinden, um zu simsen, zu WhatsAppen oder Mails zu checken oder zu surfen. Mit wahnsinnig wichtigen Botschaften wie: „Bin gleich da“, „Bus kommt gerade“ oder „hdl“, was „Hab dich lieb“ heißt.

Mich nervt das kolossal. Immer diese Simserei und Mailerei. Und überall nur gesenkte Köpfe. Und überall Fast-Unfälle. Ich habe mal ein junges Mädchen auf einem Fahrrad gesehen, das beim Radfahren auf ihrem Ding rumgetippt hat. Kann man es glauben? Und bumm, schon ist sie gegen eine hohe Bordsteinkante geknallt und vom Rad gestürzt, das Telefon flog in die Luft und dann auf den Asphalt und ihre Knie bluteten stark. Doch was schrie sie, nachdem der erste Schock vorbei war? „Mein iPhone, mein iPhone!“ Mein Mann erzählte mir von einem Typen, der vorn auf einem segelnden Boot hockte und auf sein iPhone starrte. Neben ihm taucht ein Finnwal aus dem Wasser auf, und der Typ schaute noch nicht mal hin. Das sind Dinge, die kapiere ich einfach nicht.

Ich öffne mein Mailprogramm. Da ist immer noch die ungeöffnete Mail von der DVD-Firma, ich will sie immer noch nicht lesen. Ich kann keine Beschimpfungen mehr ertragen. Nichte heute, bitte nicht. Mir wurde übel genug mitgespielt.

Und ach, Kröte hat geantwortet! Allerdings von seiner privaten Mailadresse. Da bin ich ja mal gespannt:

„Hallo Steffi,
hier schreibt dir Nini, und ich möchte mich ganz herzlich dafür bedanken, dass du blöde Kuh verantwortlich dafür bist, dass Martin ausgezogen ist. Ja, Martin, besser gesagt: Kröte.

Hä?

Nicht etwa, weil du ihm geschrieben hast, dass wir beide damals fies zu ihm waren und nicht nur du (du warst es aber mehr als ich), nein! (Davon mal abgesehen: Was hättest du denn gemacht, wenn dein zukünftiger Mann dich fragt, wieso du damals so sadistisch zu ihm warst? Du hättest auch alles auf mich geschoben, da bin ich sicher!) Aber wie gesagt: Es geht um was ganz anderes! Was ist eigentlich in dich gefahren, ihm detailliert von der Geburtstagsfeier damals zu erzählen? Und davon, was ich da vorm Bewegungsmelder gemacht habe? Dass ich meinen Mann betrogen habe, ist mir auch klar. Daran musstest du nicht extra noch erinnern. Aber dass Martin mein Mann ist, das wusstest du entweder nicht oder du hast es extra geschrieben, du Teufelin! Und dann auch noch so ausführlich und quasi mit Datum der Feier, damit bloß klar ist, welche Feier gemeint ist. Ich war zufällig damals schon mit Martin verheiratet. Du kannst dir wohl vorstellen, was hier los war! Nochmals vielen Dank! Leider kann ich mich nicht entspre-

chend revanchieren, über dich gibt's ja nicht so viel Interessantes zu erzählen. Wenn man glauben darf, was man von den anderen so hört, bist du glücklich verheiratet und auch noch treu. Wie langweilig ist das denn!

Wie dem auch sei, misch dich nie wieder in meine Angelegenheiten, sonst stopf ich dich so mit Bärchenwurst voll, dass du daran erstickst!

Nini

O Gott!

Jetzt kann ich auch die Mail von der DVD-Firma öffnen, schlimmer kann es nicht werden. Wird es auch nicht. Ich bekomme nur noch mal mit Nachdruck erklärt, dass ich mich strafbar mache, wenn ich raubkopiere und Filme in öffentlichen Räumen vorführe. Das hätte ich ja wohl wissen wollen, steht dann da noch, und ich beschließe, darauf nun nicht mehr zu antworten. Womöglich zeigen die mich an.

Und wie von Zauberhand gibt es noch eine Antwort von der ARD. Man bedankt sich noch mal für mein Schreiben und ob ich denn nicht am bequemen Lastschriftverfahren teilnehmen möchte. Warum eigentlich nicht.

SAMSTAG

9 Uhr

„Schmeckt euch die Marmelade?“ Gusti will gelobt werden. Sie hat unter anderem Marmelade mitgebracht. Gusti hat immer alles selbst gemacht. Ohne Chemie. Sonst wäre das Schnäuzchen heute nicht so gesund und groß und kräftig (auch wenn's Schnäuzchen keine Schüsseln tragen darf). Fertiggerichte kämen ihr nicht ins Haus, sagt sie immer.

„Ich habe nie bessere gegessen“, sage ich und es stimmt auch.

„Schmeckt euch die Marmelade wirklich?“

„Ich habe nie bessere gegessen“, sage ich und es stimmt auch. So geht das noch drei Mal.

Gusti war gestern recht früh ins Bett gegangen, sie hatte einen sitzen und sich so über Günther Jauch aufgeregt, dass sie eine Kopfschmerztablette nehmen musste.

Und Frodo kam erst vom Dachboden runter, als ich schon geschlafen habe.

Da habe ich ja was Schönes angerichtet mit Nini und Kröte. Aber woher hätte ich wissen sollen, dass die seit Jahren verheiratet sind? Woher? Ich habe Nini ja sogar gegoogelt, ich hatte sie ja nicht gefunden. Wie konnte ich ahnen, dass sie Kröth heißt? Ich hoffe nur, dass die beiden das wieder hinkriegen. Aber ich werde nicht mehr schreiben, nein, nein, nein. Ich werde es nicht tun.

„Wir treffen uns heute Abend um sieben mit Würmchen an den Landungsbrücken“, erklärt Gusti aufgeregt. „Ich freue mich schon so auf die Fahrt mit dem Passagierschiff.

Ich habe noch nie eine Kreuzfahrt gemacht, so kann ich mal reinschnuppern."

„Mama, das Boot fährt einmal über die Elbe zum Musicaltheater auf die andere Seite, das dauert ungefähr zehn Minuten. Das hat nichts mit einer Kreuzfahrt zu tun."

„Ach Schnäuzchen, trotzdem. Mir wird bestimmt schlecht."

So geht das die ganze Zeit weiter. Gusti räumt während ihrer Ausführungen den Tisch ab und will dann einkaufen gehen, damit die Kinder mittags ein anständiges Essen bekommen.

Hinnerk ruft an und fragt, ob alles klar sei und er um sechs zu den Vorbereitungen kommen könne.

„Ich hatte doch noch gar nicht zugesagt."

Er schweigt schwer atmend.

„Na gut", sage ich.

„Wer war das?", will Frodo wissen, und unter gar keinen Umständen werde ich ihm die Wahrheit sagen.

„Das war Carlotta. Wir wollen nächste Woche ins Kino gehen."

„Ich fahre mal mit Bert in die Stadt", sagt Frodo.

„Warum?"

„Wir wollen die Gleise erweitern und einen neuen Güterbahnhof bauen. Dazu braucht man Arbeiter in Blaumännern."

„Aha. Ich werde mal ein bisschen schreiben."

„Das hört sich doch mal nach einem guten Plan an, einem Plan, bei dem nicht wirklich was passieren kann", sagt Frodo. „Und morgen ist ja der letzte Listentag. Vergiss das nicht. Vergiss das bloß nicht. Denn möglicherweise passiert dann eine Zeit lang mal nichts, wenn diese Liste endlich kein

Thema mehr ist. Allein die Vorstellung, dass hier keine Irren mehr klingeln, Wahnsinn."

„Beschwer dich nicht. Nur wegen der Liste ist jetzt Herr Schlosser dein bester Freund."

„Das stimmt. Das tröstet mich ein bisschen über die Tatsache hinweg, dass ich mit einer Frau verheiratet bin, die das Merkwürdige magisch anzieht."

„Wäre es dir lieber, wenn ich so eine Frau wäre, die deine Hemden bügelt und dir zur Formel Eins eine Bratwurst brät und nie auf die Idee kommen würde, dich zu bitten, mal deine verdammten Papiertaschentüchern aus den Hostentaschen zu nehmen, bevor du sie in die Wäsche schmeißt? Eine Frau, die nicht meckert und dir den Arsch hinterherträgt? Ist es das, was du willst?"

Frodo schaut mich ernst an. „Du erwartest jetzt nicht wirklich eine Antwort", sagt er dann und sieht so aus, als hätte ich gerade vom Paradies auf Erden gesprochen.

„Schon gut", sage ich. „Du musst nicht antworten."

„Gut." Frodo nimmt pfeifend seine Jacke und verlässt die Wohnung zusammen mit Gusti, die sich darüber mokiert, dass wir Plastiktüten benutzen und keine „Permanenttaschen". Ob denn hier irgendwer mal an die Umwelt denkt?

Bert Schlosser wartet schon im Treppenhaus auf Frodo. Von oben höre ich Ilse Schlosser keifen.

11 Uhr

„Und dann hab ich dahahahahaha gestanden und gewartet und gewartet und er ist nicht gekohohohommmmmmen!" Carlotta schluchzt zum Gotterbarmen.

„Wo genau hast du denn gewartet?“

„Na vor meiner Haustür. Mit dem Picknickkorb. Und einer warmen Decke. Er wollte mich doch hier abholen.“

„Das ist natürlich dumm.“ Was soll ich sonst sagen.

„Das war’s“, jault Carlotta. „Das war’s. Da kann man doch mal anrufen und absagen! Oder?“

„Sicher kann man das. Ruf ihn an!“

„Unter gar keinen Umständen, auf gar keinen Fall! Die Blöße gebe ich mir nicht!“

„Ganz ehrlich, Carlotta, dann kann ich dir auch nicht helfen.“

„Was bist du nur für eine Freundin!“

„Eine, die dir die Wahrheit sagt. Ruf ihn an, ruf ihn an!“

„Nie-mals! Nie-mals!“

„Soll ich ihn anrufen?“

„Um Gottes willen! Dann ist es vorbei, bevor es richtig angefangen hat!“

Eine Frechheit.

Aber gut. Von mir aus kann Carlotta auf Ingmars Anruf warten, bis sie schwarz wird.

Gusti kommt zurück und erzählt frohgemut, dass es Fischstäbchen gäbe, mit Pommes, das habe das Schnäuzchen schon als Kind so gern gegessen.

„Ich denke, dir kommen keine Fertiggerichte ins Haus.“

„Manchmal mache ich Ausnahmen. Für mein Söhnlein gern.“

Ich gehe zurück an meinen Laptop und schaffe es tatsächlich, ein paar Seiten zu schreiben, und die ganze Zeit habe ich ein sehr komisches Gefühl, das ich nicht deuten kann.

Ich höre auf zu schreiben und lausche. Gusti hat in der Küche das Radio angemacht, hantiert mit Töpfen und summt mit. Kein Telefon klingelt und niemand will was.

Da merke ich es: Ruhe. Es ist Ruhe.

Himmel, ist das schön! Das ist ja schöner als eine ganze Buttercremetorte!

13 Uhr 30

„Ach, da bist du ja. Essen, Essen.“ Gusti freut sich, dass Frodo zu Hause ist. „Ich habe Fischstäbchen gemacht. Und Ketchup hab ich auch gekauft. Das gute von Heinz, das hast du doch als Kind schon so gerne gegessen.“

„Gab es damals schon Ketchup?“ Ich habe als Kind nie Ketchup bekommen, deswegen frage ich. Warum habe ich eigentlich als Kind keinen bekommen?

„Na hör mal. Das gute Heinz Ketchup gibt es seit 1876.“

„Was du alles weißt, Gusti.“

„Das war gestern eine Frage bei *Wer wird Millionär*. Da hat der Günther ...“

„Hast du Backofen-Pommes gemacht oder gibt es welche aus der Fritteuse?“, will Frodo hungrig wissen.

„Natürlich aus der Fritteuse. Ich kenn doch meinen Sohn, der mag keine Backofen-Pommes. Der mag nur die aus der Fritteuse.“

„Wir haben aber gar keine“, sage ich. Ich habe mich immer gegen eine Fritteuse gewehrt, weil ich den Geruch abscheulich finde. Man kommt sich ja vor wie in einer Imbissbude.

„Deswegen habe ich meine mitgebracht. Und Fett. Das wird gerade heiß.“

Na danke.

„Ich hab vorhin im Wohnzimmer mal ein bisschen aufgeräumt und die Böden gewischt“, erzählt Gusti geschäftig, während sie Öl in die Pfanne gießt.

„Danke, das wäre aber nicht nötig gewesen“, leiere ich mechanisch herunter.

„O doch, o doch. Ich sag dir, was sich da an Staubflusen auf dem Parkett sammelt, das nimmt irgendwann überhand.“

„Na dann.“

„Ich hab die Küchenschränke mal umgeräumt und Platz geschaffen. Das kann ja nicht angehen, dass du die ganzen Tupperschüsseln unter dem Sofa aufbewahrst.“

„Tupperschüsseln?“ Frodo runzelt die Stirn. „Die sind doch alle hier in der Küche.“

„Ja, Schnäuzchen, das denkst du. Stimmt aber nicht. Da waren ganz viele unter dem Sofa. Ich hab wie gesagt mal Platz geschaffen. Die Sachen stehen jetzt drüben auf dem Esstisch, wir räumen sie nachher gemeinsam ein. So, dass man gut rankommt. Da scheinen mir ein paar gute dabei zu sein. Ein ganz neues Aufbewahrungssystem. Die haben sie wohl erst seit Kurzem im Sortiment.“

Frodo schaut mich an. Ich beginne, mit der Hand eine imaginäre Mücke einzufangen.

Mein Gatte rast ins Esszimmer. Und der Tisch steht tatsächlich voll. Ich hatte die Sachen ganz vergessen und auch nicht mehr auf dem Schirm, dass es so viele waren.

Frodo beginnt hysterisch zu lachen. „Und ich dachte schon, du bist krank“, keucht er. „Ich dachte es wirklich kurz an dem Morgen nach deiner Tupperparty. ‚Hut ab‘, habe ich gesagt, ich höre noch meine Worte“, sagt Frodo. „Ich dachte noch: Diese Liste macht einen anderen Menschen aus ihr. Sie kauft keinen überflüssigen Mist. Wie habe ich das glauben können?“ Er kommt auf mich zu und umarmt mich. „Ich danke dir“, geht es weiter. „Es ist alles so wie immer. Meine Frau ist mit keiner anderen zu vergleichen. Himmel, wo soll das noch hinführen?“

Ich bekomme Angst. „Willst du dich von mir trennen?“, frage ich. „Du kannst es sagen, sag es einfach, du kannst es einfach sagen, kein Thema, aber sag es, du musst es einfach nur sagen, ich …“

Frodo denkt kurz nach, dann grinst er mich an und ich weiß nun, dass er nur so getan hat, als habe er kurz nachgedacht. „Auf gar keinen Fall. Ich möchte keinen Herzinfarkt bekommen, und den bekomme ich, wenn schlagartig Ruhe in mein Leben einkehrt. Ich bin gern gesund. Mich wirst du so schnell nicht los.“

„Esseeeeeennnnnn!“, ruft Gusti.

15 Uhr

„Ich hab dir übrigens was aus der Stadt mitgebracht“, sagt Frodo, der bis eben mit seiner Mutter Tupperschüsseln einsortiert hat. Ich habe ungefähr 400 Fischstäbchen und genauso viele Pommes und einen halben Liter Ketchup intus, liege auf dem Sofa und zappe vor mich hin. Bei *Mieten, kaufen, wohnen* sucht jemand ein Reihenmittelhaus ohne Wände.

Sofort setze ich mich auf. „Was denn?“ Vielleicht einfach so einen Ring oder eine Uhr. Um mich für diese grausamen Tage zu entschädigen.

Frodo stellt einen Karton vor mich, der für einen Ring oder eine Uhr definitiv zu groß ist.

Ich ahne es und springe auf, umarme meinen Mann und juble laut. „DANKE! DANKE!!!“

Ich weiß nämlich, was es ist.

Mein Mann, der beste Mann, der Mann, mit dem ich den Rest meines Lebens verbringen will, dem ich das Ehegelübde geschworen habe, der mit mir durch dick und dünn geht, der Mann, der mir versteckte Tupperware verziehen hat, hat mir einen großen Wunsch erfüllt!

EINEN THERMOMIX!!!

Ich reiße das Papier auf und kann es kaum erwarten. Hoffentlich ist ein Rezeptbuch dabei. Dann kann ich Risotto machen beziehungsweise der Thermomix macht es. Man muss nicht mehr stundenlang rühren, das macht alles der neue Freund. Würden alle Männer, die Angst haben, dass ihre Frau sie betrügt, derselbigen einen Thermomix schenken, würde keine Ehe mehr wegen Untreue geschieden.

Ach, wird das schön! Ein Steinpilzrisotto werde ich machen. Ich bin zwar noch pappsatt, muss aber trotzdem gleich die getrockneten Steinpilze suchen. Hoffentlich haben wir noch Schalotten und auch Wermut zum Einlegen der Pilze.

Endlich habe ich das Papier entfernt und sehe, dass da gar kein Thermomix ist. Frodo hat eine Lampe mitgebracht.

„Ist das nicht toll!“, ruft er froh. „Ich dachte, wir nehmen fürs Schlafzimmer so eine schlichte antike. Was sagst du? Die bringe ich dann morgen an, denn da ist Sonntag und das ist dann ein krönender Abschluss dieser Woche. Und du kannst den wichtigsten Haken auf deiner Liste machen. Denn mit der fehlenden Lampe kam dir doch die Idee für die Liste."

„Mmhmm", mache ich. Es ist eine Jugendstillampe und passt gut ins Schlafzimmer, da stehen ja auch lauter Antiquitäten von Frodos Familie. Sie ist wirklich schön. Aber es ist eben kein Thermomix. Andererseits ist die Idee von Frodo wirklich nett.

„Vielen Dank", sage ich.

„Ach, es ist doch für uns", sagt er euphorisch. Stimmt, eigentlich ist das ja gar kein Geschenk, es ist ja für unser Schlafzimmer und wir profitieren beide davon. Das ist, als wenn er mir eine Waschmaschine geschenkt hätte. Ich kenne eine Frau, die bekommt von ihrem Mann zum Geburtstag Friseurbesuche geschenkt. So was Demütigendes würde Frodo nie tun. Wenigstens das nicht.

„Ja, prima", sage ich und lege die Lampe vorsichtig in den Karton zurück.

„Ich hab mir auch was gekauft", sagt Frodo glücklich. „Es ist schon oben auf dem Dachboden. Bert und ich haben nämlich überlegt, hinter einem der Bahnhöfe einen Zirkus gastieren zu lassen. Hier braucht man neben einem Zelt natürlich auch Tiere. Ich habe deswegen eine Elefantenfamilie und einen Tiger mit Dompteur gekauft. Und dann planen wir noch eine Weide mit Pferden. Da liegt einiges im Argen. Ich bin dann mal oben."

Hoffentlich wird der Satz „Ich bin dann mal oben" keinen allzu hohen Stellenwert in seinem Leben einnehmen.

Ich bin vom Mittagessen so müde und mache ein kleines Nickerchen und Gusti weckt mich um fünf. Ich muss mich ja fürs Musical fertig machen. Das Würmchen hat schon angerufen, es ist gut gelandet und freut sich.

Frodo kommt auch irgendwann von „oben“ zurück und ist außer sich vor Freude, weil die Weide mit den Pferden ganz wundervoll geworden ist. „Manche stehen zusammen, manche allein, manche grasen, manche nicht. Es ist sehr authentisch.“

„Galoppieren denn auch welche?“, frage ich, aber er ist so in seiner eigenen kleinen Welt, dass er den Sarkasmus nicht versteht. „Nein, nein, das geht ja nicht“, sagt er nur. „Das sind ja Figürchen. Aber total naturgetreu.“ Gleich morgen nach dem Frühstück will er wieder „nach oben“ und mittags will man sich eventuell eine Pizza „hoch“ bestellen.

Während ich im Bad stehe und mein Fummelhaar zu einem Pferdeschwanz binde, damit es nicht so gruselig aussieht – ich werde nächste Woche einen anderen Friseur aufsuchen – klingelt es. Kurz denke ich: „Das wird der Babysitter sein“, aber dann fällt mir ein, dass mein Sohn 25 ist und seit mehreren Jahren nicht mehr hier wohnt.

Es sind Carlotta und Aurelius.

„Du, das ist jetzt ganz schlecht“, sage ich. „Wir wollen ins Muscial. Meine Schwiegermutter ist doch da.“

„Das kann ich ja nicht wissen, dass ihr ins Musical wollt.“ Carlotta hat ganz rote Augen. „Aurelius, geh fernsehen, geh.“

„Im Wohnzimmer ist bestimmt Frodo“, sagt Aurelius.

„Dann jag ihn weg, aber geh.“

Aurelius trollt sich, und ich höre meinen Mann sagen: „Musste das heute auch noch sein?“

„Beeilt euch, Kinder, die warten da nicht auf uns. Und ich

will nicht, dass das Würmchen da steht und friert. Am Hafen pustet es ja ganz schön. Ach, wen haben wir denn da? Die Carlotta! Wie geht es Ihnen denn?“

„Es geht so“, sagt Carlotta.

„Sind Sie krank?“

„So ähnlich. Ich dachte ehrlich gesagt, ich könnte heute Abend bei dir bleiben.“ Sie schaut mich an. „Die einsame Wohnung und die Tatsache, dass ich Ingmar verloren habe, macht mich krank.“

„Hast du ihn denn immer noch nicht angerufen?“

„Doch.“

„Und?“

„Er hat behauptet, mich nicht zu kennen.“

„Das ist ja furchbar.“

„Er sagte, ich solle aufhören, ihn zu belästigen. Seine Frau würde schon komisch fragen.“

„Ach je, Carlotta, das tut mir so leid. Männer halt.“

„Du hast gut reden. Du hast ja deinen Frodo.“

Ein warmes Gefühl durchflutet mich. Auch wenn mein Mann gerade partiell zum Kleinkind mutiert und es manchmal nicht so mit der Diplomatie und einer gewählten Ausdrucksweise hat, ich würde ihn nicht eintauschen wollen. Niemals. Denn Frodo ist ein guter Mann. Ein Mann, auf den man sich verlassen kann.

Nun kommt er aus dem Wohnzimmer. „Das ist Hausfriedensbruch“, sagt er. „Ach, hallo Carlotta.“

„Wie nett du immer bist.“ Carlotta ist sauer. „Aurelius macht doch gar nichts.“

„Das hat man von der Katastrophe in Tschernobyl auch erst gesagt.“

„Kinder, wir müssen los." Gusti steht da und klatscht in die Hände.

„Er kokettiert nur. Eigentlich mag er Aurelius", sage ich, um die Situation zu entschärfen. Ich brauche überkochende Emotionen gerade so nötig wie ein Loch im Kopf.

„Ich …", beginnt Frodo, da steht Aurelius in der Tür. „Im Wohnzimmer liegt ein Katalog von Märklin."

„Den lässt du da liegen. Wehe, du …"

„Sag mir jetzt bitte nicht, dass du eine Eisenbahn hast", sagt Carlotta ungläubig. „Das passt ja gar nicht zu dir. Aurelius hat ja mal eine von seinem Vater geschenkt bekommen und immer zu Geburtstagen und Ostern und Weihnachten Zubehör. Wir wissen gar nicht, wohin mit dem ganzen Kram."

„Ich wollte die immer mal aufbauen, aber du hast immer gesagt, ich sei zu begabt dazu", sagt Aurelius und nun passiert das, was passieren muss: Frodo packt Aurelius bei den Schultern und sagt: „Hallo, mein Junge. Wie schön, dass du da bist. Erzähl mir von der Eisenbahn und dem Zubehör."

Zehn Minuten später steht fest, dass Frodo nicht mit ins Musical kommt, sondern Carlotta an seiner Stelle. Er, also Frodo, wird mit Aurelius nach Hause fahren und sich die Eisenbahn ansehen. Möglicherweise kann man alles kombinieren und dann alle Bahnen zusammenlegen, also die von Bert Schlosser, der auch mitkommen wird, und die von Aurelius. Dann kann man die Wand zwischen unseren nebeneinanderliegenden Dachbodenräumen entfernen und eine Riesenlandschaft bauen, so wie beim Miniaturwunderland hier in Hamburg. Man kann kaum bis zehn zählen, und schon sind Frodo und Aurelius verschwunden.

„Ich bin so froh, dass ich heute nicht alleine sein muss", sagt Carlotta ungefähr tausendmal.

„Dann sind wir ja ein Weiberquartett", freut sich Gusti. „Darauf ein Schnäpschen. Kommt, so viel Zeit muss sein."

„O ja", jubelt Carlotta. „Als Einstimmung." Sie rennt ins Wohnzimmer zum Barschrank aus den 50ern, den ich mal ersteigert habe, und holt Flasche und Gläser. Wir prosten uns dann zu und trinken. Carlotta füllt sich sofort nach. „Auf uns, auf uns!"

„Das wird so ein schöner Abend!", freut sich Gusti.

Es klingelt wieder. Himmel, was ist denn hier los!

Hinnerk Huber steht vor mir und sieht aus wie ein gebrochener Mann. Er trägt vier Tüten, aus einer ragen Lauchstangen. Das hatte ich ja total verdrängt. Er will ja heute hier für Sigrid kochen.

„Auf uns, auf uns!" Im Wohnzimmer klirren schon wieder die Gläser.

„Ach Mensch, Herr Huber", sage ich. „Stimmt ja, stimmt ja, ach je, Sie habe ich ja gar nicht mehr auf dem Schirm."

„Nicht nur Sie. Kann ich mal reinkommen?" Er ist klatschnass. Es scheint zu regnen. Er geht an mir vorbei in die Küche, den Weg kennt er ja zur Genüge. Dort wirft er die Tüten auf den Tisch. „Sie ist nicht zur Ecke gekommen."

„Was?"

„Sigrid ist nicht zur verabredeten Ecke gekommen. Ich wollte sie ja abholen und mit ihr zu meiner Wohnung fahren. Also zu Ihrer. Hierher. Aber sie kam nicht. Verdammt, ich kenne ihren Nachnamen ja nicht. Noch nicht mal das Haus. Also die Hausnummer. Von der Ecke gehen vier Straßen ab."

„Haben Sie sie angerufen?“ Wie oft soll ich diese Frage eigentlich noch stellen?

„Ja. Aber sie geht nicht ran. Da fällt mir ein, dass ich ganz vergessen habe, Sie zu bitten, unten ein anderes Namensschild an der Klingel anzubringen. Ach, und das brauchen wir ja jetzt auch nicht mehr. Die ganze Sache steht unter keinem guten Omen.“

„Was machen wir denn jetzt mit dem ganzen Essen?“ Natürlich interessiert mich das Essen am meisten.

„Ich kann für uns kochen“, schlägt er vor. „Ich habe Kalbsfilet und frische Pfifferlinge und Lauch, und wollte eine Cognac-Rahm-Soße machen und dazu Gnocchi. Alles frisch. Und zum Dessert …“

„Nein, wir gehen ins Musical.“ Schade eigentlich. Ich bin zwar immer noch satt, aber Kalbsfilet hört sich gut an.

„Ich komme mit.“ Hinnerk disponiert um.

Nein. „Es gibt leider keine Karten mehr.“

„Ach so. Wissen Sie, ich glaube, es ist besser so.“ Hinnerk packt die Lebensmittel aus, während Carlotta und Gusti im Wohnzimmer giggeln. Ich schaue auf die Uhr. Wir müssen los. Das Würmchen erfriert uns sonst noch.

„Nachdem ich ungefähr fünfzig Mal angerufen habe, dachte ich, nun ist es gut. Und habe alles noch mal Revue passieren lassen. Ich glaube, Sigrid und ich passen nicht zueinander. Immerhin ist sie Staatsanwältin, was will sie mit einem solch armen Schlucker wie mir?“

„Weiß sie, was Sie beruflich machen?“

„Nein. Aber wissen Sie was? Moment, wo sind denn hier die Messer? Ich will Lauch schneiden.“

Ich deute auf eine Schublade, und wir stellen fest, dass

nichts mehr da ist, wo es war, weil Gusti herumgefuhrwerkt hat. Also wirklich.

„Proooost! Das Leben ist schöööööön!“, ertönt es aus dem Wohnzimmer.

„Was ist da denn los?“

„Meine Freundin ist da und trinkt ein Schnäpschen mit meiner Schwiegermutter.“

„Wohl eher zehn“, murmelt Hinnerk und schnippelt, hält dann inne und schaut mich an. „Ist das die *gewisse* Freundin? Die immer im Internet herumsucht? Nach einem Mann fürs Leben?“

O nein, o nein, o nein!

„Äh, nein, das ist eine andere.“

„Ich finde schon einen Neuen, ich habe ja noch meine Zugangsdaten zu den ganzen Single-Portalen“, kreischt Carlotta aus dem Wohnzimmer mit umkippender Stimme. Sie klingt wie eine betrunkene Hexe. „Dieser Vollidiot kann mich mal. Und so toll war der Sex mit ihm auch nicht!“

„Es ist also doch die Freundin“, ruft Hinnerk und ich fühle mich ertappt. „Offenbar wollen Sie uns nicht vorstellen. Na ja. Das mit dem Sex wollte ich auch gerade sagen“, sagt Hinnerk, der nun endlich ein Messer gefunden hat. „Der Sex mit Sigrid war jetzt nicht so, dass man sagen könnte: WOW! Es war eher so, dass …“

„Wir müssen jetzt wirklich mal los.“

„Ob Sie mir vorher Ihre Freundin kurz vorstellen?“ Er lässt ja nicht locker.

„Sie mögen doch keine Frauen, die in Single-Portalen suchen. Und Sie selbst haben doch mal gesagt, das sei was für Versager, völlig indiskutabel.“

„Menschen ändern sich“, sagt Hinnerk fast gütig, als ob er sich das selbst verzeihen würde.

Ich möchte aber auf gar keinen Fall, dass die beiden sich kennenlernen.

Jetzt scheint Carlotta drüben zu heulen. „Der Sex war *doch* gut!“, greint sie. „Ich versuche nur, ihn mir schlechtzureden.“ Herr im Himmel, *muss* denn das vor meiner Schwiegermutter sein!

„Ach Kind, ach Kind.“ Gusti. „Hier, schnäuzen Sie sich mal die Nase.“ Der darauffolgende Ton hätte sogar Benjamin Blümchen in die Flucht geschlagen.

„Ich war auch noch mal sehr verliebt“, erzählt Gusti und nun horche ich auf. „Nachdem mein seliger Mann von uns gegangen ist, gab es Otto in meinem Leben. Oh, mit ihm habe ich auch wundervolle Stunden verlebt. Aber er hat sich nicht von seiner Frau getrennt. Er meinte, das könne er nicht übers Herz bringen. Wenn es eine Frau gäbe, für die es sich lohnen würde, dann wäre ich das, aber er könne nicht, er könne nicht! Jahrelang war ich seine Geliebte, aber dann habe ich einen Schlussstrich gezogen. Es ging nicht mehr. Otto ist daran zerbrochen. Aber er war ein Ehrenmann, er ist bei der Ehefrau geblieben. Wer weiß, wie es ihm heute geht …“

Aha. Es gab also außer Lothar noch einen Mann in ihrem Leben. Interessant. Und was soll das für ein Ehrenmann sein, der jahrelang seine Frau betrügt?

„Viehihihihileicht sollte ich doch mal diesen Paketboten kennenlernen“, schluchzt Carlotta, und nun zieht sich die Schlinge zu. „Steffi hat zwar gesagt, der hat einen totalen Sockenschuss, aber sie übertreibt ja immer.“

Ich schwöre, ich habe nie gesagt, dass Hinnerk Huber einen Sockenschuss hat, ich sagte nur mal, dass er … na ja, ist ja auch egal. Hinnerk schaut mich an und sagt nichts. Er sieht gedemütigt aus.

„Steffi hat gesagt, wenn der so weitermacht, kriegt er nie eine ab“, jammert Carlotta mit schriller Stimme weiter. „Der Zug sei bald abgefahren.“

Gut möglich, dass ich das mal gesagt habe. Hinnerks Unterlippe zittert.

Gusti ruft: „Es wird schon noch der Richtige kommen, Kind. Hier, noch ein Schlückchen. Nich lang schnacken, Kopp in' Nacken, hahaha!“

So kenne ich Gusti gar nicht, Gusti ist sonst nie so. Gusti ist immer wohlerzogen, in wirklich allen Lebenslagen. So ein Spruch ist bei ihr nicht drin. Normalerweise. Jetzt ruft sie: „Prostata!“, und die Gläser stoßen aneinander. Wer weiß, was Gusti sonst noch so draufhat. Jetzt muss ich mit den beiden beschwipsten Frauen auch noch an den Hafen fahren.

„Ich will Ihre Freundin kennenlernen“, sagt Hinnerk. „Und einiges klarstellen.“

„Nein. Sie … sie hat Kopfläuse.“ Das muss doch abschreckend wirken.

„Das kann man behandeln.“ Hinnerk legt das Messer nieder und wäscht sich die Hände. „Dafür gibt es Tinkturen. Und vielleicht ist das alles ein Wink des Schicksals. Dass ich hier in Ihrer Küche stehe und sie in Ihrem Wohnzimmer. Das hat etwas von ‚Romeo und Julia‘, wie ich finde. Von Ihren Behauptungen mal abgesehen.“ Er nickt entschlossen. Dann, plötzlich, ruft Carlotta: „Ich bin eine Lügnerin. Ich habe mich viel besser hingestellt, als ich bin. Ich habe mir auch einen anderen Beruf gegeben."

„Wie jetzt?" Gusti versteht nicht ganz.

Hinnerk sieht aus, als sei eine Last von seinen Schultern gefallen. „Das habe ich auch getan", flüstert er. „Ich habe das auch getan."

Und da keimt in mir plötzlich ein sehr merkwürdiger Verdacht auf. Es könnte natürlich ein Zufall sein und natürlich könnte sich alles auch ins Gegenteil auflösen, aber seit einer knappen Woche glaube ich an so was wie Normalität nicht mehr. Deswegen bin ich mir eigentlich schon hundertprozentig sicher, dass es so ist, während ich sage: „Sie haben gesagt, Sie heißen Ingmar und besitzen ein Bauunternehmen."

Hinnerk glotzt mich an und sagt nichts. Wir stehen beide einfach nur da, und dann hören wir Carlotta sagen: „Ich habe gesagt, ich habe keine Kinder und sei Staatsanwältin."

18 Uhr 30

Gusti und ich sitzen in der U-Bahn Richtung Landungsbrücken. Gusti ist so angetüdelt, dass sie dauernd kichern muss. „Also so was", sagt sie dauernd. „Wer hätte denn das gedacht?"

Also so was. Da haben sie doch beide was vom Pferd erzählt. Carlotta hat Aurelius verschwiegen und gesagt, sie sei Staatsanwältin. Hinnerk hat erzählt, er hieße Ingmar van Behrendorf und habe ein Bauunternehmen. Ingmar gibt es wirklich, er ist Hinnerks Halbbruder und hat einen anderen Nachnamen. Eigentlich hatte Hinnerk mit Carlotta in Ingmars schönes Haus gewollt, der war im Großen und Ganzen auch eingeweiht, aber das war an diesem Abend nicht gegangen. Mir hatte Hinnerk das gar nicht erzählt, weil er mir die ganze Lügengeschichte nicht beichten wollte. Auch nicht, dass er sich sehr wohl bei Singelingeling und anderen Partnerbörsen angemeldet hatte. Und weil über Ingmar kaum was im Internet zu finden war, noch nicht mal ein Foto, passte das Hinnerk natürlich gut in den Kram.

Auch die Sache mit dem Stadtpark am Freitag und Abholen am Samstag hatte sich aufgeklärt. An beiden Abenden spielte das Wörtchen „mal“ eine Rolle. „Wir können ja mal an einem Freitag ein Picknick im Stadtpark machen“, hatte Hinnerk gesagt und Carlotta hatte gesagt: „Du kannst ja mal an einem Samstag in deiner Wohnung für mich kochen.“

Und warum auch immer hatten beide gedacht, es würde sich genau um diese beiden Tage gestern und heute handeln. Ich höre noch Carlotta sagen: „Heute Abend mache ich ja mit Ingmar ein Picknick im Stadtpark. Ich freue mich schon so. Er sagte, er holt mich dann zu Hause ab. Ach ich bin so aufgeregt. Manchmal schaue ich ihn einfach nur an und höre gar nicht richtig, was er sagt. Weil ich sooo verliebt bin.“

Meine Güte. Und Hinnerk hatte bei Carlotta auf dem Handy angerufen, aber sie ist nicht rangegangen, weil sie nie rangeht bei unterdrückten Rufnummern – und Hinnerk hat eine unterdrückte Nummer. Und eine Mailbox gibt es ja auch nicht. Warum Hinnerk ihr aber keine SMS geschrieben hat, wusste er auch nicht mehr. (Warum hätte sich auch mal was ohne Komplikationen auflösen können? Nein, nein, nicht, wenn ich im Spiel bin.) Und als Carlotta bei Hinnerk angerufen hat, hatte der das Handy bei seinem Bruder liegen gelassen und der hatte mit Kumpels da gesessen und sie hatten einen gehoben und einer ging ran und sagte das mit der Frau, und dann hatten sie das Hinnerk aber nicht gesagt, ach, was weiß denn ich. Um es auf den Punkt zu bringen: eine Verkettung tragischer Umstände.

Jetzt hat sich die Aufregung gelegt und Ingmar und Sigrid beziehungsweise Hinnerk und Carlotta sind jetzt in unserer Wohnung und kochen zusammen. Frodo war, kurz bevor ich mit Gusti los bin, auch noch da, Aurelius wurde Hinnerk vorgestellt und für gut befunden und war dann mit Frodo zu Bert auf den Dachboden marschiert. Im Gepäck hatten sie unzählige Gleise und Lokomotiven, und Aurelius hatte sogar noch Markstände gefunden. Nun wurden Frauen mit Kopftüchern aufgebaut, und die verkaufen Kohlrabi und Mangos und kleine Kräutersträußchen.

„Also die beiden passen aber ganz wunderbar zusammen, ich verstehe gar nicht, warum die so ein Brimbamborium gemacht haben. Sie hätten doch einfach sagen können, dass sie Rechtsanwaltsgehilfin mit Kind und Paketzusteller mit Laminat sind. Da verstehe einer die Menschen." Gusti schüttelt den Kopf. „Ach guck mal, Haltestelle St. Pauli. Da sind wir ja im Sündenpfuhl. Wenn wir Lust haben, können wir ja nachher noch irgendwo hier ein Schnäpschen nehmen."

Ganz sicher werde ich nicht mit zwei achtzigjährigen Frauen, von denen eine schon betrunken ist, am Samstagabend um elf auf dem Kiez herumziehen, während mein Mann mit einer Schaffnermütze auf dem Kopf auf dem Dachboden einen Gemüsestand mit Marktfrauen neben

Gleisen aufbaut und meine Freundin mit meinem Paketboten wahrscheinlich Sex auf meinem Sofa hat. Nur über meine Leiche!

„Mal schauen. Vielleicht sind wir ja auch zu müde."

„Du bist ja eine! So jung und schon so müde. Schau mich an, ich bin achtzig und fit wie ein Turnschuh." Gusti keckert. „Wir machen nachher noch richtig einen drauf. Aber so richtig. Ich will in eine Stripbar. In eine Stripbar will ich, da wo Männer sich ausziehen."

Die zwei Frauen auf den gegenüberliegenden Plätzen stehen auf und setzen sich woanders hin. Endlich kommt die Station Landungsbrücken.

„Ach, es ist ja immer wieder schön hier", sagt Gusti. „Mit den Museumsschiffen und der ganzen Atmosphäre. Wollen wir uns noch ein Fischbrötchen kaufen? Ich lade dich ein."

„Nein, wir müssen auf die Fähre."

„Dann essen wir nach dem Musical. In St. Pauli. In der Stripbar. Da wird's wohl Nüsschen geben. Huh, ist das windig! Da fliegt ja fast mein Hut weg."

Sie hakt sich bei mir unter.

„Sag mal, Gusti, stimmt das wirklich, was du Carlotta da erzählt hast, das mit diesem Otto?" Ich bin so neugierig, ich muss sie einfach fragen.

Sie nickt. „O ja, ein Ehrenmann. Er hat mich geliebt, das hat er immer wieder gesagt. Aber er hätte seine Frau nie verlassen können. Er sagte, das könne er nicht verkraften, denn die Frau hat ihm ja nichts getan. In guten wie in schlechten Tagen, so heißt es ja. Ich habe ihn sehr geliebt, aber ich fand die Entscheidung wirklich richtig. Ach, der Otto."

„Habt ihr gar keinen Kontakt mehr?"

„Nein, er meinte irgendwann, er könne das alles nicht mehr verkraften und diese Zwickmühle nicht mehr ertragen. Und dann ist er mit seiner Frau weggezogen."

„Und du hast nie wieder etwas von ihm gehört?"

„Nein. Das ist auch gut so. Er ist bei seiner Frau, er hat diese Entscheidung getroffen, und die habe ich akzeptiert und respektiert. Wie gesagt, Otto war ein Ehrenmann. Ach, da ist ja das Würmchen. Huhu, Würmchen!"

Das Würmchen steht am Anleger, und da wartet auch schon die kleine Fähre, die uns gleich auf die andere Seite der Elbe bringen wird.

„Auguste!", ruft das Würmchen. „Auguste! Ist das lange her!" Das Würmchen nennt Gusti immer Auguste, weil sie keine Kosenamen mag. Gusti wird umarmt, ich werde umarmt, und dann sagt das Würmchen: „Ich habe spontan noch jemanden mitgebracht, Gusti. Gott sei Dank gab es noch Restkarten. Darf ich dir meinen Lebensgefährten Otto vorstellen? Ich hatte dir noch gar nicht von ihm erzählt. Aber ich dachte, heute ist es so weit!"

24 Uhr

„Das glaube ich nicht, nein, das glaube ich nicht." Frodo kann es nicht fassen und kriegt sich gar nicht mehr ein.

„Da kennst du aber deine Mutter schlecht." Ich weiß nicht, die wievielte Flasche Wein gerade entkorkt wird, und es ist mir auch ganz egal.

„Der kann froh sein, dass ich ihm nicht noch Betonplatten an die Füße gebunden habe", sagt Gusti. „Dieser Hallodri."

„Dass sie ihm nichts von dir erzählt hat“, wundere ich mich.

„Das Würmchen findet nur eine Person interessant, und das ist sie selbst“, bekommen wir erklärt. „Und sie wollte natürlich mit Otto vor mir angeben. Da hat sie sich aber in den Finger geschnitten.“

„Was für ein Zufall“, sage ich. „Überhaupt, was für Zufälle.“

Bin ich froh, dass die Woche morgen um ist. Ich habe ja fast alles auf der Liste abgehakt. Und ich muss noch den neuen Vertrag im Sportstudio kündigen.

Ja, bei Otto hatte es sich tatsächlich um den gewissen Otto, um Gustis alte Liebe, gehandelt. In der Keiferei an den Landungsbrücken stellte sich heraus, dass Otto nie eine Frau gehabt und schlicht irgendwann einfach die Nase voll von Gusti hatte. Und nach Gusti waren viele andere Seniorinnen an der Reihe gewesen. Es stellte sich auch heraus, dass Gusti ihrem Ehrenmann über die Jahre ganz schön viel Geld zugesteckt hatte. Erst wollte sie uns davon nichts erzählen, aber dann haben wir sie so lange drangsaliert und ihr Wein eingeflößt, bis sie es doch getan hat.

Bei dem Handgemenge am Hafen waren Otto und das Würmchen von Gusti in die Elbe gestoßen worden, und nur dem beherzten Eingreifen einiger Musical-Besucher war es zu verdanken, dass sie schnell wieder aus dem Wasser gezogen werden konnten. Dann das übliche Trara: Gusti kündigte dem Würmchen die Freundschaft für immer, warum, hab ich gar nicht verstanden, denn das Würmchen wusste ja gar nichts von Gusti, aber das war meiner Schwiegermutter egal. Das Würmchen drohte mit Schadenersatzklagen und

Otto sagte, Gusti müsse seinen Anzug bezahlen, der sei hinüber. Und Gusti schrie, dass es ja wohl damit getan sei, wenn er ihn in die Reinigung brächte. Dann brach kurz Panik unter den Menschen aus, weil das Telefon zu klingeln begann und ich feststellte, dass der Mann aus dem Media Markt mir als Anrufklingelton das Geräusch explodierender Bomben einprogrammiert hatte. Frodo war dran und fragte, was ich eigentlich jahrelang gegen den tollen Aurelius hatte. Und dass er schon mit Pjotr gesprochen habe, der würde nächste Woche mit Sindbad und Mustafa kommen und die Sachen wieder abholen, sonst ist ja im Flur kein Durchkommen und der Dachboden sei ja voll. Und ob ich mich auf morgen, den großen Tag, freuen würde. Auf meine Nachfrage hin, welcher große Tag denn morgen sei, bekam ich erklärt, dass ja morgen der Lampenschirm angebracht werden solle.

Pflichtbewusst hatte ich kurz aufgejuchzt und gesagt: „Boah, boah, ich kann es kaum erwarten, Mann, bin ich aufgeregt.“

Und nun hocken wir hier.

Carlotta und Hinnerk sind in seine Wohnung mit dem aufgequollenen Laminat gefahren, Aurelius schläft in einem Schlafsack auf dem Dachboden, weil er die Pferde nicht unbeaufsichtigt auf der Weide lassen will.

Ich stehe auf und merke eine bleierne Müdigkeit. Wenn ich nicht sofort ins Bett komme, werde ich im Stehen einschlafen.

Frodo kommt mit, Gusti trinkt den zwanzigsten Absacker. „Ich hätte beide noch schlagen sollen“, sagt sie zum Abschied. „Fest und unnachgiebig. Mit harter Hand.“

Ich schaffe es noch, meine Kontaktlinsen aus den Augen zu nehmen und abzuspülen, und ich schaffe es sogar noch, meine Zähne zu putzen. Dann lasse ich mich ins Bett fallen und Frodo kommt nach.

„Du musst das Licht noch ausmachen."

„Gleich. Schau in die Birne. Schau hin."

„Es blendet."

„Ab morgen nicht mehr. Morgen schließt sich der Kreis. Gleich morgen nach dem Frühstück werde ich die Jugendstillampe anbringen. Dann haben wir wundervolles Licht. Ich habe auch einen Dimmer mitgebracht. Das wird so schön! Und dann bist du fertig mit der Liste und Normalität kehrt ein." Er setzt sich auf. „Nicht wahr? Normalität, Normalität!" Er sagt das so, wie E.T. damals „Nach Haus telefonier'n, nach Haus, nach Haus!" gesagt hat.

„Ja, klar."

Frodo steht noch mal auf und knipst die Deckenbeleuchtung aus. Ich schlafe auf der Stelle ein.

SONNTAG

9 Uhr

Wir stehen im Schlafzimmer. Frodo ist gerade von der Leiter runtergeklettert. Die Jugendstillampe ist angebracht. Sie sieht sehr schön aus, die hat er wirklich gut ausgesucht.

Wir wollten diesen feierlichen Moment alleine genießen, deswegen haben wir Gusti zum Brötchenholen geschickt.

„So", sagt Frodo und nimmt meine Hand. „Nun ist es so weit. Nun wird alles gut. Sobald ich das Licht angemacht habe, wird nichts Chaotisches mehr passieren. Unser Alltag wird entspannt sein und wir werden es genießen. Mein Ziel ist es, dass beispielsweise die Tatsache, dass wir einen Strafzettel bekommen, uns aufwühlt, weil sonst so wenig in unserem Leben passiert."

Ich nicke fast ehrfürchtig.

Und dann knipst Frodo das Licht an.

Es zischt, dann hört es sich an, als ob Glas zerspringt.

Es bleibt dunkel.

Die Glühbirne ist kaputt gesprungen.

Frodo sieht mich an.

Ich sehe Frodo an.

Wir schauen hoch zur Lampe.

„Was will man machen?", sage ich. „Diese Woche war eben nicht mein Tag."

Und da kommt Gusti auch schon mit den Brötchen.

– ENDE –

Karrieren ab 60 – wie Männer und Frauen im Ruhestand nochmal so richtig aufdrehen!

Band-Nr. 95059
9,99 € (D)
ISBN: 978-3-95649-067-5
eBook: 978-3-95649-388-1
256 Seiten

Wolfgang Max Kracht
& Marina Reiter
Das Phantom, der Opa

Ruhige Kugel war gestern – willkommen im neuen Un-Ruhestand!

Dieses Buch ist für alle, die mit Gleitsichtbrille Weitsicht beweisen; die beim Thema „eingerostet“ sofort den Schlosser rufen; die nicht barrierefrei leben, aber Grenzen sprengen. Eine Liebeserklärung an alle Rentner und Pensionäre, die auch 100jährig noch aus dem Fenster steigen, um die Welt neu zu erfinden.

Ein Mutmachbuch für alle, die noch im Berufsverkehr stehen. Nur Geduld. Ihr kriegt auch noch eure Chance!

Besser als jede Reality-Show:
die Memoiren einer Gerichtsvollzieherin!

Band-Nr. 95060
9,99 € (D)
ISBN: 978-3-95649-068-2
eBook: 978-3-95649-372-0
256 Seiten

Katja K.
Wenn die Kuckuck zweimal klingelt: Kurioses aus dem Leben einer Gerichtsvollzieherin

Wenn die Kuckuck zweimal klingelt, stecken sie bereits tief in ihren persönlichen Finanzkrisen: der hochverschuldete Promi-Fußballer, die spielsüchtige Baronesse, die Puff-Mutter, die schrille Operndiva und der Spinnenmann … sogar Tote tauchen wieder auf! Tränen, Gezeter und sogar körperliche Attacken sind ebenso vorprogrammiert wie gnadenlos Witziges, Skurriles und haarsträubend Schrilles.